大展好書　好書大展

品嘗好書　冠群可期

大展好書　好書大展

品嘗好書　冠群可期

中華傳統武術 19

五行通臂拳練法與用法

附DVD

鄭鴻藻
韓寶順 著

大展出版社有限公司

通臂拳名家張策（1866～1934），字秀林。中年起在河北香河一帶收徒授藝。晚年任北京國術館教練，民國二十三年十月八日，病逝於北京錦什坊寓所。

張喆（1893.5.25～1959.5.8），字既明。河北省香河人。1934年，應邀來天津在南市武聖廟設通臂國術社，收徒授藝。

張喆與友人合影

鄭鴻藻（1918.2.7～1987.9.1），天津市人。五行通臂拳第四代傳人，近代著名武術家。

鄭鴻藻先生與部分弟子的合影。

賽後留影。

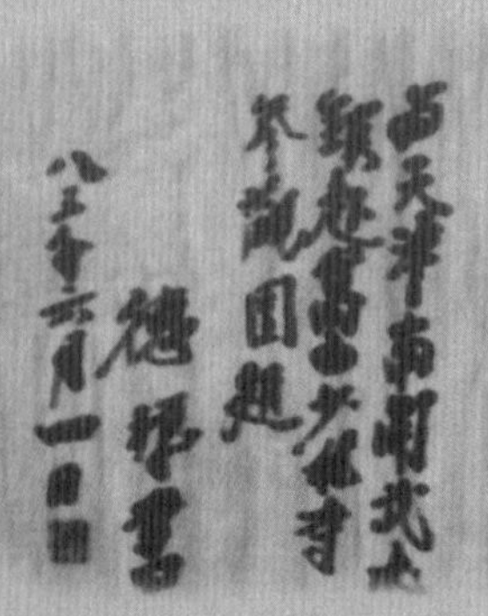

少林寺德禪法師為天津南開武術館的題詞。

鄭鴻藻先生給弟子講課。

鄭鴻藻先生與弟子楊建生（右）、韓寶順（左）合影。

鄭鴻藻先生訪問日本時的留影。

鄭鴻藻與沙國政表演對練。

鄭鴻藻等人與海燈法師合影。

鄭鴻藻與天津武術教練劉寶玉訪問日本時的合影。

前 言

五行通臂拳亦稱猿猴通臂拳，在傳統的演練中，主要有刀、槍、拳三大系統，故在中華武林界一向以刀、槍、拳三絕而著稱；又因其具有技擊性、實用性，且易學易練、適應人體運動的自然規律，頗受武林內外人士所喜愛，尤其近年來，在國家大力提倡全民健身運動下，它由過去只在本門派內以師帶徒，口傳心授，秘不外露的傳統教習方式，走向公開化、社會化，習練者日眾，隊伍不斷擴大。

五行通臂拳屬大架傳統通臂拳，內容主要包括：十二基礎樁功，四十八行步操練法；拳術套路有「拆拳」，「五馬奔槽」，及後來發展成的「大連環」、「小連環」等。器械方面，有五行通臂刀（亦稱八步十三刀）；五行通臂槍及短袍青雲劍、長袍純陽劍及雙人對練等。

訓練過程中要求做到：拔頂抗項，含胸拔背，沉肩墜肘，三折九扣，擰腰坐胯，神情內斂，提肛收臀，意守丹田，肩背鬆順，放長擊遠，鬆肩探臂，立輪成圓，曲中求直，趾抓膝彈，中正安舒，支撐八面。

講求十二種正勁，即冷、彈、脆、綿、軟、巧、輕、速、捷、靈、活、妙；十種奇勁，即沾、連、黏、挨、隨、吸、化、形、解、縮。要求練到以摔、拍、穿、劈、鑽為主線的，肩如輪，臂似扇，肘如環，腕似綿，手如鐵餅指似劍，腰如蛇行腿似鑽，胸如攏月眼似電，膝如彈簧脊似線，胯如奔馬行似猿，氣如滾水聲似磬，踝如踏板神似箭；使其達到身體各部位完美協調，應用上達到隨心所欲的程度。該拳術雖內容不多，易學易練，但對基本功要求極為嚴格，經長期訓練，掌握其精髓後，具有極強的實用性。

本拳術起源於何時、何地、何人創造，因歷史流傳資料極少，已無從查證，但在本門最原始的拳術套路「拆拳」歌訣中有：「先師留下通臂掌，無影無形無柔剛，混元一氣太極象，令敵無處測陰陽」。透過此歌訣，可以看出，該拳術早期名稱是「五形通臂掌」，以拳命名是後來順應普通說法而約定俗成的結果。

五行通臂拳在歷代傳承過程中，都是口傳心授，故至今尚未發現一部完整的教學資料，所見到的文字資料，也多為零星的手抄本，為使這一寶貴的文化遺產能繼承下來，發揚光大，我們就多年學習和鍛鍊的實踐，將其大部分內容編纂整理成冊，以為今後可供參考之資料。因水準所限，雖盡其所能，終是一管之見，書中難免有掛一落萬之處，不妥的地方，還望武林同行斧正。

目 錄

第一章
五行通臂拳緒論

第一節　五行通臂拳源流

五行通臂拳亦稱「猿猴通臂拳」、「老祁派大勢通臂拳」。中國大百科全書「體育卷」專著中指出：「除白猿通臂外，還有『五行通臂』、『六合通臂』、『劈掛通臂』、『兩翼通臂』、『二十四通臂』等。」其中所說的「五行通臂」即為本篇論述的拳種。該拳種在京津冀一帶流傳較廣，其他省市及海外，此拳的傳人也不少。

通臂拳在我國有悠久的歷史，相傳在漢初既有此拳，名曰「長拳」、「鐵拳」或「長臂」；唐初仍沿用原名；至宋代易名為「五雷掌」；元明間又易名為「五行通臂拳」；至清代末稱「通臂拳」，或稱「五行通臂拳」；至民國初年又稱為「通臂太極」或「通臂拳」。

五行通臂拳近代發展的起源，傳說不一。但據天津通臂拳宗師張喆（既明）先生記載，通臂拳是由清朝中葉浙江人祁信，集前人之大成，編撰整理後，先在北京傳播，以後發展到全國各地。民國間「民聲報」（中華民國廿三年十月十一日第四版）在《通臂專家》一文中刊載：「……通臂之源流故發明於何代何人無可考績。於有清中葉，有王占春先生，河北良鄉人，初拜舊都白雲觀一道長為師，道長既通臂專家也。」又載：「後道長引王占春至西山某寺，有偈一道長，謂先生曰：此汝師叔，我因事遠遊，不克教汝，居此與汝師叔學藝可耳」，「……十八寒暑，王藝乃大進，通臂之妙，豁然貫通，而今人所不及。」王占春離開師叔時，據山中老人云師叔姓韓，人皆稱「韓老道」。

吳圖南先生在《國術概論》中載：「考其淵源，向無記載，以至於無法詳其源流。至清道咸間，有陳慶者，直隸良鄉人也……為通臂門中傑出之人才。時有同邑王占春者，執禮請益，遂獨得其全。」

據張喆先生從其族兄張策（秀林）生前得知，王之老師就是陳慶，韓老道是陳慶的師弟；陳慶是祁信生前在琉璃河授藝時的弟子之一。

由陳慶往後如何傳藝，目前有兩種說法：

其一《通臂之源流與內容》（民國廿三年出版）中所載：「王占春離寺後，在燕趙間以武會友，於通洲運河畔巧遇香河張策，愛其身手超人，呼之為弟，免違師叔之所囑，代師傳藝。張策隨王占春磋磨九載，深得王先生之三昧。張策以未受戒命，遂廣傳通臂，過帖拜師者達三百餘名，安次馬熙春即為得意之門生……河北香河馬神廟村張喆，是張策的堂弟，因得張策的真傳故其通臂有獨到焉。」

其二，在吳圖南先生所著的《國術概論》中記載：「光緒初有張策者，字秀林，直隸香河人也，精通各家拳術，為人慷慨好義，性謙和。聞陳之名，而往授業，未幾陳猝，復從師兄王占春切磋琢磨，歷時九載，而技始成。」以上所述，雖略有不同，但基本說明了老祁派大式通臂拳的傳承脈絡。

五行通臂拳由祁信始，傳至張策已是第三代。此後有張喆在天津；劉月庭、王榮彪在北京；修建癡在大連等設館收徒傳藝。

天津五行通臂拳開創新局面源於張策，壯大發展則始自張喆。張喆於 1934 年在天津南市五聖廟開設「通臂國術社」，至 1959 年，先後達 25 年之久，培養出眾多的武術人才。特別是新中國成立以後，這些人在全國各地為中國武術事業發揮了極大的作用。

其中知名人士有北京的吳圖南、馬熙春、程傳銳、張殿英、王俠林（女）；天津的鄧洪藻、張春裕、劉萬福、張建華；河北省的智化、韓占鼇、周景海、周學伊、張殿華、張永清；遼寧省的薛義衡；雲南的沙國政；貴州的王之和；臺灣的張志通，等等。時至今日，天津五行通臂拳已發展至第六代，民間尚有張春裕組織的大發五行通臂拳社。

五行通臂拳是根據中國古代道家學說中，金、木、水、火、土五行相生相剋的理論，以摔、拍、穿、劈、鑽為主線，統領各招式的鍛鍊和應用而命名。

五行通臂拳源於何時何地，由何人創造，因沒有完整準確的歷史資料可參閱，故目前尚無從查考。該拳術最原始的拆拳拳譜中，有一歌訣，對其名稱和源流略有反映。歌訣曰：「先師留下通臂掌，無影無行無柔剛，混元一氣太極象，令敵無處測陰陽。」從這歌訣中，似乎可以推論出：該拳術起初命名應為五行通臂掌，而非現今稱謂的五行通臂拳。

事實上，分析五行通臂拳的各招式，掌法佔據了絕大部分，用拳的招式僅為有數的幾個，現今的命名，只可能是在歷史發展進程中，人們根據約定俗成的說法，而將其通稱為拳；也因沒有完整準確的文字資料可資參考和更正，久而久之形成了現名的「五行通臂拳」。

五行通臂拳自創始以來，經歷代名家的不斷研習和實踐，已成為中華武林中自成體系，具有獨特風格的拳種，且在歷代武林界，出現了諸多的著名拳師，除前面提到的祁信、陳慶等人外，民國初年有王占春、臂聖之稱的張策（秀林），天津名拳師張喆；近代有天津武協副主席、天津南開武術館第一任館長鄧洪藻；民間武術家張春裕、張建華，天津體育學院教授劉萬福，雲南的沙國政，貴州省的王之和，臺灣的張志通等人。

第二節　特　點

五行通臂拳在其發展成長過程中，形成了一整套比較科學、系統、完整的訓練方式方法。

該拳術基本功主要包括十二基礎樁功（俗稱十二法跟）、十二行步、十二掌法、十二捶法和十二大勢等。套路練習中，主要有傳統套路「拆拳」、「五馬奔槽」，及後來逐步形成的「大連環」、「小連環」。器械方面，有五行通臂刀（亦稱八步十三刀），五行通臂槍（亦稱五槍八滾）。劍術純陽劍（長袍劍），青雲劍（短袍劍），及雙人徒手對練等。

綜觀五行通臂拳的內容，分析其習練的要點和要求，可將該拳術歸納出六大特點。

一、以鬆為本，大開大展，放長肢體

鬆是練習五行通臂拳的第一要義。在五行通臂拳的演練當中，給人的感覺是手臂很長，在身形的引領下，雙臂輪轉呼呼有風，似乎比平時長了一節，身軀則在伸縮往來中十分舒展。這既是在鬆的基礎上經過長期磨鍊而出現的效果，也是拳術練習中要達到的基本要求。

人在自然成長過程中，經常需接觸諸如搬動重物，承擔重量的勞動，在長年累月運用力氣的過程中，身體肌肉產生了一定的僵力和拙力。而在拳術運動中，這種僵力和拙力，限制了身體骨骼肌肉的活動能力，不能發揮出最大的能量，故在拳術鍛鍊過程中，要將久以形成的僵力和拙力去掉，就要先從鬆開始進行催僵去拙的鍛鍊。

鬆就是在意念的指導下，將全身的肌肉、關節全部放鬆，使其沒有絲毫的牽力之處。五行通臂拳又要求，無論是單式操練或是套路和器械的練習，除著地腳要始終以五趾內扣抓地而外，全身處處都要儘量放鬆，不要加任何的力於其中，純屬自然的運動。

例如風車式，在腰脊的帶動下，雙臂在身體兩側，一前一後掄轉，如風車旋動一樣。要不加絲毫的本力在其中，如加上力，則動作就會僵硬，力不能發，速度也受到影響。再如爽袖動作，雙臂向斜上方抖送，如將雙掌拋向遠處相仿，身體隨之放長，既擊出了力量，也使體態穩健而優雅。但是如果加上力，而未放鬆身軀，則可能因雙掌齊出的慣性力量，將整個身體也帶出去，那樣的話，就失去了五行通臂拳的風格了。

做到鬆，除在意識上不加力於身體各處之外，更按拳術規定的拔頂抗項，含胸拔背，沉肩墜肘，擰腰坐胯，提肛收臀，意守丹田的方法，認真地做到位。鬆是有意識的運動，無意識的動作。有意識的運動，是要使動作合規矩達標準；無意識的動作，是將各招式依據自身條件將其發揮到極致。

由於做到了鬆，身體肌肉沒有牽制力，骨關節有些微的伸縮，在運動慣力作用下，肌肉向外伸長，如橡皮筋似的拉長了。在外形的表現上，增加了軀體、四肢的長度。肢體放長，著力點在其延長線上前伸，促使身體盡可能地舒展開，肌肉骨骼得到最大限度的伸長，伸長後又恢復到原狀，而後再伸長，在反覆的伸長恢復鍛鍊過程中，增強了身體的柔韌性，並使身體形成一種圓形向外的膨脹力，是一種彈性力量；同時，由於肢體放長，身體五臟六腑也隨之發生運動，提高了內部活動的力度，加強了內功鍛鍊；由骨骼關節的伸縮，骨膜的潤滑作用加強，增強了運動的靈活性，如同機器加了潤滑劑，磨擦係數減少，降低了能耗損失；又由其身體舒展，血管的通暢程度加強，氣血流通順暢，身體輸氧能力增強，氧耗則相對減少，使體力充沛。

由鬆而形成的放長身軀，使機體的內力增強，在外的表現則做到大開大展。五行通臂拳在外形動作上，要求極為舒展大方、竄蹦跳躍、閃展騰挪、起落收放，都要有大的氣勢、大的開展，所謂的大開大展是也。

開和展是相對於縮和收而言，是講整體動作，由緊縮到展開，有一個大的過渡。就自身而言，縮到最小而後擴展到極大；由最低處，而擴展到極高處。

例如鷹翻式，落地坐盤後雙臂再次向外撐開，是由極高點到達極低點的放和收；又如猴閃式，擊打對方小腿時下撲步後，向外側起跳，又向對方頭頂上方擊打，是由低點到高點的收和放。諸如類似的動作，沒有大的身型變化是難以做好的。

另一方面，身軀放長，動作必然幅度大，而力度強，收縮的過程相對也長，如此身體肌肉恢復原狀的過程也長。這就好像鐘錶的發條，捲得越緊，釋放的能量越強。

五行通臂拳在鬆的條件下，使身體蜷縮力加強，內崩力加大，所釋放的能量也大，所以在相同條件下通臂拳招式勁猛力強，有一種銳不可擋、摧枯拉朽的力量，也即源於此。

說到在鬆的條件下，放長肢體，也要正確理解。鬆是在意識引領下，使全身肌肉骨骼放鬆，而不能渾身軟塌塌的毫無生氣，放長肢體也不是動作已到位了，再人為的前伸和上舉或下壓的進行努力，那樣的話，不僅不是鬆和放長，反而會適得其反。

當然，開始初學可能一時掌握不好，但只要按要領認真體會，經過一段時間的練習就可以把握好分寸了。

二、大劈大掛，柔化剛發，勁路順達

這是五行通臂拳的第二個特點，它是在第一個特點的基礎上發展而來的。五行通臂拳在勁路運用上，要求大劈大掛、柔化剛發、勁路順達。在拳術運用當中，直來直去的動作極少見，常見的則是螺旋式的動作。

如手臂出擊，無論是掌還是拳都講究轉臂旋腕，其前行的方式，如同鑽頭鑽孔一樣。表現在腿上則是擰腰坐胯，使腿在翹、撩、點、撞、踢、蹬、踹等動作上，表現出腿部的力量。

過去有人說，通臂無腿功，實際上通臂腿上功夫非常講究，因多為暗腿，在外形上不像其他拳種，將腿踢得很高，由此產生了誤解。

大劈大掛是在鬆的基礎上，經過大開大展，在身體擰轉螺旋動作中，使身體柔性加強，透過外表的柔，而產生內裡的剛。通臂拳演練，在高速度的運動中，雖身體動作極為柔韌，但其落點則剛性外顯，極有力度。例如，閃步圈引手，步法輕靈，雙臂畫圈極順暢自然；但引手擊出，落點上則五指掐拳，瞬間擊發剛勁，如同炮彈出膛，極有力度。諸如此類不勝枚舉。

五行通臂拳在鬆柔的基礎上，要求每個動作的舉手投足，都必須周身協調，虛實分明，力由脊發，勁路順達。一個單式也好，整個套路也罷，都要做到快而不亂、活而不飄、靜而不僵、緩而不滯；動要猶如波濤巨瀾，一瀉千里、銳不可擋，有無堅不摧的氣勢；靜又要如五嶽獨尊，沉著穩定，無懈可擊，有千軍難撼的氣概。既要表達出引誘誆詐，機巧多變的多種身型身法，步型步法；又要顯現穿、擢、崩、挑、摧、擁、打、撞的基礎實力功夫。

由於勁路順達，所以力量貫得足，力所達到的點，作用於對方身上的力集中，攻其一點不計其餘，從而使對方受到沉重而猛烈的打擊。同時，由於身軀放長所鍛鍊的效果，力量可隨蓄隨發，亦蓄亦發，連綿不斷，好像一個球作用於對方，使對方無處出力，無處施力，導致處處虛空，無處施招，而我可上可下，可左可右，可前可後，渾然一體，處於主動之中。

周身協調勁路順達，是要求運動中取法於自然，身體各處要練得舒展，有靈性。行拳走勢之中，每個姿勢，每個動作，都好像在生活中人的呼吸，自然流暢，不留痕跡，如行雲流水一氣貫通。

周身協調講究的，一是虛實分明，但不過分。通臂拳的拳勢中，特別要求虛實分清，但又不能大虛大實。如基本樁功中前腿虛，後腿實，身體向下沉著，後腿彎曲約 105 度，此時虛實明顯，但身體重心分配上，則掌握在三、七分，既前身腿占全身重量的百分之三十，後腿承擔體重的百分之七十。

做定步練習時，一般要按這種虛實比例進行單勢的操練。然而這只是個大概，運動起來這種虛實的比例，不可避免地要有變化，但原則上不能打破這個虛實比例。在套路運行中，通臂拳也要求虛實分清，使一招一式在虛實變換中前進，從而產生連綿不斷、一氣呵成的效果。

其二是動作順暢不用拙力，不顯僵力，使力量發出後，猛而不滯，脆而不懦，硬而不僵，長而不散，活而不亂。手眼身法步，精神意氣功，充分體現在整個動作的運行之中。運動起來充滿活力，雖有進退變化，氣勢上是勇往直前。每個動作自起始到結束，都沒有勉強之意。式與式的連接不留痕跡，不產生阻滯之感。

第三是動作的連貫性。動作過程中沒有停頓，沒有間隙。如斬手，起於衝掌，終於手臂下劈和蹉步的完整結合。衝掌從指到掌到腕到肘到肩，更形成一個直立圓的弧線，意識上作用於對手是指的挺力、掌的衝力、肘的擠力、肩的摧力，均起於腳跟，行於腿，達於腰脊而發出力量。上述幾處均逐一作用於對方身上。衝至頂點時，手臂仍弧線，在掄到大腿內側產生腰脊的挺力，配合蹉步完成一個動作。

上述動作，在哪個環節產生偏差，均不可能使身體協調，也就根本完不成整個動作，或不能高品質地完成動作。沒有高品質的協調，整體拳術的品質也就值得懷疑了。所以有不少練習者，練了多年仍未達正果，沒有極好地掌握這方面的功夫，是其直接的原因。

周身協調在通臂拳運動中僅是一個方面，還必須瞭解勁路完整的含義。勁路完整在武術運動中均有要求。在通臂拳術中的勁路完整，有幾方面含義：

一是每個動作都要按照規則，舒展到位。無論是放長擊遠，還是蜷曲收縮，飄逸瀟灑，抑或奔騰勇猛等等，身手都必須完整到位，不允許有絲毫的含糊。

第二是運動中的變化完整。通臂拳的技擊，講究一擊取其要害，所以每個動作都有明確的施力部位。與此同時，又特別要求動中求變，一招變數式，或數招成一勢。在一系列連擊動作中處處要動，而勁路運行不黏不滯，使整個動作如一團氣覆蓋住全身，在臨陣對敵中使對方欲進不能，欲退不可，處於絕對被動的位置。在變化中求其勁路完整，既處處是實，又處處是虛，既實既虛，而又在完整中求其變化，無有不變，變在人先，以主動治被動。

另外在論及拳術的剛發，還要從以下方面進行理解。

五行通臂拳練習，均自剛性運動開始，如定步砸釘、摔掌、拍掌、中拳及行步中的斬手、劈山等動作，無一不是顯剛性於外，要求發力冷、急、脆、硬。

因此，在練習定勢的瞬間，由於力的發出，氣沉丹田，口中也有一股氣流湧出，而使運動者不自覺地由丹田而發出哼的一聲。步法中邁出的步子，由前衝擊力的驅使，地面發出反作用力。如有旁觀者在較近處，可感覺地面有輕微的顫動，這說明通臂拳在練習過程中，是要有明顯的外力剛性體現出來。

那麼，是不是將這種剛性鍛鍊足、顯得明確就達到通臂拳的標準了？回答是否定的。通臂拳始自於剛，而入於柔，最終要達到剛柔相濟的境界。

通臂拳對勁路的運行是非常講究的。要求渾身都具有渾然一體的彈性勁。這種彈性勁不同於渾身繃緊肌肉的所謂彈性，而是外力不能施於上面。一旦外力對其發生作用，它則如彈簧樣，所施力越大，反作用力越大，而使施力一方的力反作用於自身之處，再加上受力一方的力，使兩力合一，作用於施力方，從而使其受到更嚴重的打擊。通臂拳勁路的運行路線，均是為達到渾身彈性勁的完成而進行的，它除了像其他拳中說的力由腳發起於腿、行於腰、順於脊、達於指的要求而外，關鍵在雙腳分清輕重、虛實的基礎上，每個動作都要有腳的踏簧力量，雙腳的力在發力之先，身體往下一沉，雙腳先後如踏在彈性很大的簧上，使力在一沉的基礎上，自腿而胯上行丹田。此時兩腿的勁路，在丹田處發生擠撞，丹田處的合力通過脊椎，而上行到兩臂，最終由兩臂將勁發放作用於物上。

所以，一般認為通臂拳勇猛力大，實際上是勁路完整達到的效果。

這裡還要強調的是，由於通臂勁路運行順達，所以顯得特別猛烈、劇烈的震動往往容易傷及後腦。為了避免造成這種傷害，同時要加強頭動脈和頸椎的鍛鍊，增強其抗擊打的力量。通臂拳要求練者「拔頂抗項」，在拔和抗的作用下，使精神領起，全神貫注於運動對抗之中，並且避免了腦部受到震動傷害。

剛性鍛鍊是通臂拳初期階段必須經過的過程。這種剛性鍛鍊，經過一個時期後，勁路順達，兩臂沉而有力，在做掄圓時，隨著腰胯的擺動，胳膊掄起來毫無阻滯，前後合掌，非常自如。這時就要加強柔的練習。

柔首先是將氣在意念引導下，沉入丹田，放鬆全身的各關節，在韌帶的連接下，肌肉放長的帶動下，使每個動作都非常自然，沒有勉強之意，也沒有阻滯的任何跡象。整個身體雖然有關節的轉換變化，形成不同的動作，但又如同無關節轉換一樣。所謂柔若無骨，表現在整體運動時，處處都是圓圈轉換，好像各處都有關節一樣，使柔達到最大程度。這種最大程度的柔，增加了全身肌肉的彈性勁，從而使剛性更加強大。

看似柔，實則更剛，力量更大，所以，通臂拳要求練出踏簧之力也在於此。

三、強調仿生，順應自然，富於變化

武術是中國勞動人民為強身健體和適應戰爭需要發展起來的。自華佗創編《五禽戲》，在武術運動中，多有模仿各種動物運動和搏鬥姿態，創編而成的招式和運動方法。從現代仿生學角度出發，看武術運動的招式方法，吸取諸多動物運動特點，彌補人類自身運動缺隙，應該是個高明之舉。

五行通臂拳的動作模仿猿猴動作較多，故稱猿猴通臂拳亦有其道理。只是該拳術有猴形而無猴像，不同於猴拳當中不僅形似，而且還要表現出猴的表象動作。除了猴像動作而外，該拳還吸納了其他動物的動作。如虎撲式，模擬餓虎撲食；鷹翻，則模仿雄鷹展翅，搏擊長空等等。模仿動物姿態，彌補人體不足，使運動的技擊作用、強身健體作用發揮到最佳境界。

模仿生物動作是順應人體自然運動規律的需要，而不是勉為其難地進行效仿，故在所有招式之中，強調圓轉自如，不僵不滯，不努勁，不用拙力和僵力；順力使力，借勁使勁，猶如一幅自然景致，任其自由發展變化。

演練五行拳每一個動作都要調動起全身勁力，使各處骨骼、肌肉、經絡、意念、呼吸全部緊密協調地配合，即拳論所說的「心與意合，意與力合，力與氣合」；使每個動作節奏鮮明，虛實清晰，快而不亂，開而不散，從而達到勁路整、出招疾、落點準；同時，又要在細節上追求靈活巧妙的變化，使其達到大中有小，小中有巧，招與招接，勢與勢連，在小巧的變化中，尋求大的變化。

通臂拳論中講：「不抬不架就是一下，犯了抬架就是十下。」前一句是講大的氣勢，迎敵對手，你打你的，我打我的，力求一擊既中，中既有效；後一句則是講變化，在變招變勢過程中，使對方無隙可乘，我則無懈可擊，利用變化的小手法，破壞對方的平衡，化解對方的來力，以吸化形縮破壞對方的擊打，而我在變化中找出對方的破綻，使對方敗北。

做到富於變化，首先精神要領得起，兩睛要有神。這種神是拔頂抗項，下頜內收，眼睛平視，而領起精神。俗話說眼是心之苗，眼睛表達了內心的活動。

拳術運動中勁力到達之處，也是眼神到達之處，這樣才能使運動有神色、有力度。所以拳論中強調：眼毒如惡鷹捕兔，心毒如怒貓撲鼠，手毒如出膛炮彈。毒在這裡講的是氣勢精神和運動疾速。其次是每個動作要做到節奏分明，飽滿緊湊，出手迅捷。節奏分明是在虛實分清的情況下，整個動作乃至一套拳術，分出輕重緩急、抑揚頓挫的韻律來，體現出運動的美感和質感。

講一氣呵成，也是在這種韻律作用下去完成的，而不是沒有停頓，不分輕重主次地一趟順下去。節奏分明了，還要飽滿緊湊。無論某個單勢或是套路運動，都是由一連串的動作完成後，有個短暫的定勢。所謂緊湊，就是要求定勢前的動作要非常連貫，意念不散，勁路不斷。在起承轉合中，一勢的結束，即為另一勢的開始。身形不散，像一幅流動的畫，一首運動的詩。

富於變化是講兩個方面，一方面是說通臂拳在演練過程中，手法變化多。如一身有上、中、下三節，一臂有肩、肘、指三節，一腿有胯、膝、足三節。又有一手變三手、三手變九手、九九八十一手之說，其實都是講應用變化多。通臂拳在柔的運動、剛的發力中，時時處處以抖力、炸力為主。功夫練成後，只要意念一動，此力即可發出。比如拆拳中拍掌轉金龍合口到大捋三個姿勢一以貫穿，似一個招式，又不是一個招式。在招式相接中無一絲痕跡，不從變化身形、步法、手法之中去尋求本源，是根本完不成這些動作的。

另一方面是講技擊之中，身形、步伐、手法變化多、快，連擊連中，連蓄連發，吸使之來，它不得不來；送使之去，它不得不去；一式對一人，一勢對多人；此起彼落，此消彼長。這樣予技擊運動於變化中，有別於一招一式的取勝。

通臂拳在招式變化中，是以小的一連串的變化，使身形發生大的變化，而這些變化處處在腰。在運腰、轉腰、擰腰的作用下，使身體各處關節發生一連串的圓轉運動，從而虛實相間、剛柔相濟，意念一動，力量既已發出，使敵方瞬間被制，猝不及防。

例如跳步剪手一式，起勢躍步，兩手摟刨捋帶的同時，上右步，坐胯擰腰，雙臂由左右兩側斜向上，以虎口處擊打對方兩腮部；在擊中後（無論擊中與否），兩手擰腕，下劈內滾，再以腰的彈抖力將兩手背打向對方面部。同時，右腳收回半步，成為左腿實、右腿虛的左躍步，此時以右腳踢擊對方左腿膝蓋骨以下部位。在這一系列動作中，使對方上（頭部）、中（腹部）、下（腿的迎面骨處）受到一連串的擊打。

類似招數在通臂拳術中舉不勝舉，因此練習通臂拳必須細心揣摩，仔細體察這些細微的變化，使功夫臻於完善，達到爐火純青的程度。

四、呼吸自然，起伏跌宕，彈性明顯

首先是呼吸自然，意念集中，氣沉丹田。

五行通臂拳在行功走架的過程中，要求呼吸自然，意念集中。自然呼吸是講運動的過程中，不專一強調隨拳式進行呼吸，而是順應人體自然呼吸的規律。運動中既不閉氣，亦不努氣，而是使呼吸自然地順應運動的要求，久而久之，使動作與呼吸自然地緊密配合起來，這種配合，使周身運動順暢，技擊發放過程中，意到氣到、氣到力到，使氣在體內鼓蕩，在體外則敷蓋全身。所以練通臂的名家，在一處站立，即使不動，也有一種氣勢體現出來。這種氣勢好像一個知識淵博的學者，所表現出來的外在氣質一樣，給人一種美感。

意念集中，則是自然呼吸狀態下，一方面使氣沉丹田，另一方面培養拳勢運動的思維規律。氣沉丹田，一般的武術運動都有這樣的要求，這是體育運動普遍的規律之一。人在運動時，下盤都要穩固，上肢運動才能輕靈活潑。如玩具中的不倒翁，因其下重上輕，重心落點最底下，而使上部保持垂直。又如人站在運動著的車或船上，總是將兩腳分開來站著，尤其發生突然變化的運動時，他會很自然地將兩腳分開得更大些，身體下蹲。這是一種本能地降低重心，穩固身體的動作。

人的身體結構，決定人的重心只能是在小腹部位。氣沉丹田，實際上使重心穩固在小腹部位，使周身運動在這個重心的平衡作用下，達到協調一致。

但是，氣沉丹田又不是將氣死死地關閉在一個部位，而是要將其鼓蕩起來，使氣以丹田部位為中心，在周身靈活地運行。這好像玩具的陀螺儀一樣，陀螺儀在高速運轉中，重心穩固，你用兩指活動重心，陀螺就會自動地調整重心，這時作用於你手指的力，好像是反抗手指的運動方向一樣，而且力量很重，往往迫使手指不自覺地做一些無謂的運動，以致後來好像不是在調整陀螺儀，而是陀螺儀迫使手指運動了。

在丹田氣鼓蕩的條件下，拳術運動也以不可抗拒的力量，作用於一方，這個力量是一般人力所不能抗拒的。通臂拳氣沉丹田，就是要達到這麼一種效果。

另一方面，意念集中是說，練習通臂拳要專心致志，思維要適應運動的規律。因為通臂拳初期，均由站樁開始（這裡指在紮實的武術基本功基礎上，如抻筋、踢腿、涮腰等系統訓練之後），每個動作都要重複千百遍地做，動作要求規範，到位不苟且。意念不集中，就體會不出其拳論中的特點，就不能練出高品質的技術，以致後來無論是套路，還是搏擊都發揮不出應有的作用。

意念集中要在體會每個動作、要領的基礎上，經過千百遍的反覆練習（通臂拳對單勢演練，除品質既運動到位合規矩外，特別強調要有一定的數量，也就是有一定的強度。如掄胳膊一項，站樁掄臂一次要求不得少於百次以上，且愈多愈好；其他單勢、行步亦是如此）。這樣長期練習，在思維上形成穩固的定勢，運用起來就隨心所欲。

所謂練有規矩，用無定法，就是在技擊中，不是規定用哪一招，在你來我往迅速變化之中，你也不可能去思索怎樣出招、用招，就是利用長期鍛鍊中形成的思維，以變應變，從而把握主動權。意念集中，在運動中，要求做到無人如有人（思想中有個假想敵），有人如無人（臨敵動手如入無人之境），做到自然呼吸，意念集中，氣沉丹田。這樣經過數年鍛鍊，一旦豁然貫通，則拳術提高頗快；否則雖強迫也難以成就。

其次起伏跌宕，彈性明顯，是針對外部動作上的表現形式而言。特別是套路練習，在功力深厚的基礎上，無論是拆拳，還是五馬奔槽、竄蹦跳躍、閃展騰挪、舒肩探臂，四肢有規律地協調運動，腳下蹉步震地有聲，雙臂掄轉、雙掌擊拍，劈啪山響；上升如鯤鵬展翅，下落似魚潛水底，氣勢非凡，蔚為大觀。在伸縮往來、進退縱橫之中，好像有一團氣覆蓋住整個身軀，貫穿拳式之中。

仔細觀察五行通臂拳術，無論是單式，還是套路，在起伏跌宕中，反映出的是一種彈性力。在這種力催動下，使身體呈現由內向外的擴張形態，各處如同一個萬向彈簧，任何一處受力都向外彈去。

彈性力表現的形態是身體在無意識的情況下，有微微的上下抖動，與彈簧受力後的抖動相仿。例如中拳式，在上步落地的同時，拳擊發出去，擊至極點時，身體會自然而然地產生上下的起伏顫動。這種抖動不是人為意識引領下的刻意追求，而是自然生成的結果。不僅中拳式，其他式亦是如此。

彈性力的出現，是五行通臂拳在長期練習過程中，身體內棚力的外顯，由於內力充足，整個身體如同一個充足氣的皮球，時時處處存在著一種外張的力量，觸之既動。同時彈性力的出現，也是勁路順達的反映。沒有彈性力，可以肯定地說，身體沒放鬆，或者說鬆的程度不夠，鬆未做到，僵力、拙力自在其中，拳式勁路不順暢，體內棚力不足，彈簧力自然無從產生，勁路也就不能順達。

舉一實例說明，五行通臂拳論中講的力起源於腳、成於腰、行於脊、達於指，以中拳為例（取右式中拳），雙腿微屈，左掌心向下前伸，高與胸齊，右掌心向上，停於小腹處；身體正直，右腳向前邁步，腳掌蹉地，腳跟隨即落地；在右腳落地的同時，右掌向內翻轉，隨前行，至右腳落地的瞬間，向前以單式拳向前擊出，拳高與胸齊平；左掌在右拳擊出的同時摟刨回小腹。

按此動作分析勁路，在右腳掌蹉地的瞬間，力向前行，沒有回彈，是腳掌的前頂力，腳跟落地時，腳掌的頂力已足，力貫到腳跟，腳跟落地力量向上行，由踝、膝達到胯部；在胯部，由於左腿支撐向前的挺力，使雙腿的力在腰部相會，勁由腰而通過脊背，由於頭部拔頂抗項，使勁力送到臂、肘、腕、拳並將其釋放出去，形成擊打力量；左掌回刨穩定了運動的重心，力量釋放身軀放長，內棚勁擴張後，向內收縮，有恢復原狀的趨勢。此時在一放一回的過程中，身軀放鬆，彈簧力自然出現。

此處僅舉一例，其他招式也如此，請讀者在練習中仔細揣摩。彈性力是五行通臂拳鍛鍊中所追求的，有了這種勁，拳術就進入了一個嶄新的層次，以後的拳術會愈練愈精。

五、矯健敏捷，穩定紮實，節奏明快

這個特點所強調的是個活字，既身形要活、步法要活、手法要活。活就是拳要打的有生氣、有靈性，要在意識上賦予它以生命力，而不是機械動作的羅列。

五行通臂拳如果單從快慢角度分的話，應屬於速度型，它講究的是在迅速運動中，求其拳術的品質。要求運行路線清晰，落點準確，轉折處理細膩圓潤，毫無掛礙。

練習中要從大處著眼，能放的儘量放開，需收的儘量收縮。在收放的過程中，加強身體的靈活性，並追求其勁路變化，在應用中，才能用得巧、用得妙。矯健敏捷，即在一定速度的前提下，將拳術的運行路線，清楚明確地展現出來。高低上下，前後左右，舉手投足都要遵循規矩，符合章法；又要適應自身條件，靈活變化。也就是說在質的前提下，追求其速度；否則的話，就失去了拳術固有的意義。

例如，挺掌、撞掌、掖掌是三種不同的掌法，但又都是掌的前伸，只是手法不同，如果只求速度，掖掌一伸手，挺掌一伸手，撞掌還是一伸手，則不僅勁路表現不出來，也失去了其技擊意義。又如點腿和撩腿，都是向前踢，但是技發點和要求都不同，如果都做成了踢抬腿，儘管腿也踢了，但動作不規範，沒有表現出應有的姿態，即使有了速度，但品質不好，也不能稱為矯健敏捷。

因此說矯健敏捷是在追求高品質、高標準的動作基礎上，將運動特點充分表現出來的一種結果。當然敏捷亦含有變化的意思，既在運動中使拳的變化快捷流暢。

五行通臂拳運動路線，多為圓形和弧形，如果不研究其變化規律，將圓形做扁了或將圓形拉直了，就會出現僵拙之力和硬彎，那樣也就失去了固有的風采，矯健敏捷也就不復存在了。

穩定紮實是講身型動作的穩定性和功夫的深厚程度。五行通臂拳要求大開大展，它的一些動作，在一些未經鍛鍊的人看來，幾乎是把握不住重心的；但正是在一般人認為不能的事，五行通臂拳做到了。其原因就在於，它能很好地把握住高速運動狀態下力偶、力矩的關係。

例如，花樣滑冰運動員，在冰上高速旋轉時，是先將雙臂張開而後迅速收攏雙臂，使身體發生快速旋動，而將其旋轉停止時他（她）必然會伸開雙臂，使旋轉力矩加長，將身體穩固住。

五行通臂拳也是如此，在疾速運動中，拳術應用也是順應力偶、力矩的關係，使其動如風掃落葉，靜又穩如泰山。如鬧拳法式，一臂向外側掄轉，身體隨之轉動，臂向外側掄轉到一側後，即略屈肘將拳回收到腰際，再向前側方擊出。在一掄一轉一收的過程中，身形變化敏捷而不失重心，進而穩固住，這是五行通臂拳比較突出的特點，讀者需認真體會。

節奏明快，是要求拳術演練做到一招一式清晰明瞭，把握住啟、承、轉、合、抑、揚、頓、挫的拳術韻律。五行通臂拳也有自己的動作韻律。這就要求每個習練者，認真地研習和揣摩、挖掘，從中發現其奧妙所在，使之更適合自身的特點。

有的人練拳時，一味地追求速度，將拳練成了一個勁，輕重、虛實、進退、轉折都分不清，如同一張呆板的畫，分不出層次，看不出主從關係，整個套路失去了應有的韻律，旁人看他打拳，也跟著一同緊張，渾身肌肉都為他用力，給人感覺很不舒服，那樣的話就失去了拳術的本來面目。做到節奏明快，就是要將神氣貫穿其中，動得流暢，止得巧妙；虛實明顯，變化自如；一動俱動，內外兼顧；以神領意，以意領氣，以氣導力，做到勁斷氣不斷，氣斷意相連；意念不游離，神氣不散亂；手、眼、身、法、步、精、神、氣、力、功都表現得恰到好處，給人以韻律美的感覺。

六、精神引領，擊點剛猛，崇尚實用

這個特點強調的是神氣與氣質，即將精氣神貫穿於整個拳術演練中，並從中反映出個人的文化素養和品行氣質。從普通意義上講，任何一種拳術運動，都應該或者說必須講究精氣神。試想一趟拳也好，器械套路也罷，如果精神上萎靡不振，二目無光，神情渙散，首先在氣勢上給人一種癱軟的感覺，形體動作上就會覺得牽強。五行通臂拳所強調的神韻氣質，可以從三個方面理解。

首先，由意念引導下的精神外顯。透過眼神和形體動作，表現出意到氣到、氣到力到，既所謂的心與意合、意與氣合、氣與力合的內外三合。以精神統領動作的全過程，給人一種不怒自威、凌然不可侵犯的感覺。但這種形象又不能是咬牙瞪眼，怒目而向，它是透過本身精神的引導，從一舉一動的深厚功力中，自然而然、不期而至所產生的一種氣質。

第二，身體動作上，強調在精神意念的先導作用下，練出自然而然的順達勁。「道法自然」，應該是五行通臂拳始終如一追求的目標。練習初期，在精神意念引導下體會一招一式的運行路線，動力的組成方式，用招及變換的方法。經過長期刻苦的練習，在思想深處形成了強烈的概念，在實際演練或應用中，精神一領，意念一動，動作即以發生。五行通臂拳動作神速，變化極大，道理也源於此。所以練拳過程中，必須以精神引領意念，以意念通領動作，務求準確到位，追求神韻與自然。如果說習拳初期是一絲不苟的工筆劃，到後期階段就應該是潑墨重彩的大寫意。出於自然，回歸自然，渾然天成，不留缺陷。

第三，透過形體的優雅姿態和變化速率顯現神氣。經過長期練習，在法於自然的前提下，探索和研究出五行通臂拳術的節律。招與招之間的變換，式與式之間的連接，均做到清晰流暢；進退往來，抑揚頓挫，交代得十分清晰明瞭；大開大展不牽強，小巧轉折不含糊，神情活潑不拘緊，使整體動作看上去清新自然。

五行通臂拳在長期鍛鍊後，身體各處的靈敏感覺都得到加強，任何部位都不可施外力於其上。一旦有觸及，就可以極敏銳的速度將其反擊出去。在強調運動為柔發力於剛，剛後復柔的反覆練習當中，身體的柔韌性加強，內部剛力加大，所以在擊發點上的剛勁，表現得十分猛烈；尤其在操練中，表現得更為突出。如果暫不講技法的變化，僅從單式上看，五行通臂拳每個單式動作，都經過成千上萬次的反覆練習，以完善一個基本動作。

例如挺掌式，下盤穩住後，雙掌循環往復地操練，目標針對假想敵的咽喉部位。在這種操練過程中，研究勁力運動規律，進而再求其變化。經年累日的操練，既是練功夫，也是練毅力，須耐得寂寞，細心體會，才會領會真諦。試想在這樣百煉成鋼的過程中，練就的功力，在實際應用中，擊打的猛烈程度，不是一般人所能承受了的。這也是練五行通臂拳者之所以顯得力沉勁促的原因之一。五行通臂拳變化巧、速度快、擊點準、動力猛、技擊性強，所以一直以來為武林人士所喜愛。

在基礎功力掌握之後，再加上套路、器械和雙人徒手對練等方面的訓練，則使整個拳術愈練愈精，興趣越練越濃，使習練者受益終生。

學習五行通臂拳，也如同學習文化一樣，有一個由淺入深，由低層次向高層次發展的過程。在學習完必須掌握的內容，把握了上述特點後，依然要認真鑽研，不斷提高。因為人的條件不同，先天有高矮胖瘦之分，後天有文化程度之別；內受思想的制約，外受諸多方面的影響，每個人的追求都要根據條件，進行自身的發展。要在規範標準的大前提下，練出自身的風采和神韻特色。這就好比練字一樣，同樣是中國的方塊字，有顏、柳、歐、趙之分，有真、草、隸、篆之別，追本溯源，同出一處，但又各具風采；練拳亦如此，在精益求精的同時，練出個人的風格特色，如此方可使技藝不斷發展，世代相傳。

第三節　五行通臂拳的練習階段

五行通臂拳練到什麼時候才能達到爐火純青的程度呢？這是一般練習者所普遍關注的問題，但又是難以解答的一個問題。這就像問知識什麼時候才能學完一樣的複雜和困難。事物總是發展的，它永遠不可能停留在一個水準上，五行通臂拳亦是如此。同一個時期，因個人天賦、素質、環境、理解力、刻苦精神等等的不同，而出現差異。它在歷代沿襲的過程中，由於先賢名師的研磨，不斷豐富其內容，使其充實了新的招式（但也不排除丟掉了一些重要的內容），故即使練到一定程度，也未必盡善盡美，仍有愈練愈精的必要。

可以肯定地說，學練五行通臂拳終生不能盡其妙，世代不能絕其峰。而只能是代代相傳不斷發展。雖如此說，前輩名家在總結教學體驗中認為，五行通臂拳從初學到掌握，一般分為四個階段。

第一，基本功訓練階段

中國武術在基礎訓練方面都有相通之處，比如舒肩、領眼、抻筋、涮腰、站樁等，而且訓練初期都是必經的階段。通臂拳也不例外，學習初期，由於學習者骨骼、肌肉均沒有形成拳式規律的運動，也達不到拳式所規定的要求，因此必須進行基本功練習。

這種練習一般包含兩個方面，一是武術通常意義上的基本功，如抻筋、吻靴、踢腿等，腿部、腰部、步型的訓練，這方面的訓練要求與其他拳種一樣，主要是為了增強身體的靈活性、柔韌性；二是通臂拳基本功夫的練習，主要內容是：十二基本法根，也就是十二個基本樁功。通臂的樁功是運動的樁功。如風車、紡車（既兩臂掄圓的運動）中拳勢，引手勢、砸釘勢、摔掌勢、撞掌勢等等，目的是練出初步的穿攉蹦挑、摟刨捋帶等摔拍穿劈鑽的勁路來。這個時期，要求增加身體的靈活柔韌性和全身的力量，並使勁路順達，體會勁路起於腳、合於胯、成於腰、行於脊、達於臂、用於指的運行路線的要求。

這個階段都還是初步練習，學者必須靜下心來，克服急躁情緒，一點一滴地積累經驗。這一階段主要要求是鬆柔，身體各處都放鬆，在鬆的前提下，為更高層次學習打下良好的基礎。

第二，行步訓練階段

第一階段的基本法根練習一段時間後，有了一定基礎，自我感覺有一定的力量和柔韌性，也做到了肩臂鬆順、放長身軀，出拳也有了力量，但這種力依然未完全脫離開自身的拙力、僵力，尤其是經不住變化的考驗，體現在外形上是力浮而短。那麼，第二階段則是進一步練習勁路的順達和體會冷彈脆硬快的功力，即如何使這些勁都達到拳術中的規範要求。

這個階段訓練的主要內容是行步練習。通臂行步有48基礎勢，即行步十二基本勢、行步十二炮捶、行步十二掌、行步十二大勢。經過這個階段，功夫愈練愈精，越練越深，個人的興趣越練越濃，勁路力量也能達到要求，每個姿勢舒展大方，自然力足勁猛，臨敵可以連擊連發，處處在人之先。

雖然如此所缺乏的是靈活巧妙，變化少，猛打有餘，而在運用「引誘誆詐」上存在不足，一旦止步將前功盡棄，難以體察到通臂的真諦，這時應心存謹慎，仔細研究，適時地轉入到第三階段的練習。

第三，套路和器械訓練階段

前兩個階段從嚴格意義上講，仍屬於基礎訓練。第三階段是使拳術愈練愈精，進入一個高級層次的練習。這個階段，訓練重點在套路，如拆拳、大連環、小連環、五馬奔槽等。在融會貫通拳勢之後，再增加五行通臂刀（即八步十三刀）和五行通臂槍的練習（通臂三絕拳、刀、槍）。除此之外，再增加一些抖杆子、劍術套路，如純陽劍、青雲劍等的練習。

這一階段是在原基礎上，增加輕速捷、靈活妙的變化招式，完備通臂拳勁路的要求。這一階段學員興趣更加濃厚，因為許多基本功在此階段，才真正發揮出具體實在的作用，套路運動中八面威風，劈啪山響，氣勢不凡，器械運動更使人耳目一新。

這個階段是最好教也是學員最得意學習的階段。這時主要在勁路的發展變化上，尋找通臂拳的精髓所在，也是使藝術與技術結合的階段；同時也是掌握臨陣對敵的各種方略，從而在實踐運用上發揮最大威力和作用的階段。

第四階段，散手訓練

從一般意義上講，通臂拳練習中的一招一式均不是所謂花拳繡腿的花架子，學了練了就可以在實踐中使用，但用與用不同，一個練了多年的武術家與一個不會武功的人對壘自然容易取勝，而遇上一個實力相當者就不易取勝。所以在練過前三個階段後，要增加散手對練，在與對手的一來一往中，體會通臂拳各個特點要求的意義，增加臨敵對手的經驗。

這個階段的練習，要有意識地多找幾個對練夥伴，以便瞭解不同人的不同特點，以多積累經驗。到了這個階段，也應該增加太極拳的學習（因為它與通臂拳有異曲同工之妙），一方面吸取其他拳派的精華來補充自己；另一方面可以提高興致，尤其在太極拳推手方面與通臂對練操作優勢互補，可使技擊很快地達到一個嶄新境界。

到了第四階段，通臂的各種勁路，手法、步法、腿法功夫，都已達到相當的精度，運用也基本達到隨心所欲的程度，以後拳術會越練越精，向臻於化境的方向發展。

第四節　五行通臂拳行功走架中對身體各部位的要求和達到的效果及勁力

一、要　求

五行通臂拳在練習過程中，要求甩膀抖腕，立掄成圓，肩臂鬆順，放長擊遠，撩掛正確，擊拍清脆，閃展靈活，虛實分明，腰脊發力，落點準確，冷彈揉進，剛柔相濟，開合有序，取法自然。依據這些要求，在行功走架中，手、眼、身法、步都要合規範，表現出拳術的精髓，展現出拳術的神韻。套路演練起來，自然流暢，氣勢恢宏，姿態優美，動作穩定。

為此，五行通臂拳論對習練者身體各部位在行功走架中提出了具體要求，無論是單式操練，還是套路演練或是器械練習，都要按此要求進行規範。這些規範要求的主要內容是：拔頂抗項，含胸拔背，沉肩墜肘，三折九扣，擰腰坐胯，神情內斂，提肛收臀，意守丹田，鬆肩探臂，放長擊遠，肩背鬆順，立掄成圓，曲中求直，趾抓膝彈，中正安舒，支撐八面。

1. 拔頂抗項，含胸拔背

拔頂抗項的要求是在意念引領下，將頭頂百匯穴部位，向上略前位置提起，如同將頭髮束住，在頭頂上方用繩吊起一樣。頭頂拔起，頸項自然挺直（但不可用拙力使其僵直，而是自然挺直），下頜內收，舌頂上齶，上下齒微微叩緊。

由於上述動作，眼瞼會自然上撩，這樣使面部精神貫注，未動招，先有神，為行功走架的四面支撐，八面威風打下基礎。另一方面由於頭頂拔起，使脊椎節節貫穿放鬆，自頭頂至尾閭在縱向上成一條垂線，使力達兩臂成為自然。頭頂拔起後，頭部具有一定程度的彈性勁，使腦部在激烈的起伏運動，劈、砸、摔、撞的過程中，不至於受到震動傷害。

含胸拔背則是指兩肩微向胸前內扣，即輕輕地向前一裹即可，不要用力收胸。能含胸自然就能拔背。雙肩內扣，背部肌肉微微拉緊，這樣使雙臂運動增大了範圍，同時使肩背的彈性力體現出來。

2. 沉肩墜肘，三折九扣

練習之中，雙肩要有意識地向下沉，肩胛要完全放鬆，既不要向下拉肩，也不要向上聳肩，總之要處於完全的自然狀態。墜肘是指臂抬起時，肘部要自然垂向地面，不要有向外的支撐和大擰轉。所謂三折九扣是指身型和九個部位的內扣。

通臂拳論中將身體分為三部，以此定三折，頭至腰為上部，腰至膝為中部，膝以下為下部。三折是練習時將三部分折屈成Z字形，此為三折。所謂九扣是指身體九個部位的略微內收，既上部要扣指、扣腕、扣肘、扣肩、扣胸；中部要扣腰、扣胯；下部要扣膝、扣趾。九扣是指身體一側，事實上身體兩側都應如此，實際上應是十六個部位（因為胸和腰只能各有一扣）。三折九扣，實質上是要求周身具備整體的彈性力，全身猶如一個充滿氣的球體，各處都有一股向外的彈性張力。三折九扣是取其自然的姿勢，是在身體肌肉放鬆的前提下達到的拳術運動效果，切不可用拙力、僵力將各處束緊。

3. 擰腰坐胯，神情內斂

擰腰坐胯實際上是對三折九扣的進一步要求。五行通臂拳的招式中，多為側身向前，既在定勢時胸部與正前方向保持一個角度，這個角度在腰上的表現即是擰腰。

擰腰的作用一方面是加強腰的旋轉力度，增強身體的靈活性；另一方面使下盤穩固。拳論曰：「命意源頭在腰際」，指腰在拳術運動中起著至關重要的作用。坐胯即是將髖骨部位放鬆，身形下沉，如同臀部單側坐在凳子上一樣，目的是使襠部撐緊，兩腿虛實分明，以使動作靈活，行動敏捷。

神情內斂是要求練拳時，不可努氣使力，怒目圓睜，而是神情內斂，眼睛有神而不惡視，面部表情有氣勢而不緊張，這樣使拳術演練神韻不散，在起伏跌宕之中，體現運動的韻律美，將內在的精神和外在的動作緊密地結合起來；否則的話，圓睜雙眼，怒目而向，面目猙獰，既給人一種呆板偏滯的感覺，使人看了心裡很不舒服，從自身角度看，也容易產生氣散神彌的問題。

4. 提肛護腎，意守丹田

提肛即將肛門內收，使肛門肌肉略有收緊之意。由於提肛作用，尾閭略向前翻，使中盤穩固，氣血流通更為順暢。

意守丹田是有意識地將氣引導沉入小腹，使小腹充實，就好像不倒翁的底盤一樣，穩固住全身。練拳時意守丹田至關重要，它是動如濤，靜如岳的基礎，因為只有意守丹田，氣沉下才有去處，氣才可以鼓蕩開來，而使勁力貫注於目標，身形才能穩健。如果氣浮在上部，拳像浮萍一樣沒有根基，身形像搖擺不定的浮舟，難以達到拳術的最佳境界。

提肛護腎，意守丹田，是在意識引導下，形成意念而引起形體上的變化。在練拳的初期，做到提肛護腎，意守丹田，只要想到去那樣做即可以了，切不可使勁向上提肛，致使臀部肌肉也繃緊，將氣使勁下壓，鼓起小腹，這樣做就錯了，不僅不能達到鍛鍊效果，反而有害於身體健康。正確的做法，應是先在意念上做到上述要求，日後隨著功夫的深化，慢慢地體會出其真實的意境。

5. 鬆肩探臂，放長擊遠

鬆肩探臂是將肩關節的肌肉，儘量放鬆，使肌肉對本身發出的力絲毫沒有牽制，在手臂前行時似乎沒有肩的存在，而將手臂放長（當然這需要身軀整體的配合，在此因為僅講肩臂，其他方面就不多贅述，希望讀者能正確理解）。探臂是將手臂伸出去時更儘量向外展，如同以手抓物，尚差一小段距離，而手臂再努力前伸將物體抓住的動作相似。

放長則是在意識引導下，儘量將身軀和四肢拉長，目的是將身體各關節和肌肉盡力舒展開，發揮身體最大的活動能量，從而使勁力順暢，身體各處都不僵滯，以增加各部位的靈活性。

擊遠是所要達到的效果，在一般認為觸摸不到的距離，經過訓練後，鬆肩探臂可以達到。拳術技擊中一寸長，一寸強，毫釐之間的距離之差，既是勝負之所在。放長擊遠就是在與對手較量時，在人觸不到我的距離內，我可能觸及對方，使其受到衝擊。

6. 肩背鬆順，立掄成圓

肩背鬆順是在鬆肩探臂基礎上的進一步發展，是要求肩胛和雙臂在完全放鬆的情況下，實施各方面的運動。「鬆」是在意識指導下，不用拙力和僵力，使肌肉不產生緊張的感覺。「順」則是適應人體運動的自然規律，使其運動路線，不出現死彎和意識上強調的僵直動作。在此基礎上雙臂立掄成圓，是在舒展動作方面，儘量將雙臂展開，掄臂動作要圓轉自如。

例如做風車式操練，雙臂前後掄轉時，臂上行要貼耳側，下行要擦胯側，表現的極為舒展大方，而不是團團縮縮地在那裡搖動。

7. 曲中求直，趾抓膝彈

曲中求直是指身體的外部形態動作，要按照拳勢要求折疊屈伸，要在圓轉靈活的運動中，化解對方的來力和增加自己的蓄力。求直是研究尋找出蓄力後，擊發的最佳路線和落點。五行通臂拳中要求挨住何處何處擊發，不拘一格地進招用招；但觀其實用效果，均是屈蓄直發。這種發是在最短的距離內，以最具殺傷力的方法將對方擊出。曲中求直即是透過訓練，達到此方面效果的要求。

趾抓膝彈是指腳趾要內扣，如同抓住地面，這是穩固下盤的需要。五行通臂拳要求趾抓，是講練功時，腳趾要始終內扣，似乎抓住地一樣。

膝彈是指膝蓋、腿彎處，要如同彈簧一樣，在其挺力作用下，身體發力後，有上下的彈性起伏變化，如同將重物置於彈簧上相仿。

8. 中正安舒，支撐八面

中正安舒是指身體姿態的整體而言。通臂拳練習過程中，從身體形態到面目表情，從外部動作的顯現到肌肉內部的協調（所謂內部協調亦就是武術拳論中強調的意與氣合、氣與力合、力與意合的內外三合），都必須給人一種自然流暢，穩健紮實，不散不離，開合適度，快慢相間的感覺。身形要正，面部表情要淨，動作出來不誇張，不造作，不勉強；全身表現出一種透空的精神，而眼神要隨著動作的運行顧盼留離，表達出拳術的神韻。試想一個人練拳面目猙獰，咬牙切齒，動作機械，於己不安舒，於人也產生一種極不舒適的感覺。所以，通臂拳將中正安舒列為要求之一。

支撐八面講的是形體和精神兩個方面。形體上要掌握好分寸，每個動作合規範，守規矩；收要收得住，放要放得開，上下左右中都要照顧周全。例如引手單勢（以右手為例），引手打出去時，一定要做到拳自口出（指口前部位），到位掐拳要及時；拳出去後收回一定轉腕，舒指向下摟刨捋帶回到小腹前。而左手在右手拳自口出的同時，刨至小腹後，動作不停即提手做下一個左引手。手臂在循環運動中，又要護住肋，護住胸；下部胯擺、沉腰等都要協調。出拳時，膝的頂力既不能過（形成屈膝，使力量分散）；又不可往後坐力，使拳打不到位。拳術動作護和打要緊緊相隨，有護無打、有打無護均不能稱為武術，因此，必須支撐八面。

精神方面則要求心無雜念，意志專一，在練拳過程中，形成拳勢思維規律。這種規律久而久之，形成一種定勢，到達一定程度，不用去想怎麼做，即自由行動起來。由於運用自如，反映的速度自然就快，再加上情神貫注，不緊張，拳技運用就順達自然，有一種無懈可擊的感覺；無懈可擊也就達到了精神上的支撐八面。

二、鍛鍊應達到的效果

學習五行通臂拳要達到怎樣的效果呢？先賢對此也以比照形容的方式，提出了一定的見解，就是要練出九個方面的運動效果。

1. 肩如車輪臂似扇

肩如旋轉的車輪，臂的展開運動，猶如打開一面摺扇，形容要使其達到橫掃一片的氣勢和力度。

2. 肘如轉環，腕似綿

環之無端無始，肘要練到如圓環一樣，使外力不能加之其上；腕部則綿軟而不施任何力量，以便於圓轉變化。

3. 手如鐵餅，指似劍

此句是形容以掌背擊打時要穩實有力，如鐵餅墜地；當然也要求加強手的操練，以經得起反作用力的抗擊。指似劍是以指出擊，要達到彷彿劍刺的作用。

4. 腰如蛇行，腿似鑽

腰的動作要隨招式的變化，圓轉靈活地運動。腿在定式發生支撐作用時，要如同鑽頭打入地下並在地下生根一樣的穩固有力。

5. 胸如攏月，眼似電

胸如攏月是指要始終做到含胸拔背，任何時候都不可挺胸仰身，以防失重。眼在運動中要觀四路看八方，有神氣，不散漫，不呆滯。

6. 膝如彈簧，脊似線

膝如彈簧已有解釋。脊似線是指脊椎骨的各節要節節貫通，以保持勁力起於腳，合於胯，成於腰，行於脊，達於臂的順暢通道。

7. 胯如奔馬，行似猿

胯要撐開如奔馳的駿馬，穩定住下盤。行似猿是保持身軀的拳式運動，猶如猿猴一樣，敏捷矯健，輕靈活潑。因五行通臂拳在仿生方面模擬猿猴的動作較多，所以以猿來描述。

8. 氣如滾水，聲如磬

形容氣沉丹田的鼓蕩作用。氣沉丹田，不是將氣沉下後，成為波平如鏡的湖面，而是要使其圓潤鼓蕩起來，才可在拳術中發揮作用。聲如磬，指發力出聲時，要有洪鐘般響亮，有氣勢。

9. 踝如踏板，神似箭

腳板與小腿在腳踝的折疊作用下，如同踏板的彈簧一樣，有下壓和上彈的活力。神似箭，是指神情氣勢要虎虎有生氣，身手欲到之處，神氣先達該處，使拳術運動形成一種無形的精神力量。

三、五行通臂拳十二種正勁和十種奇勁

五行通臂拳訓練當中，無論是基本功、套路乃至器械的練習，都特別強調要練出十二種正勁和十種奇勁。這二十二種勁構成五行通臂拳的基本特色，也是在訓練中要求達到的標準。

當然這些勁路表現，在拳術的一招一式中或出現一種勁，或二三種勁，但整個拳術演練要以這二十二種勁為基

本綱領，將其貫穿起來，才可以使各種力量得到最充分的表現，如摧、擁、挺、擠、沉、滾、柔、晃、穿、擢、崩、挑、摟、刨、捋、帶等。而在精神上則表現出意念集中，神情飽滿，瀟灑自然，氣勢恢宏，使精神和動作達到完美統一的程度。

1. 十二種正勁

正勁是講合乎五行通臂拳法則和規矩的力量，它的內容是十二個字，即冷、急、脆、綿、軟、巧、輕、速、捷、靈、活、妙。

(1) 冷

是突然的意思，講的是動作變化在意料之外。在接招換式當中，突然地實施擊發，使人有猝不及防之感，與人身體受涼水突然一擊，猛然一抖相仿。如當場遞手接四平炮的變化，即是如此。

(2) 急

是快和猛的意思。講進身技擊，有一種摧枯拉朽的力量。如擒斫勢，勁力要充分體現出急字。

(3) 脆

是爽利不拖泥帶水。拳擊打出去作用於物體上要脆而有力，毫不黏滯，猶如引燃爆竹發出清脆的響聲一樣。中拳勢，弓步出拳打的就是脆勁。

(4) 綿

是延續不斷的意思。練習過程中，動作的銜接，招式的轉換，技擊的變化，要纏綿不斷，如長江大河滔滔不絕，有一條無形的主線，將動作緊密連合。

(5) 軟

這個字應與柔在一起。練拳中，身體各部位要柔和，協調一致；在技擊方面，不以強硬的手段進攻，不硬頂硬抗，運用柔力化解對方的剛力，使其擊我時，像擊在棉花上一樣，沒有施力點，從而造成敵手的破綻，我則因勢制敵，穩操勝券。柔是很重要，它與奇勁中的「黏」字密切相關。軟應該是柔的充分表現，不可理解為軟軟塌塌的意思，那樣就大錯特錯了。

(6) 巧

是講拳術的技術動作要恰到好處，無過無不及。一招一式，每個轉折變換都要按技術要領練到位，體現出動作的技術特點。如撩腿動作，要以腰運胯帶腿，腿伸出後，要保持一定的彎度，腳面要繃直，力要貫足，整個身體重心穩固，不左右晃動。巧字還體現在實踐中，通臂拳技擊有七巧變化，是講由運動中的變化，巧妙地破解對方的擊打，而又使對方處於被擊打的地位，等同於太極拳論中「四兩撥千斤」的意思。

(7) 輕

賢人曰：動如濤，靜如岳，起如猿，落如鵲，立如雞，站如松，轉如輪，則如弓，輕如葉，重如鐵，緩如鷹，快如飛。在通臂拳中所講的輕，就是說動作要像樹葉那樣輕。因為通臂拳的動作中躥、蹦、跳、躍動作較多，幅度也大。如鷹翻上勢、猿猴入洞、鷂子穿林等招式，必須表現出輕靈飄逸的特點，起跳要輕，落地要穩，空中動作大方舒展。如果沒有輕的功夫，諸如上述動作是極難完成的。在臨敵制手時，輕則避開用力頂力的僵拙對抗，輕輕一接觸，皮膚立即感知對方實力虛實，稱出對方錙銖多少，以便採取相應的對策，克敵制勝。

(8) 速

就是速度上講的快，眼快、手快、腳快。武術運動快是第一要義，不溫不火形不成拳術，沒有速度形不成力量。所謂手慢讓手快，就是講的速度。

(9) 捷

是行動敏捷的意思。練習中，行功走架要變化多端，動作快速，神情反應靈敏，運動路線清晰明瞭。快能藏拙，尤其在套路練習中，快往往把一部分技術細節滑過去了。而敏捷則既要快又要清楚，每個技術動作無論大下，都要將其充分地表現出來。在臨敵之時，捷是利用最簡潔的技擊方式和運行路線，先達到目的。

(10) 靈

在精神飽滿的前提下，力量發揮到極致，變化富於靈感，使拳術的各個技術動作隨心所欲，毫無破綻，變化多端，取法自然，好像有一種神氣覆蓋住全套動作，使神氣力意達到完美的和諧。

(11) 活

是講活潑不呆板。拳術運動中，無論單勢或套路，自起式過程到收勢，力量足而不顯僵拙，變化快而不失規矩，動作複雜而不丟神韻；臨敵對壘時，腦筋要活，反應要快，要有應變力，取上打下，取左打右，虛既是實，實既是虛，以變應變。

(12) 妙

妙在此講是神奇的意思，就是要使拳術練到出神入化的境地。在實踐應用中，人不知我，我獨知人，出手進身使對方茫然不知所覺，對方欲進攻取我而又茫然不知所向；對方如墜五里霧中，又如我掌中木偶。這就是妙，就是練得妙、用得妙，大智若愚，大巧若拙，功夫到一定程度看似拙，實際妙在其中矣。

2. 十種奇勁

奇勁指的是沾、黏、連、挨、隨、吸、化、形、解、縮。奇勁在拳論中是說：隨著正勁的深化而產生特殊的拳術勁路。正勁沒有練達，功底不純，奇勁不能生成；正勁有了一定功夫，不刻意追求這種奇勁，也不能生成。只有用心體會，用功日久，隨著正勁的提高，奇勁會輔之而生。奇正相生，功夫會向更高層次發展。

(1) 沾

因接觸而附著其上的意思。通臂拳練到一定程度，全身行動敏捷，皮膚反應靈敏，特別是經過對練和散手練習後，這種反應是一般人所不能及的。雙方一經接觸，我即可知彼方真假虛實、勁路方向、力量大小。以沾勁測得對方實力，是沾字真義所在。沾字還有一沾即回的意思，如蜻蜓點水一般，這樣做的目的，即是將勁力發揮至極致，又不給對方造成可破解的機會。

(2) 黏

是如膠一樣的將對方與自己黏在一起。它是在沾基礎上的發展。雙方接觸後，我要像磁石吸鐵一樣將對方黏住，增加其負擔，使其不能擺脫被動地位，造成有利於我的局面。

(3) 連

連接不斷的意思。拳術演練時，力量的曲蓄、發放、再蓄，勢與勢之間，招與招之間，都要緊密相接，不能有明顯的斷勁，即使有短暫的定勢，也必須做到勁斷氣不斷，氣斷神相連，使拳術運動成一個完美的整體。對敵應用，彼來我往，隨對方變化而變化，連接不斷地施力於對方，處處形成人背我順的局勢。

(4) 挨

挨是靠近的意思。在得機得勢的情況下，靠近對手而施力效果最佳；遠則鞭長莫及，一擊不中有可能失去重心，給對方造成可乘之隙。挨近對方，我變招變勢，可迅速作用於對方，使對方來不及調整身形，從而受制於我。同時挨也是近身擊打，所謂挨衣發力，使擊發的手段觸之有物，形成威力。

(5) 隨

隨是跟著順從的意思。臨敵對手，不是單一的強硬對抗，而是順著對方勁路方向，隨屈就伸，隨退即進，如影隨形於對手勁路，使其招數不能發揮作用，而我則在其空隙出現的時候，突然發力將其擊敗。

因為勁路達於極致，最容易被破壞，如直拳擊出到達終點後，只要再施一點抻力，則人的整個身體就能被牽動，「隨」即是在這點上追求成功。

(6) 吸

吸是吸收的意思。對方施力於我，我變招變勢，使對方找不到施力點，處處落空，構不成對我的威脅，而我像海綿吸水一樣將對方的勁路吸納。

(7) 化

改變形態即是化。如對方握住我肘部，欲將我推擊出去，我沉腰掩肘，以肘轉動牽領對方的來力，使其失去原有的技擊意義，此即為化。

(8) 形

無形一詞的簡縮。五行通臂拳歌訣曰：「有先師留下通臂掌，無形無影無柔剛。」形實際講的是無形；無形即不示形於敵。臨陣對手，無形使對方無可預測，無從防備，我在或急或緩、或快或慢、或剛或柔的運動變化中，向對方突然發動攻勢。

(9) 解

解是武術中專用術語，猶言套的意思，如套路、幾套拳等。在此是講，實際的應用當中，要式式相連，招招進擊，勁路連貫順達，力量隨蓄隨發，不給對方以喘息之機；而不是一下的零斷進擊方式。比如鬧拳法式的應用，進身要給對方施以劈砸靠打，對方退步閃展，我則可用挺鑽挑撞掌法，繼續進擊。總之是如有一整套的招式，施於對方，以求取勝。

(10) 縮

收斂身形縮小範圍，使對方不能下手或無從下手；同時，在我進擊時，縮小綿軟巧又令對方意亂神迷，無所措手足，我則觀其動靜，窺其虛實，適時進擊，從而把握制勝的主動權。

四、五行通臂拳在行功走架中身體各部位的姿態

五行通臂拳在行功走架中，除了要按身體各部位的要求做練習而外，身體各部位的姿態，也必須正確規範，符合要求，只有這樣，才能充分體現五行通臂拳的特點，發揮出拳路的特長和威力。

1. 頭　部

通臂拳無論是單勢練習、行步練習，還是套路練習，頭部必須保持端正。這樣要求一方面是保持拳術姿勢的正確，另一方面在臨陣對敵中，有利於全面觀察，避免觀察不足，出招不正、不準的弊病。保持頭部的正確就要做到拔頂抗項。

2. 眼　部

眼為心之苗。人的神情氣勢，喜怒哀樂，絕大部分是通過眼神的變化表達出來的。拳術練習中氣勢有沒有，神情到不到，都要由眼神的變化而體現出來。通臂拳練習中，要求領起精神，眼睛要神氣百倍，收下頷，抬起上眼瞼，使眼睛時時保持在臨陣狀態。在運動中，以眼領手，手到眼到，行動神隨，手腳所去的方向，即是眼所觀測的方向，力所施的地方。這樣就容易做到神與意合，意與力合，使拳路飽滿，氣勢恢宏，精神貫注，流暢瀟灑。

3. 身　型

五行通臂拳身型上要求是腰似蛇行，腳似鑽，步若趟

泥，臂如長鞭；又說腰是主帥，四肢依載。這是通臂拳對身型的基本要點，就是身型要舒展，沒有僵直處，不存笨拙力，運動起來順其自然；以腰的運動，催動四肢的運動，使四肢與腰部形成整體的運動。在運動中，身體要端正，避免歪肩斜胯，不要腆胸疊肚。

4. 手　型

包括拳型、手型和掌型三部分。

(1) 拳　型

拳型有五種，即尖拳、雙尖拳、掐拳、撐拳和平拳。

①尖拳（亦稱單尖拳或中拳）：食指、無名指和小指屈握成拳攥緊，中指屈握將第一節夾緊，在食指和無名指第二節之間，拇指第二節壓住食指第二節，拇指第一節與中指第一節抵緊形成尖拳。

②雙尖拳：四指屈握，拇指第一節與食指第一節相抵握緊，無名指與小指握緊，食指和中指第二關節初稍稍分開。

③掐拳：拇指掐在食指第二節上，並握緊四指，使拳面成一斜面。

④撐拳：拇指、食指兩指端掐緊，中指、無名指、小指與中指併齊彎曲，四指的第三節全部挺直併齊，以第二節面向前方。

⑤平拳：一般的握拳法，但握住四指的拳面要基本保持一平面。

(2) 手　型（鉤子手）

四指彎曲併攏與拇指指尖掐緊，屈腕下垂形成鉤子手，屈腕指尖朝後則成為後鉤手，指尖朝上成為上鉤手。

(3) 掌　型

五行通臂拳的掌型分為五種，即摔掌、拍掌、穿掌、劈掌、鑽掌。

①拍掌型：手指微屈，手心稍內凹，手指自然分開，手心向前，此為拍掌。

②摔掌型：手型不動，翻腕使手心朝上，手背朝下，向下摔去即為摔掌。

③劈掌型：以手掌外沿的部位下劈則是劈掌。

④穿掌型：手指微屈稍用力向前挺直，掌心微凹展平，手指指肚略向內扣，形成穿掌型。

⑤挺掌型：五指伸直，中指挺直，食指和無名指微屈，指肚內扣，使中指、食指、無名指形成向前挺直的狀態，拇指和小指內扣形成合力，手心內凹。

5. 手　法

(1) 拳　法

拳型是在運動最後階段形成過程的姿態。在實際運用中，是手在運行中達到最終點的一瞬間成為拳型，而不是先握出拳型再擊出。

拳在運行中，以手臂的擰旋，手的鬆握，形成力量和速度，比如子彈在出膛時，由於來福線的作用，使子彈高速旋轉，而克服空氣的摩擦阻力一樣，拳在打出過程中鬆握肌肉不僵持，而使拳的速度加快，擰旋使力量增強；在技擊即將到位時，迅速握緊使力量更集中；在擊到位後，又迅速鬆握，進入下一次擊打的運行過程中。如果事先把拳握緊向前擊打，一則肌肉僵持，拳速必慢；再則力量在運行過程中，已經消耗很多，形不成最大威力；而且在破解對手進攻時，也難以靈活和舒巧。

(2) 掌　法

①摔掌：身體前屈，臂上提到耳旁，翻腕以手背向正前下方摔出。摔掌時，要鬆肩探背，力達手背。可單手摔，亦可雙手同摔。古譜載，摔掌謂之炸力，即抖搠摔炸。

②拍掌：手自體前貼腹胸上，提至耳旁，以掌心向前拍擊，力在掌根，拍在極點時，壓腕扣指，手變鉤型，力量過渡到指尖。古譜載，拍掌謂之摧力，即摧、搓、拍、撻。

③穿掌：手指向前，虎口朝上，自小腹處向前向上穿出，位置與咽喉齊，力達於指（穿掌使手心朝下，即成挺掌）。古譜載，穿掌謂之崩力，翻展挺裂。

④劈掌：一般的劈掌屈臂上提，以掌沿向下劈砸，好像用斧劈木柴一樣；也可以用大臂後擺掄圓向前向下掄劈。古譜載，劈掌為砸力，即劈雷擊踔。

6. 步　型

(1) 弓　步

前腿向前邁一大步，屈膝，腳尖朝正前方向，膝前頂，但不能超過前腳尖；後腿微屈挺直，腳尖向外擺約35度。上身挺直，微向前傾，身體重心放在前腿稍後部位，兩腳橫向寬約同肩。

(2) 虛　步

前腿以前腳掌著地，屈膝；後腿屈膝壓胯，兩腳橫向距離約等同於自身肩寬，身體重心七成放在後腿上，前腿占三成。

(3) 馬　步

兩腳橫向分開，距離比肩寬約 1/3，屈膝收腹，挺胸坐胯，膝蓋不可超過腳尖，膝彎度約在 110 ～ 130 度之間，重心在兩腿中間。

(4) 半馬步

一腿屈膝半蹲，一腿橫向邁步，稍斜向前方，重心三、七開，分配於兩腿上。

(5) 丁字步

一腿屈膝半蹲，一腳以腳尖點地靠在另一腳旁側中間位置，上身正直，重心落在半蹲的腿上。

(6) 獨立步

一腿微屈站立，另一腿收胯提於身前，如撩陰腿動作，重心全部落於站立的腿上。

(7) 歇　步

一腿屈膝全蹲，以前腳掌支撐；另一腿疊於後蹲腿前亦全蹲下，臀部坐在以腳掌支撐的後腿上，身體稍前傾，面向前方。

(8) 併　步

雙腿站直，併立，雙腳併齊為併步。

7. 步　法

(1) 進　步

進步即是向前邁步。進步分為四種，虛步進步、實步進步、躍步進步、輦步進步。虛步和實步進步與一般的進步相同；躍步進步要有踩踏的意思，是取用足踩對方腳面的意思；輦步進步要有踩踏和旋轉的意念，存有用足踩上對方腳面後，用全身的力量碾擰的意思。

(2) 退　步

一腳坐實，另一腳向後撤步，即為退步。退步除一般退步外，還有左閃退步、右閃退步。閃退步是在退步過程中，使身體有瞬間騰空的動作，向左後或右後退步。

(3) 閃展步

向左或向右跳越跨步，即成閃展步。如左閃展步，左腿提胯屈膝，右腳起跳，左腳落地右腳依次落在左腳內側；右閃展步與左閃展步同，唯方向向右，以左腳起跳。

(4) 連環步

身體正直，兩腳併立，左腳向左前方約 45 度邁步，身向右轉 90 度，右腳跟進左腳內側；上動不停，右腳向右前方 45 度邁步，身體向左轉 90 度，左腳跟進到右腳內側，連綿不斷地邁進。

(5) 旋轉步

與連環步相仿，不同點是進步時，以前腳掌著地，用腰的旋轉力，使上步一躍即旋轉，使踩後一碾有全身的整勁兒體現出來。左右相同，方向相反。

(6) 墊　步

以右墊步為例，左腳向正前方邁出一小步，右腳屈膝稍提起，左腿微屈後立即彈起，右腳迅速踏在左腳的內側，左腳在右腳一震地的同時向前彈起，並向前邁出一小步。左墊步與右墊步同，唯以右腳在先。

(7) 猿行步

兩腿屈膝成半蹲姿勢，挺腰，上體正直，頭部拔頂抗項，兩前腳掌以小碎步向前急行或向後撤步，即為猿行步。此式充分體現了五行通臂拳模仿猿猴動作的特點。

(8) 鶴行步

雙腳併步站，雙手叉腰，上身正直，左腳向前邁出一步，右腿屈膝提至與腰齊之後，小腿以腳尖上翹向前蹬出，而後隨身形向前面落步，右腳落地站穩，左腿與右腿動作相同，而後循環邁步進行。

(9) 蛇行步

併步站立，上體保持正直，雙手叉腰，左腿提膝，收腹屈腰，左腳斜跨過右膝落在右前方，左腳落地後上身挺起，雙腳交叉站穩。上動稍停，即上右步，同左步要求，唯右腳向左前方落步。

(10) 寒雞獨立步

兩腳併步站立，雙手叉腰，左腳前邁半步，腳尖外擺45 度站穩，身體用腰帶動左轉 45 度，隨轉體右腿屈膝提至胸前，轉體完成後，右腳向右側前方蹬擊，高度為距地面一小腿，意在蹬擊對方膝關節，右腳落步外擺站穩，左腿屈膝抬腿蹬擊與右腿同。

(11) 雞行步

併步站立，上身保持正直，雙手叉腰，左腳向正前方邁步，全腳踏實屈膝半蹲右腳迅速跟進，以前腳掌踏地虛步落在左腳內側，上身前傾，兩腿半蹲虛實分明，上動稍停。即上右步左腳跟進，要求同左步。

(12) 猛虎爬山步

併步站立，雙手叉腰上右步，左腿屈膝抬起後即向後退半步，稍停後向前方邁一大步，右腿屈膝抬起後向後退半步，稍停後向前方邁一大步，兩腳循環進步。

(13) 磋步（膀欹步）

併步站立，雙手叉腰，氣沉丹田，左腳抬起向前上步，在腳未落地時，右腳用彈力將身體彈起，左腳迅速落地踏實，右腳用腳內側經右腳內側沿地面向前磋踢，磋踢後右腳離地面半尺餘，在體前不動，左腳彈跳磋擊與右腳相同，左右腳不停，循環向前磋踢。

(14) 斜衝步

左腳在體前向左斜前方上一步，右腳跟進，以腳掌立於左腳內側。上動不停，右腳向右後斜方迅速退一大步，全腳著地，右腿稍屈，左腿成半弓步。稍停，身體挺起，右腳隨即滑過左腳內側向右斜前方邁步，左腳跟進後向左斜後方叉步，完成一個斜衝步，而後反覆上述動作。

(15) 連　步

上身正直，左腳向前一步成弓步，身體重心前移，左腳起跳，右腳以腳面在雙腳離地瞬間，擊拍左腳裡側，雙腳落地。然後上右步起跳，用左腳擊拍右腳內側，如此連續動作。

8. 腿　法

(1) 蹺　腿

身體保持正直，提右腿屈膝，屈腳腕，腳趾上翹，用腳掌向左前下方踢去。然後換左腳向右前下方踢蹬，所踢高度以膝關節以下為限。此腿用法是：當敵方進步襲擊我時，我迅速進身，右腳翹趾用腳掌向其右腿膝部以下、踝骨以上部位蹬踢；左右腳用法相同。

(2) 撞　腿

身體站直，雙手叉腰，兩腳橫向分開與肩同寬，抬左腿屈膝向右提擺，然後落回原處站穩，再抬右腿屈膝向左提擺後，落回原處站穩。兩腿循環練習，提擺膝高度，以達到腰部為準。

撞腿是在與敵手對抗時，用膝撞擊敵襠部，兩腿內側及膝胯外側等部位，用摧、擁、擊、撞等方式使敵致傷。

(3) 撩　腿

左腿向前邁一步著地站穩，身形稍蹲，右腿迅速向前抬腿上撩，上撩時腳面繃直，坐胯，膝部略彎曲，使上撩的右腿成一弓形，上撩高度以稍高於腰部即可。左腿上撩與右腿相同。此動作是與敵對手時，用腳撩踢其襠部。

(4) 點　腿

兩腳分開，寬度與肩平齊，提左腿屈膝繃直腳面，然後突然將腳踢出，以腳尖向前點彈擊打，高與胯齊。右腿動作與左腿相同。點腿是用足尖向對方膝部、小腹或腿根等處實施點擊。

通臂拳腿法一般都不是踢得很高，重點強調迅速、力度和準確，加之練習時身形較低，腿法表現得比較含蓄，所以有四暗腿之說。曾有人講通臂拳無腿（指沒有腿的蹬踢等動作），其說法是不正確的。

第二章

基礎站樁十二式

五行通臂拳基礎站樁功亦稱原地法根，計有十二個典型基本樁式，是五行通臂拳基本功的重要組成部分。它既是初學者入門的必經之路，又是深造者堅實功底，突出拳種風格，增長勁力的基礎。正確地掌握好要領，練習好這十二個基礎樁式，可以為進一步學習五行通臂拳的行步、套路乃至器械，打下良好的基礎，收到事半功倍的效果；否則，即使將套路器械等都學習完畢，其功力不會深入發展，依然要回到樁功的練習上來。如果形成固有拳式的弊端，再糾正起來就非常困難了。五行通臂拳的基礎樁功，易學易練，但要精熟並真正把握精髓，則必須下苦功，不厭其煩地反覆練習，要靜得下心，耐得寂寞，不嫌枯燥，細心揣摩，才能真正地將其掌握。對於基礎樁功，每式每次練習多少為宜，歷來並無定論，但在把握正確姿勢要領的基礎上，練習的次數越多越好。

據傳歷代著名通臂拳師，在樁功練習時，一個招式每次練習 300 到 500 下也不足為奇。對現在的習練者，可根據客觀條件，因地制宜地進行練習。每一式既要講品質，也要有數量，不輟寒暑，經年累月地練習後必獲成功。

十二站樁式均以預備式開始，每一式均以右式動作描述，但左右式都要練到，不可偏於一側。

預備式

1. 兩腳併步身體站直，雙臂自然下垂於身體兩側，目平視前方。

2. 雙膝微下蹲，將重心移至右腿，上身保持姿勢不變，隨即右膝緩緩挺直，隨身形領起，左腳向左橫跨一小步，距右腳約 20 公分處落步。

3. 左腳沿橫移步的正前方向邁一自然步，右腿屈膝約 130 到 145 度角，左腿隨之自然彎曲，兩腿三、七分勁，右腿占七分、左腿占三分。

【注　意】

預備式分左式和右式。上式動作為右式。左式是將左腿在後，右腿在前。

【要　求】

(1) 精神集中，全身放鬆，動作舒緩大方，面部表情要安逸自然。

(2) 姿勢形成時，要做到微收下頜，拔頂抗項，含胸拔背，鬆腰坐跨，斂臀收腹。

(3) 雙腳十趾內扣有如抓住地面的意識，雙膝略向內合，做到掩襠護腎。

(4) 意念集中，氣沉丹田，思想上排除外界的一切干擾，專心一致於練拳之中。

(5) 全身保持一種舒展自然的狀態，不拿腔造作，不虛張聲勢，給人一種輕鬆舒適美觀大方的感覺（圖2—1）。

一、紡車式

1. 預備式同前。

2. 左臂自然垂於身體左側，右手五指處自然狀態，手心向左，直臂向前向上向後掄動手臂，當手臂掄到頭頂上方時，大臂要掠過右耳；同時，手臂外旋，掌心向右，繼續直臂向後向下運行，掄轉一周，手心向左停留右胯外側，完成一個輪轉。而後連續不斷重複該動作。

3. 右式練習多次後，換左式繼續練習（圖 2—2）。

【要　求】

(1) 手臂掄轉要以腰的平行旋動帶動大臂的圓轉運動，掌的翻轉要連貫，期間不能出現斷勁。

(2) 襠胯部位，要隨著腰的旋轉進行開合運動，不可將此部位僵住。

圖2—1

圖2—2

(3) 肩要完全放鬆，手臂掄轉以肩為中心，形成一個以手臂為半徑的圓圈。

(4) 意念集中於小臂和手掌上。

(5) 此式主要練習雙臂和肩胛的柔韌靈活性、肩肘的伸探力和臂的甩擊力。

(6) 左右式均可練習幾十次至數百次不等，視自身條件而定，但至少應在 50 次以上為好。此要求在今後的各樁功練習中均如此，以後不贅述。

【說　明】

此式可以雙臂同時掄轉，或一前一後掄轉，或均向前（向後）掄轉，而不拘泥於單臂。

二、悠蕩錘式

1. 預備式同前。

2. 樁步不動，腰向右轉動，隨之胯亦向右擺動，右臂隨腰胯的運動，向後運動至與肩平時，屈肘，右手掌心向外，停於右耳旁。

3. 上動略停。腰向左轉，胯向左擺動，借腰胯的擺動，掌向右後甩動，並向下向前悠蕩，至與肩等高時，右手變招拳上崩，伸肩探臂，將拳擊出，拳高與鼻尖平齊。

4. 當拳擊出的同時，重心前移至左腿上。拳擊到極點後，由拳變掌，重心移回右腿，向右轉腰擺胯。右掌直臂由前向下向後恢復到動作 2 的位置，繼續進行第二個動作。右式練習後改為左式練習（圖 2－3、圖 2－4）。

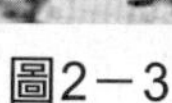

圖2－3

圖2－4

【要　求】

(1) 手臂運動以肩為軸心，利用腰胯的旋轉擺動力和重心前移所形成的慣力，像蕩秋千一樣，將拳擊出去。

(2) 掐拳擊出至極點時，腕部要有明顯的上崩動作，意念亦要放於此處。

(3) 重心的前後移動要連貫圓潤；手臂到前時，身體重心即移至前腿；手臂回撤，身體重心亦回落到後腿。

(4) 悠蕩過程中，要體會脊背的伸縮力，前臂的崩彈力，膝的挺力和勁力起於腳跟、和於胯、行於脊背、達於指的勁路。

【基本用法】

對方來拳我方不躲不閃，順其來手（彼來右手我以左掐拳迎擊，彼來左手我以右掐拳迎擊）用小臂前部向上崩挑前衝，彈開對方來手，直擊對方下頜部位。

三、摔掌式

1. 預備式同前。

2. 雙手掌心朝小腹，自由垂落於小腹前。

3. 左臂外旋，掌心朝前；右臂略內旋，右手掌五指內扣，虎口正對小腹，並沿肚臍到右耳，在大臂上抬的帶動下，屈腕將右掌上提到右耳旁，虎口對右耳。

4. 向左旋腰擺胯。同時，右肘由右側平移至胸前，右掌掌背向前，自右耳旁向前向下摔出至襠前。在掌摔至襠前的瞬間，身體向上挺膝挺腰，使右掌心向前上方有一自由撩擊動作。

5. 右掌向下摔擊的同時，左掌內旋，虎口對小腹，沿肚臍至左耳旁的路線上提到左耳旁，隨之與右掌動作相同，將掌摔擊出去，右掌隨即上提至右耳旁。如此循環往復練習（圖 2－5）。

圖2－5

【要　求】

(1) 掌摔擊出去時，手臂儘量向前伸；身體重心落於兩腿中間襠部的垂直線上，上身保持正直，不可前傾後仰。

(2) 一掌摔出與另一掌上提，要協調連貫，並有上下的對拉之意。

(3) 此式主要訓練手

背的摔炸力，腰的抖力，脊背的催送力，腿的挺彈力。意念集中於摔擊的手背上。

【基本用法】

對方以右拳擊打我腹部，我收腰縮腹，以左掌（掌心向左）向上摟提其來拳；右手反臂由上示下向對方面部至襠下直摔掌而下，至極點後挺腰，摔下之掌自然向前撩擊對方襠部。左勢亦然，唯方向相反。

四、拍掌式

1. 預備式同前。

2. 右手臂屈肘，將右掌上提至右耳旁，手腕自然彎曲，掌心向下，手指向前；左臂向身前伸出，高與胸齊，掌心向下，掌指向前。

3. 腰向左扭轉，借腰的扭轉力，右掌掌心向前，伸肩探臂將掌向前方拍擊，高度不超過自己頭部，掌拍擊至極點的瞬間，五指併攏成勾手形；左掌在右掌向前拍擊的同時，迎掃右小臂發出拍擊聲響，並順勢用虎口處，撞擊右胸大肌處。

4. 腰先向左轉，隨之左掌由右胸側左移上提至左耳旁（手形與動作 2 同），而後腰向右扭轉，隨即左掌向前拍擊；右掌迎掃左小臂，拍擊出聲響，並順勢用右掌虎口處撞擊左胸大肌處。

5. 上述動作反覆循環練習（圖 2－6）。

【要　求】

(1) 腰的扭轉要與掌的拍擊同步。腰轉到位，掌也必

圖2－6

須拍擊到位，而另一手掌迎擊小臂後用虎口撞擊胸部，也須同時到位，不可有先後之分。

(2) 掌拍擊至極點成勾手時，要勁力完整，一氣呵成。

(3) 腰的扭轉，肩的伸探，腕的甩動，要協調一致，形成整勁兒，意念在掌心。

(4) 面部要始終向前，不可隨腰的擰轉而左右搖頭。

【基本用法】

對方以右拳向我直擊，我以左掌下摟其來拳，右掌直向前衝拍擊對方面門。

五、穿掌式

1. 預備式同前。

2. 雙臂微屈，向身前提起，左掌在前，高與心窩處平齊；右掌根距離肚臍約一拳時停住，雙掌心向下，掌指向前，拇指和小指微向內扣，其於三指略挺力伸直。目視前掌。

3. 向左擰腰坐胯，順勢利用肩背的催送力，將右掌沿左掌下方，猛力向正前方穿出，高度與自己的咽喉平齊；左掌在右掌向前穿出的同時，沿右小臂向後摟刨至小腹前。

4. 上動略停，向右擰腰坐胯。右掌回摟，左掌向前穿出。目光始終盯住前穿的手掌。雙掌交替練習（圖2－7、圖2－8）。

【要　求】

(1) 穿掌由下向前運行，要走一自小腹至對方咽喉處的前行斜線。穿掌高度不可超過眉；回摟手不可低於小腹。

(2) 穿掌至極點時，要利用肩背的前探，將手腕略向上抬一下，以增強穿掌的續力。

(3) 穿掌向前要有挺衝力，迅速乾淨俐落；回摟手要與前穿掌協調一致，勁力完整順達。

(4) 意念集中在穿出掌的指尖上，目光也要始終落在穿出的掌指上。

【基本用法】

對方以右拳向我直擊，我以左掌下摟刨其來拳，右掌

圖2－7

圖2－8

以挺掌式向其咽喉部位穿擊，觸及時抬腕前戳，使對方受擊後向後仰倒。

六、砸釘式

1. 預備式同前。

2. 重心前移落於微屈的左腿。左臂微屈，掌心向前，自襠部沿身體中線，向前上方衝掌至頭頂上方；隨左掌上衝，身體向上領起，右手臂自然伸直，向身後展開。

3. 身形略向下沉，隨之左掌向襠前下刨，右臂自身後向前上方掄轉，至頭頂上方時掌變掐拳。

4. 身形再次領起，右腳向前邁一自然步，以腳掌前搓站實，重心落於右腿。與此同時，雙膝和腰向上挺力，頭向上頂。隨之右掐拳自頭上方，向右腿內側劈砸（不要劈砸到襠部，也不可擰腰擺胯，以防小臂撞擊自身胯部而受傷）。在右拳向下劈砸的同時，左手掌迎掃拍擊右小臂後，依其慣性，以左掌虎口處撞擊自身胸大肌部位。

5. 右掐拳向下劈砸後變掌向前上方衝起，左手向身後掄起至頭頂上方變掐拳。右腿後撤到原位，隨即按動作 4 的要求向下劈砸左拳至左腿內側，右掌迎擊左小臂後，以虎口處撞擊左大胸。目視前方。

6. 上述動作反覆練習。右腿前進後撤練習數次後，改為左腿前進後撤（圖 2－9、圖 2－10）。

【要　求】

(1) 掐拳劈砸和掌的虎口部撞擊胸大肌部位及邁步踩踏與膝、腰、頭的上挺力動作要同時完成。身形不可散

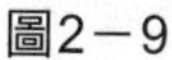
圖2－9

圖2－10

亂，全身勁力要完整。

(2) 手臂劈砸要勁足力猛。整個動作要協調連貫，一氣呵成，要使身體表現出沉穩和彈性力量。

【基本用法】

此勢主要練習雙臂向下劈砸的力量，凡以上示下的擊打均可用此勢。

七、引手式

1. 預備式同前。

2. 雙手微上提至臍下小腹前，此時左手在前，右手略低於左手，並處於左手腕後約 20 公分位置，雙手指朝前，掌心微凹，右掌根距小腹約 10 公分。

3. 右腿略挺膝，使身體向上挺起，向左旋腰。隨之右掌屈腕，手指成掐拳，沿身體中線，將掐拳上提至口部，右臂向胸前合肘，右手向內轉腕，使掐拳五指與口部平齊，肘尖向下。

4. 上動不停，右掐拳向正前方向與眉齊高，甩臂抖腕，以手背向前擊出，掐拳擊至極點時握緊，隨即放鬆；左掌隨右拳擊出的同時，向小腹前摟刨。

5. 上動不停，右手在掐拳擊到極點處，掐拳變掌向內翻腕，掌心向下，迅速向回摟刨到小腹處。

6. 隨右掌向下摟刨的同時，左掌變掐拳，借右旋腰力，引手向前擊出。之後上述動作循環往復練習（圖 2－11、圖 2－12）。

【要　求】

(1) 左右手上提肘，要向內合，肘部要在身體縱向中線位置，手指與口齊平。

(2) 掐拳向前擊打，要借助腰的旋轉和臂的前伸力。掐拳要在手背擊到極點時掐緊，不可過早。腕部要靈活，不可用拙力。

圖2－11

圖2－12

(3) 一手前擊、一手回摟下刨要同時到位，不可有先後之分。周身要形成一個整力。

(4) 掐拳擊出高度要瞄向假想敵的口與眉之間，不可過高或過低。

(5) 掐拳擊至極點時身體重心略前移，以使全身整力充分地發揮作用，避免僅用臂力而出現身形與力度散亂的弊病。

【基本用法】

顧名思義，該勢有引誘擊打的雙重意義。引誘：當雙方對峙時，我以引手迫使對方出手，以發現其破綻而制敵；擊打：直接用手背擊打對方面門。

當對方以右拳擊打我正面時，我以左掌下摟刨對方來手，右手掐拳，齊自己口高度以手背擊打對方面門，冷彈脆快，使其猝不及防而受傷。

八、撞掌式

1. 預備式同前。

2. 雙臂微屈到身前，上提至腰際臍部前位置，左掌在前，右掌在後，雙掌掌指向前微朝上，兩掌相距約 20 公分，與身體縱向中線在一直線內。

3. 向左旋腰合胯，借旋腰的慣力，伸肩探背，將右掌經左掌背上方（幾乎貼著左手背），向正前方齊胸部高度催送出去；左掌隨右掌擊出的同時，向自身小腹部摟刨。

4. 上動略停。腰右旋開胯，右掌向回摟刨至小腹處；左掌沿右掌背向前撞擊。而後兩掌循環向前撞擊（圖 2－

圖2－13

13）。

【要　求】

(1) 撞掌時意念集中在掌跟，要撞出前催的爆發力量。

(2) 旋腰擺胯要與前撞掌及向後摟刨之手形成一股整勁兒，且要同時完成，不可有先後之分。

(3) 撞掌是擊打對方的胸部位置，因此出掌高度應儘量與自己的胸部齊平，不可過高或過低。

(4) 旋腰擺胯要始終保持身體的中正，前撞掌擊出以後，身體不可產生歪斜或過度前傾；旋腰擺胯不可使身體產生側身偏斜的現象。

【基本用法】

對方用右拳或掌向我胸部擊打。我含胸拔背，用左掌摟刨其來拳，使其落空；同時，右掌以撞掌向其心窩直接撞擊，力點放在掌根處。

九、中拳式

1. 預備式同前。

2. 左手臂微屈，掌心向前，掌指向上，與自己心窩齊平向前伸出；右掌掌心朝上，掌指朝前掌外沿貼於腰部右側。

3. 重心前移，右腳向前邁一步，腳掌先著地，繼而腳跟落地，全腳掌踏實。在右腳落地的瞬間，右掌邊向內旋，邊向前擰鑽將拳擊出，擊打至極點處，拳眼向上，掌變單尖拳向前衝擊（拳擊出的高度與自己心窩和肚臍之間位置相平齊）；左掌在右拳向擊出的同時，沿右拳上方畫過並摟刨到小腹前。

4. 上動不停，重心後移，右腳撤回到原位置，鬆腰坐胯將樁步坐實。在右腳後撤的同時，右拳變掌，掌心朝下向小腹部位摟刨，並收回到動作2中描繪的原位置；左掌則沿右掌上方，立掌向前撞擊。

5. 按動作要求反覆練習。右拳擊出一定次數後，換樁步以左手擊拳，右手撞掌（圖2－14、圖2－15）。

【要　求】

(1) 右拳擊出時要與右腳跟落地同時到位，上身略前傾，但不可俯身。

圖2－14

圖2－15

(2) 撤步時，右腳落地要與左掌撞擊同時到位，力量要完整，整個動作要協調一致。

(3) 前擊衝拳要體現出拳的擰鑽力，腕要挺直，拳眼向上，手背與小臂外側保持一個平面，如果從正面看，右腳尖、擊出的拳、自身鼻尖，三個點要處於縱向的一條直線上。

(4) 雙手前後運行要始終在身體的中線位置做運動。出拳、撞掌、摟刨的動作，要在身體前後方的一直線上做前後運動。

【基本用法】

中拳用法與撞掌類似，不同的是將右掌變為單尖拳，擊打對方胸腹部位。中拳和撞掌的力度一般多較大，練習中需把握尺度，注意安全。

十、伸肩式

1. 預備式同前。

2. 雙臂屈肘上提，雙掌心相向，如抱一球狀，左掌在左，右掌在右，雙掌指向前並微屈內扣，提至腰際腹前。

3. 左掌自腹前部緩緩沿身體縱向中線向前伸出，隨伸隨慢慢將掌內翻，至極點時掌心完全朝下，掌指向前，伸掌時要沉肩墜肘，伸肩探臂，儘量向前伸出。隨伸掌隨向右擰腰。右掌向外翻轉使掌心向上，向右肋側與左掌等速回撤。

4. 當左掌伸探至極點時，挺腰長身，隨之左掌回撤，右掌前伸，雙掌同時緩緩翻轉，至雙掌交匯處，左掌心向上，右掌心向下。腰徐徐向左轉，鬆腰坐胯合襠。右掌緩緩向前伸探，左掌與前行的右掌等速回撤，至身前時，兩掌心距約 10 公分相對搓過，後繼續依各自方向運行。

5. 右掌至極點後，長身翻掌回撤，左掌前伸。而後週而復始反覆練習（圖 2－16、圖 2－17）。

【要　求】

(1) 雙掌運動要徐緩勻速；腰胯密切配合掌的運行，身形要舒展，精神要集中。

(2) 雙掌運行至交錯位置時，上下相對距離約 10 公分，亦可略大些，但以雙掌心搓過時有微熱的感覺為好。雙掌交錯時，不可將動作停頓。

(3) 伸肩探背要始終保持頭部正直，不可歪臉斜視。

【注　意】

此式雖然簡單，但它是構成通臂拳柔勁兒的重要基礎拳勢之一。望習練者認真研習，真正把握要領，為今後深造打下良好的基本功。

圖2－16

圖2－17

十一、叼帶式

1. 預備式同前。

2. 身體略向上挺。隨之雙手成勾手狀，右臂屈肘，大臂與肩平，將右勾手上提至右耳旁，虎口距右耳約 5 公分，五指微攥攏，指尖向下；左臂在身體縱向中線前方伸出，高與肩平，左手成勾手，腕略向上提。

3. 身體向下沉，向左擰腰壓胯。雙勾手同時變掌，向腹前齊腰高度下撻掌。動作不停，右掌經左掌下向前行，左掌沿右掌背向後行，雙掌前後交錯，左掌到右手腕部時，雙掌變勾手。身體向上挺起，借身體上挺之勢，右勾手直臂以腕力向前崩起，左勾手上提至左耳旁。

4. 上動略停，向右擰腰壓胯。雙手變掌，隨體形下沉而下撻，左掌向前行，右掌向後行，左勾手向前崩起，右勾手上提至右耳側（圖 2－18、圖 2－19）。

圖2－18

圖2－19

【要　求】

(1) 雙掌下撻和上崩要隨擰腰壓胯身形起伏，利用身體整力進行動作，撻掌和勾手上提的動作，要完整有力度。

(2) 下撻掌時意念集中於雙掌根處；上崩時意念集中於前手腕部。

【基本用法】

該勢是刨壓叼打的結合。對方右拳向我擊打，我含胸拔背，雙掌一前一後內滾拍擊其來臂，借對方來臂被拍擊向下行的同時，我挺腰向前催前臂，以勾手背向對方下頜處擊打。

十二、擰鑽式

1. 預備式同前。

2. 雙臂屈肘，將雙掌上提至腹前臍下處，雙掌心朝上，雙手輕貼於身體兩側腰部。

3. 重心略前移，雙腿平均分擔身體重量，身體略向上領起，雙腳跟略提起，以雙腳掌為軸，向右轉體約 135°。隨轉體，雙掌同時迅速內翻，輕握拳，拳眼相對，距離約 5～10 公分。

4. 轉體後，重心移左腿，身形下沉，左腳跟震地全腳踏實，右腳仍以腳掌著地。在左腳跟震地的同時，雙拳以拳面，突然向襠前下方擊出。

5. 雙拳擊出後，即鬆開變掌，並外翻腕使掌心向上，繼而以上述要求，向左轉體進行擊打（圖 2－20、圖 2－

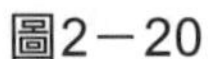

圖2－20

圖2－21

21）。

【要 求】

(1) 此式動作振動力較大，因此要嚴格遵從拔頂抗項的要領練習，以免使頭部因震動產生眩暈的感覺。

(2) 轉體要保持身體重心穩定，不可左右搖晃。

(3) 雙掌翻轉變拳時雙臂不要上提，雙掌一翻，變拳即向下擊打，動作幅度要小而有力，乾淨俐落，不拖泥帶水。

(4) 向前下方擊拳，要體現出爆炸力度，迅疾有力；且要將身體的彈性力量，充分表現出來。

第三章

行步四十八式

行步四十八式包括「行步十二基本式」、「行步十二炮錘」、「行步十二掌」和「行步十二大式」四大部分，是五行通背拳的重要內容。

它是在原地法根的基礎上，使拳術向更高層次過度的必經途徑。正確地練習好這些行步單式，不僅可在拳術演練中，充分展示拳種的風格，提高自身的功力，而且可為散手（即散打）訓練打下堅實的基礎。

行步四十八單式，是行進中的單式操練方法，包含了五行通背拳中大部分的手型、手法、步型、步法、身形、身法等內容，而且按通臂拳理要求，練出冷、彈、脆、快、硬、縮、小、綿、軟、巧；大劈大掛，開合有度，立輪成圓，放長擊遠等各種不同的勁路運行變化及運用方式。行步四十八單式練習強度較大，對身體的柔韌性、耐受力要求都比較高，因此在實際練習中，要根據自身條件逐式練習，循序漸進，每次練習一個或幾個式子，每個式子練習數次，要求數量和品質結合，不斷體悟其要領、勁力的運行方式、拳勢的運用方法及各種手法相互變化的特點等。經過不懈努力，必會取得成效。

第一節　行步十二基本勢

一、斬手式

1. 預備式。雙腳併步，身體正直，目視前方，按拔頂抗項、沉肩墜肘、含胸拔背、氣沉丹田、提肛收臀、腰胯舒展、全身放鬆、精神領起的要求，原地站直。

2. 左掌指向前，掌心向下，微屈臂向裡合肘，置於小腹前，掌心有微向下的按意。右腳先向前邁出一自然步，全腳踏實，鬆腰坐胯，右膝前頂，左膝微屈向前挺力，上身保持正直。右掌心向下，掌指向前置於小腹前，掌根距小腹約 15 公分。

3. 右腳再向前邁出半步，隨即右膝挺起，身形向上領起。隨身體上行，右掌沿身體縱向中線，由小腹處經左掌前向上衝掌至頭頂上方（上衝掌的位置，是在頭頂的前上方位置，以抬頭看見掌背為準，不可將掌衝過頭的後半部分）；左掌隨右掌前上衝擊，經右掌背向下摟刨至小腹前。左腿隨身體上領，向前隨一步，在身後以腳尖點地。

4. 上動不停，右掌上衝到極點處後，內旋臂，掌變掐拳，迅速向前向下，劈砸到右腿內側（右掌在向下劈砸的途中，由掌變掐拳；劈砸至右腿內側位置，是指胯骨與小腹的匯合部位，不可向內或向外，以防受傷）。右掌向下劈砸的同時，借右腳向下的踩力，膝的頂力，腿的崩力，腰的挺力，身體向上領起，與右掐拳向下劈砸產生一種對拉力。同時借助此力，左掌迎掃擊下劈的右小臂，並用虎口撞擊右胸大肌處。與此同時，左腳以搓步前移（即以前腳掌沿地平面向前移動至右腳內側橫向約10公分，縱向左腳前腳掌不超過右腳中部為準），至右腳側後全腳震地踏實。

5. 上動略停，右腳向前邁半步，隨之右掐拳變掌微屈臂，肘向內合，沿身體中線，齊腰高度，掌心向下，向前伸出；左掌則掌指向前，掌心向下，落至小腹前。

6. 上動不停，左腳向前邁出一自然步，繼而再向前邁半步。左掌上衝。此後按右臂的動作進行練習（圖3—1）。

【要 求】

(1) 右（左）掌上衝與左（右）掌下摟刨要形成上下對拉力，身型要配合兩掌運行，協調一致。

(2) 右（左）掐拳下劈砸的運行路線，一定要沿身體的縱向中線，向前向下劈砸至右（左）腿內側，落點要準、穩、實，不能出現偏差。

(3) 搓步、下劈和虎口撞擊胸大肌，要同時到位，要擊撞和一，形成整力。

(4) 兩掌輪番上衝，掌的虎口要與自己的縱向身體中線對正。

圖3－1

【基本用法】

對方以右拳向我擊打，我以左掌下摟其來拳，右掌直衝擊對方面門，提右腳直踢對方腳踝，並隨之進步欺身，上臂衝過頭頂後即向下劈砸，使對方向後傾倒。

二、劈山式

1. 預備式同前。

2. 左腳向前邁出半步踏實。左掌心向下，掌指向前，臂微屈，沿身體縱向中線齊胸高度向前伸出。

3. 重心前移落於左腿，並微屈站穩，借身體重心前移的慣力，右腳向前邁出。隨之右掌經左掌心向前上方衝擊，左掌沿右手背向小腹處摟刨。

4. 右腳落地踏實，身形下沉。右臂隨之向下並經左肩外側掄轉一周後停於右胯部位，左掌屈臂，以虎口停於右胸大肌處。

5. 左掌在右掌拍擊右胯的同時，自然落於小腹前。

6. 右腳向前邁出小半步。右掌掌心向下，掌指向前，微屈臂由右胯側，向前伸出到胸部正對前方，並向裡合肘合胯，左掌護於小腹前。

7. 身體向上領起，左腳向前邁出。左臂經右肩外側，掄轉一周並拍擊左胯並停於此處，繼續掄轉右臂。如此反覆練習（圖3－2）。

【要　求】

(1) 掌向下劈時要與腳的踩踏、身形的下沉密切配合，充分體現整體的下沉力。

(2) 臂的掄轉，要與腰的擰轉、身形的先向上再向下的動作協調一致。特別強調要以腰胯的旋動帶動臂的掄轉。

圖3－2

(3) 臂在掄轉劈砸後，身形要隨之擺正，上身要保持正直，不可前傾或後仰。

【基本用法】

對方以右拳向我擊打，我攏胸收腹，左掌向下摟刨來手，右臂隨即向下劈砸對方右臂，隨即轉腰甩右臂，以右手背反劈對方面門。

三、直煽式

1. 預備式同前。

2. 完成右劈山式動作。

3. 上動不停，繼續上左步並弓步。左臂直臂以掐拳方式，向身後經頭頂上方，向身前左腿內側劈砸，右手變掌，在迎掃擊左小臂後，以虎口撞擊左胸大肌處；隨後左掐拳微屈臂在身前上崩拳，左掌下摟刨到小腹前。

4. 上動略停，左腳略回收半步。左掌上衝，繼而左臂作劈山式掄劈，右臂劈砸，雙臂隨步伐的變化，反覆操練（圖 3－3）。

【要　求】

(1) 無論左式或右式，第一步邁出要略小些，上衝要

圖3－3

有力；第二步成弓步，向下劈砸要與第二步落地同時到位，以求落點與勁力完整。

(2) 臂的掄轉要活腰鬆肩旋胯，以腰的擰轉帶動雙臂的運行。

(3) 上衝掌和下劈砸，身形要自然起浮，充分體現自然力。

【基本用法】

上右步橫踢對方右腳內側；同時，左掌向右抽打對方來拳，右掌自左臂下向右向下掄劈下砸對方右臂；隨即進左步，左臂自身後向前劈砸對方面部。

四、劈山反臂

1. 預備式同前。

2. 右腳向前邁一自然步。右掌在右腳邁出尚未落地的同時，沿身體中線向前上方衝掌；左掌掌心向下，掌指向前護於襠前部位。

3. 右腳落地，重心略後移落於左腿，並向左擰腰。隨之右掌自頭前上方，向下經左肩外側向前掄轉，此時左臂向後展開；右臂繼續向右側身後掄轉至頭頂上方，左臂掄轉到小腹前，此時右臂在上，左臂在下，左掌在襠前。

4. 上動不停，右腳再向前邁一小半步，左腳在右腳側搓步踏實。與此同時，右臂向下猛劈，左掌迎掃拍擊右小臂後，以虎口撞擊右胸大肌處。

5. 上動略停，左腳向前以自然步邁出。左臂經右臂外側掄轉，進行左式練習（圖3－4）。

圖3－4

【要 求】

(1) 雙臂掄轉要連貫自如，有毫無阻滯之感。

(2) 手臂向下劈砸要與後腳的搓步及另一掌虎口撞擊胸大肌部位的動作同時完成，勁力要完整。

(3) 第二次上步，步幅要儘量大些，以不超過弓步為限。身形由下沉向上升時，要充分體現身體的挺力。

(4) 向下劈砸時頭向上頂，整個身體要有上下對拉的意識。

【基本用法】

直扇得勢後的雙臂反覆劈砸。

五、擒磔式

1. 預備式同前。

2. 左腳向左斜前方約 45 度角上半步，全腳掌落地踏實，腳尖微向外展。同時，兩臂微屈，將兩掌上提至肚臍部位，左掌在前，掌心微向右斜上方；右掌在後，掌心微向左上方。全身放鬆。

3. 雙掌翻轉使掌心朝下，掌指向前，左掌先向前做穿掌並向左平畫圓。腰向左轉，身體重心落於右腿。左掌隨腰轉動，向左運行至與腰平齊時向腹部回撤，並使掌心向前，掌指向前下方，繼而向前推出；左掌運行的同時，右掌心向下，在左掌做圈手的同時，經左小臂上方回摟至腹前，並屈臂貼右肋以掌變拳，停於右肋處。

4. 左掌不動，右拳繼續屈臂上提到右腮側，拳面向上，虎口朝身後。腰向右轉，將左掌向前掖出。

5. 重心前移，向左腳邁出的方向，提胯上右步，右腳尖微內扣，全腳震地落步成側馬步。在右腳踏地的同時，借腰向左的旋轉力，將右小臂向右腳尖正前方向劈擊，直至右臂伸直，並停於自然彎曲狀態；左掌隨右小臂向前摧擊，迎掃擊右小臂發出拍擊聲響後，以虎口部撞擊右胸大肌部位。

6. 重心後移，右腳以腳跟捻地，腳尖向右側外展約45度，腰向右轉。隨轉腰右拳變掌，掌心向下，向右畫圓，做圈手至腹前時，掌心向前做掖掌；左掌則由右胸側下落至腹部肚臍處，由右向左向前向內畫圓經右小臂上方，回摟至小腹處，並屈臂握拳上提至左腮側。

7. 重心前移，左腳向右腳尖前方邁出震腳落步。左小臂向前劈擊，右掌迎掃擊左小臂後以虎口撞擊左胸部位（圖3－5）。

【要　求】

(1) 劈拳要與落腳同時到位。劈擊時要使拳面與鼻尖、腳尖處於縱向直線上，上身微前傾。

(2) 掖掌要有力度。拳劈擊時要借助腰的旋力將拳擊出。該式對腰的旋擰要求較高，故練習時，要細心揣摩體會力由脊發的蓄力勁路。

圖3－5

(3) 雙掌做圈手動作要圓轉自如，回摟掌不能超過肋部。

(4) 掖掌要將蓄力集中於掌心向前下方掖出，拳劈擊要體現出爆發力和前摧力。

【基本用法】

對方以右拳向我腹部攻擊，我左掌外旋按迎接來手，並向對方小腹部掖掌下挫。對方縮腰收腹避免掖擊，我乘勢上右步踏其中門，右手握平拳，小臂約成135度角，以腰的前催力向其下頜及胸部擊打。

六、圈手勢

1. 預備式同前。

2. 右腳向前上半步。雙手向前穿掌，掌心均向下，左掌在上，右掌在下，左掌心對右手背相距約10公分，齊腹高度停於身前。

3. 右腳向右橫移一小步，重心隨之落於右腿，身形略下沉。同時，雙手在身前直臂，以左手向上向左向下畫轉半圈至小腹處變招拳，右手向下向右向上畫轉半圈，掌心向前，掌指向上，停於身前（此動作如同兩臂在身前將一平面圓轉動半圈）。

4. 上動不停，左腳向前邁一小步，以腳掌點地成虛步，身形向上領起。在左腳掌點地的同時，右手向下摟刨至小腹處，左掐拳向身體正前方向齊鼻尖高度，抖臂將拳以引手勢向前擊出。

5. 上動略停，左腳向左橫移一小步，重心前移落於左腿，身形略下沉。右掌自小腹處向左向上向右向下，在身前畫轉一圈後變掐拳，左掐拳變掌向右向下向左向上畫轉一圈後，以掌指向上，掌心朝前，停於面前。

6. 右腳向前邁一小步，腳掌點地成虛步，同時，身形領起。左掌向下摟刨至小腹前，右掐拳以引手勢向前抖臂擊出，而後循環往復練習（圖3－6）。

圖3－6

【要　求】

(1) 雙臂在身前畫轉要在空中形成一個橫向8字形，畫圈時身形下沉，引手擊拳時身形要向上長起。

(2) 虛步落點要與摟刨和引手擊拳同時到位。虛步點地實際是通臂拳暗腿之一的點擊，習練者須認真體會。

(3) 引手擊拳與下摟刨及虛步的腳尖要在一縱向直線上。全身放鬆，動作舒展大方，頭部保持正直，目視掐拳擊出的方向。

【基本用法】

對方以右拳向我直擊，我以左掌抽打對方來拳，右掌自左臂下向右圈摟對方來臂；隨即長腰挺身，右掌變掐拳擊打對方面部，右腳同時踢擊對方小腿部。

七、帶環引手

1. 預備式同前。

2. 左腳向左斜前方約 45 度上半步，全腳落地踏實，微屈膝，身形略下沉，重心落於左腿。隨之雙臂微屈，齊胸高度前伸，雙掌心向下，掌指朝前。

3. 雙掌同時向小腹處摟刨，並拍擊小腹部發出聲響。同時，右腳向身前方向上半步，右腳掌虛步點地。

4. 雙掌摟刨至小腹處後，沿身體中線上行，左掌屈臂屈腕，以勾手上提至左耳側；右掌變掐拳，屈臂上提至胸前，向內合肘掐拳，手心部對準口部。隨右腳尖點地的同時，身形向上領起，以膝的彈力、腰的挺力、臂的抖力，將右手掐拳以手背向前迅速擊出（此為右引手勢）。

5. 上動略停，身形略下沉，右腳在點地位置橫向跨一小步，全腳踏實。隨之右掐拳變掌內翻腕，使掌心向下，掌指向前；左勾手變掌下行，與右掌齊胸高度，沉肩墜肘，在身前平舉。

6. 向身前上左腳，以腳尖點地成虛步。同時，雙掌向

圖3－7

小腹處摟刨，並沿身體中線屈臂上提，左手以引手勢向前擊出，右掌變勾手上提至右耳側（圖 3－7）。

【要　求】

(1) 上虛步時腳尖點地，要與引手擊出及上提至耳側的勾手同時到位。腳尖、掐拳與鼻尖要處於縱向的一直線上。

(2) 上橫步時身形下沉，上虛步時身形要向上領，擺動胯部同時旋腰側胸向內合肘。上下肢協調動作，以膝的彈力、腰的挺力、臂的抖彈力向前擊拳。

(3) 此勢要打得沉穩輕靈，活潑自然，以身體的放鬆，打出全身的抖彈力量。

【基本用法】

對方用右拳或雙掌向我迎面擊打，我則雙掌同時向下拍擊來手，同時以左掌摟帶對方來手至身體外側，右掌變掐拳擊打對方面部，右腳則彈踢對方小腿。

八、鬧拳法式

1. 預備式同前。

2. 左掌心微向右，掌指向前，臂微屈，向內合肘，齊胸高度向前伸出。

3. 右腳向正前方向邁出一自然步，腳尖外展約 45

度，微屈膝，腳踏地站穩。上右步的同時，右掌以掌心微斜向左上方向，掌指向前，經左手腕處向左斜前方穿掌；左掌經右掌上方，向下摟刨至小腹處後，向身後平行。

4. 身體向左轉體 90 度，隨轉體，左腳向右腳前的直線延長線位置，腳尖內扣，以一自然步距落步，身形略下沉。隨轉體，右掌以掌心向下向右擄帶，至右側時虛握成平拳，拳眼向右，停於右腰部位；左臂在身後虛握拳，由後向上向前劈砸，在齊腰高度時，以小臂向胸前橫肘，並逆時針旋轉小臂，向內滾帶。

5. 上動不停，在左小臂向內滾帶的同時，右腳在左腳後向左掖步，腰向左擰轉，身形上領。隨腰的左轉，右拳逆時針翻轉，隨轉臂隨將平拳迅速在左小臂上方，齊肩高度向左側前方擊出，至極點處時，將拳握實，後迅即仍成虛握拳。

6. 左腳向左前方上一步，腳尖外展約 45°。雙拳變掌，右掌心朝下，掌指朝前；左掌心朝上，掌指朝前。繼而左掌向內翻轉成掌心向下，經右掌下向前穿出，向左掠帶，並虛握平拳，停於腰際，右掌向身後展開。

7. 向左轉體 180°，隨轉體右腳向前上步，腳尖微內扣。右臂由身後向上向前劈砸至腹前，小臂向內滾；左掌向左掠帶至腰處時變平拳，在右臂劈砸下的同時，經右小臂上方，向前擊出。與此同時，左腳向右腳後掖步。此後按動作 2～7 循環練習（圖 3－8）。

【要　求】

(1) 此式包含掠、砸、靠、打四種勁。拳擊出時要擰

圖3－8

腰伸肩。掖步要與拳擊出同時完成。

(2) 掠帶劈砸，要與小臂內滾、拳的擊出、腰的擰轉、腳的掖步一氣呵成。

(3) 拳擊出高度與自己咽喉部位等高。

【基本用法】

此勢為掠砸靠打的聯用。對方以右拳向我擊打，我左掌向右抽打其來手，右掌向右圈打對方右臂，隨即左小臂向下劈砸對方右臂，左腳跨入對方身後，向左擰腰，右拳向對方咽喉部位擊打，使其側身跌出。

九、剪彈手勢（雙剪手勢）

1. 預備式同前。

2. 右腳掌蹬地，左腳向前闖步落地，全腳掌踏實；右腳隨之上半步，以前腳掌點地成虛步。

3. 在左腳向前闖步的同時，雙臂由兩側平展後向頭部前上方合掌，雙掌上行到頭部上方後，以小臂前部、手腕根處交叉，右掌在下，左掌在上，雙掌心均斜向下側方。

4. 上動不停，在右腳成虛步點地的同時，雙掌向前上方交叉的瞬間，縮腰收腹，身形略下沉，雙臂交叉以掌心向內，向小腹處摟刨。

5. 雙掌摟刨到小腹處時，拍擊小腹發出聲響，迅即向上挺腰長身，隨長身雙臂交叉向前抖擊，雙掌齊頸部高度以手背合擊發出聲響。

6. 左腳掌蹬地，右腳向前闖步，全腳掌落地踏實，左腳隨即上半步，以前腳掌點地成左虛步。在左腳上步的同時，雙臂向兩側展開，而後向身前頭部上方交錯合掌，兩小臂交叉，左下右上，並縮腰收腹雙掌交叉，向小腹處摟刨，而後向上長身，反手背向前合擊。此後重複上述動作（圖3－9、圖3－10）。

【要　求】

(1) 雙小臂交叉向下摟刨時，要有向下的劈砸力；長身挺腰、雙手背合擊，要脆而有力。

(2) 向前闖步與虛步的形成及雙掌交叉、向下摟刨，要一氣呵成；雙手反剪以手背向前擊發，要借助長身打出抖彈力。

【基本用法】

對方以單手或雙手向我擊打，我則攏胸收腹，以雙風

圖3－9

圖3－10

貫耳向對方拍擊，進而雙臂交叉向下摟刨對方來手，右腳點踢對方小腿，右腳落步的同時，挺腰長身，雙手反背向其面頰剪劈。

十、大　煽

1. 預備式同前。

2. 左腳向前上半步。左掌心向下，掌指朝前，臂微屈齊上腹部高度向前伸出。隨即右腳再向前上一步，右膝微屈。右臂由下向後向上向身前掄臂，至頭部上方時變掐拳。此時身形略下沉，隨下沉之勢，右掐拳向襠前劈砸；左掌掃擊右小臂發出聲響後，以虎口撞擊右胸大肌處。在右臂向下劈砸的同時，左腿屈膝提起（愈高愈好），上身微前傾。

3. 上動略停，左腳落地震腳。左手隨左腳落地同時，向下摟刨至腹前。右腳如同被左腳震起一樣，屈膝向身前提起，上身微向右後側傾斜。右手虛握拳，屈臂向上崩起，右肘與右膝相對。頭略向右側轉。

4. 上動略停，右腳向前落步。同時，上身由微向後傾成為略前傾，伴隨著身體前傾，右拳變掌，由上向下摟刨至腹前。

5. 左腳上一步，左臂自身後向上向前掄臂向襠前劈砸，右掌掃擊左小臂後，護於左胸大肌處。右腿隨左腳上步屈膝提至胸前，上身微前傾。

6. 上動不停，右腳落地震腳，左腳上提。左拳上崩（與動作3同，但為左側）。此後左右式循環練習（圖3－

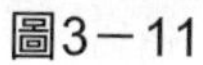
圖3－11

圖3－12

11、圖3－12）。

【要　求】

(1)震腳要沉穩有力；提膝與上崩拳力量要完整合一。

(2)身形要配合腿與臂的運動；前傾與微斜方向的後傾要適度。

(3)震腳之腿的膝部不要挺直，彎曲度以不低於135度為限。

(4)整個動作要連貫，力量運用要完整合一。

【基本用法】

對方以右拳向我擊來，我抬左臂迎住來手，右臂自上示下劈擊對方，左腳略抬即落地震腳，右腿屈膝上抬攻擊對方襠部，右拳向上攻擊對方下頜。

圖3－13

十一、左右翻劈式

1. 預備式同前。

2. 左腳向前邁一步，全腳落地站穩，屈膝成左前弓步，縮腰收腹，上身微前傾。隨左腳邁出的同時，右臂向身後向上向前直臂掄劈至身前，右掌劈下時成掐拳；左掌在右臂劈下時，掃擊右小臂後以虎口撞擊右胸大肌處。

3. 挺腰長身，以雙腳跟為軸向後轉體 180 度，成右弓步。隨轉體右拳變掌，直臂向後掄劈至右胯側，以掌拍擊右臀部發出聲響；左臂直臂隨轉體的慣性力由後向上向前掄劈至身前。此時上身微縮腰收腹並微向前傾。右掌在左臂下劈時，掃擊左小臂後以虎口撞擊左胸大肌部。而後身體向左轉體 180 度，左臂向左掄劈。如此循環往復練習（圖 3－13）。

【要　求】

(1) 雙臂掄轉劈砸，要利用轉體的慣性力，自然掄圓；劈砸時要利用自然力，不要用拙力。

(2) 左右弓步不要邁得過大，轉體時要保持身體的穩定和平衡。

(3) 此式訓練取其速度，動作要連貫，掄劈要穩中求快。

十二、纏腰橫

1. 預備式同前。

2. 左腳向前上半步，腳尖外展約45度。隨左腳上步，左手由下向右斜上方穿出後向左捋帶至頭頂左側上方；右掌心向上，掌指朝前，直臂向前穿出，至與左掌同高；左掌經右小臂上方回摟。

3. 上動不停，身體左轉體90度，同時上右步，右腳尖內扣。雙掌隨轉體向左側捋帶，至身體左側與肩同高時，左腳向右腳後側掖步，雙腿微屈膝向右擰腰。同時，雙掌握拳，隨擰腰雙臂同時由左向下向右畫弧後，右臂屈肘外滾上架於頭頂上方，左臂內滾向右側橫擊。

4. 上動略停，右腳向右側跨半步，腳尖外展約45度，身體恢復預備式的朝向。右掌外捋帶，左掌心向上向右側斜向前方穿出。

5. 上動不停，身體左轉90度，隨轉體左腳向前上步，腳尖內扣。繼而雙掌向右側捋帶後變拳，在身體右側畫弧後，身體向左擰腰，隨擰腰左臂屈肘外滾上架至頭頂上方，右臂屈肘內滾向左側橫擊。而後循環往復練習（圖3－14）。

圖3－14

【要　求】

(1) 內滾橫擊時，肘部儘量向內側合肘，面部向擊發的方向微斜，目視擊發的方向。

(2) 掖步時身體重心儘量放低，雙臂滾動要與擰腰旋胯同時動作，表現出整體的滾炸力。

【基本用法】

對方以右拳向我擊打，我上右步，用右掌向左抽打對方來手，隨即進左步到對方右側身後，左臂屈肘近身向上抵住對方胸部，左擰腰迫使對方向後彎腰，我則以右小臂向下劈擊對方小腹部。

第二節　行步十二炮捶勢

一、沖天炮

1. 預備式同前。

2. 左腳向前邁出一自然步距。左掌直臂向前伸出，掌心向下，掌指朝前。

3. 既而右腳向前邁出一步成小弓步，鬆腰坐胯。隨右腳邁出的同時，右手握平拳，自襠前沿身體中線向上衝拳，拳面朝上，拳眼朝右，上沖至頭頂上部；同時，左掌變拳，沿身體中線向襠前劈砸。

4. 右拳上沖後即變掌，掌心向下。同時，右腳向前踮一小步（約一腳距離），再向前上左腳成左小弓步，隨上左步。左拳自襠前，向上沿身體中線上沖過頭頂；右掌變拳向下劈砸至襠前。依次循環練習（圖3－15）。

【要　求】

(1) 上衝拳與下劈砸拳沿身體中線形成上下對撐力。

(2) 上步落腳要有踩踏力，同時腰向上挺力。

(3) 拔頂抗項，目視前方，身體保持正直。

圖3－15

【基本用法】

對方用右拳向我擊來，我則以左小臂向下劈砸對方來拳；同時上右步踏至對方中門，以平拳向上衝擊對方下頷，擊中後拳變掌並翻掌，迅速向下摟抓對方面部。

二、連擊炮

1. 預備式同前。

2. 左腳向前上半步，左掌掌心向下，掌指朝前，臂微屈，高與腹齊向前伸出；右手自然放置於襠前。隨即右腳向前落步成小弓步。在右腳落步的同時，右手握單尖拳，齊腰高度向前擊出，左掌經右小臂上方摟刨至小腹前。

3. 步型不變，左掌摟刨至小腹處後，立即由掌變單尖拳向前擊出；右拳在左拳下方沿小臂回撤。如此連續擊發3～5次，右拳仍在前並變掌。

4. 右拳變掌後右腳向前踮一小步，左腳隨即向前邁出

圖3－16

一步成左小弓步。左手以單尖拳向前擊發，右手經左小臂上方回摟到小腹前，然後雙拳以動作3連環擊拳；擊發後左拳變掌，進行下一個循環（圖3－16～圖3－18）。

【要　求】

(1) 小弓步邁出後，雙拳要利用腰的旋力將兩拳連環交替擊發；關鍵要鬆腰活胯，並利用雙臂的前摧力，連續擊拳。

(2) 連續擊拳要打在同一個目標上；雙拳運行如同沿一縱向滾動的圓盤的外沿，進行連環擊發。

【基本用法】

中拳擊中後的連續擊打。

圖3－17

圖3－18

三、三環炮

1. 預備式同前。

2. 左腳向前邁半步，左掌心向下，臂微屈齊胸高度前伸。步型不動，向左略擰腰，上右步。隨之右手虛握成平拳，拳面向上沿身體中線向上衝拳，至頭頂上方，左掌向下摟刨至小腹前。

3. 右拳上沖至頭頂後即向身前下方劈砸，左掌變雙尖拳，在右拳劈砸下來的同時，左拳心朝下，齊眉高度向前擊發出去。

4. 左雙尖拳擊至極點後迅速變掌向下摟刨，右拳成單尖拳，齊腰高度以中拳式擊出，左掌隨之摟刨至腹前。

5. 右拳擊出後即變掌，掌心向下。隨即右腳向前踮一小步，左腳即上步。左掌變拳向前上方衝拳，右掌向下摟刨到小腹部，而後變雙尖拳，向前擊發至極點後變掌回摟，左拳以中拳式向前擊發（圖 3－19 ～圖 3－21）。

圖3－19

圖3－20

圖3－21

【要　求】

(1) 雙尖拳擊發，要內旋臂向前滾動擊出。上衝拳要迅速有氣勢。兩次上步要輕靈快捷；第二次上步要與中拳配合嚴整；前臂的劈砸要與雙尖拳擊發同時完成。

(2) 中拳擊發要鬆腰坐胯，身形略下沉，利用肩的前摧力，將拳擊出。

【基本用法】

對方以右手向我擊來，我以左掌下刨對方來手，上右步，右掌上衝擊對方下頜，隨即右肘下劈砸，左掌變雙尖拳擊打對方面部或咽喉，左拳發出後即變掌向回摟刨，右掌變單尖拳以中拳向對方腹部擊打。

四、四平炮

1. 預備式同前。

2. 左腳蹬地，右腳向前躥跳步，右腳落地踏實，左腿提膝至腰際。在右腳蹬地的同時雙臂微屈，雙掌心向下向前齊肩高度伸出；右腳落地的同時雙掌向內迅速摟刨至小腹處。

3. 左腳向身前落步成左弓步，與此同時鬆腰坐胯，向左擰腰。雙掌變虛握拳，拳眼相對，雙臂同時內旋；左拳與頭等高，右拳與肋部等高，向左腳尖方向同時擊發。此時左腳尖與左膝及雙拳，要處於一縱向直線上。

4. 雙拳變掌在身前平伸。身形調正，右腳蹬力，左腳向前做跳步，縮腰收腹。雙手回摟刨至小腹。右腿屈膝提至身前，既而右腳向前落步。雙掌變拳，雙臂內旋，拳眼相對，右拳在上，左拳在下，滾動向前擊發。而後循環練習（圖3－22）。

圖3－22

【要　求】

(1) 跳步要快捷，落步與另一腿提膝及雙掌向回摟刨要同時完成，並將身體裹住。

(2) 跳步後向前落步成弓步時，要在腳落地的同時，將雙拳擊發出去，發力要完整迅捷。

(3) 雙拳擊發應模擬擊打對方胸肋部位。

【基本用法】

我以引手勢向對方擊打，對方以手招架，我則身形下沉，左臂前擊上滾，右掐拳變平拳，內繞過左小臂，與左拳同時伸肩探臂，擊打對方胸肋處。

五、五花炮（舞花炮）

1. 預備式同前。

2. 左腳向右斜前方約45度位置上一步，左腳外展45

度，全腳掌落地後，身形略下沉，以左腳掌為軸，向左後轉體 180 度；隨轉體，左臂平展，左掌心向後，平肩高度向左後掄轉。右腳轉體後在左腳側落步。

3. 隨向左轉體，右臂微屈虛握拳，向左側下方掄劈，至左側腰部位置後，向上挺腰，右拳由左肩外側向上向前下方，沿身體中線以拳背朝下向下劈砸；左掌在右拳經左肩外側時，以掌的虎口部貼於右腋窩處，在右拳向前下劈砸時，左掌變虛握拳向身後掄起。

4. 上動不停，左腳向後撤半步。右虛握拳由前劈向身後繼續直臂掄轉，左拳向身前下方劈砸，繼而右拳繼續由身後向前下方，劈砸到襠前位置；左拳變掌由下向上掃擊右前小臂後，貼於右胸大肌位置。

5. 上動略停，右腳向左斜前方橫跨一步，向右後轉體 180 度。右臂向左穿掌後，隨轉體向右橫摟；左掌由胸大肌處向下摟至小腹部位後變拳，隨轉體向右掄轉至右胯側後，經右肩外側，向上向前下方劈砸。此後，按右式動作繼續練習（圖 3－23 ～圖 3－25）。

圖3－23

【要　求】

(1) 左右臂的掄動要自然連貫，中間不可有間斷。

(2) 步伐不要過大；轉體落步要輕靈穩實。

(3) 劈砸既要沉而有力

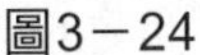
圖3－24

圖3－25

又要使臂的掄轉自如靈活。

(4) 身形密切配合雙臂的運行，動作要協調一致。

【基本用法】

設對方自我身後進擊，我則略向右側上步，向後掄劈右避，以碾展步向右後轉體，之後雙臂反覆劈砸對方。

六、雷擊炮

1. 預備式同前。

2. 左腳向前邁一步，繼而右腳向前上步。隨進步的同時，兩臂自體側向上舉至頭頂後，同時向襠前劈砸；身形隨之略往下沉。

3. 右掌向下劈砸過程中握拳，砸擊右腿內側後，利用腳的踩踏力，腰的挺力，將右拳上崩抖擊出去，高與腹平；左掌隨右拳的抖擊，向上挑腕護於右腕部。

4. 上動不停，右腳順勢向前邁半步，左腳再向前邁一

圖3－26

步。雙臂在身體兩側上舉過頭頂，而後同時向身前劈砸，左掌變拳，向前上崩，抖擊至與腹平，右掌挑腕護於左手腕處（圖3－26）。

【要　求】

雙臂屈臂繞環，要迅速有力；向下劈砸時利用肘的墜力，借助身形下沉將力打足；拳向上崩，抖擊出去時，要借助身形的上挺，腳的踩踏，向上猛然擊出；速度要快、力要猛；另一手以掌型配合拳的運行。

【基本用法】

對方以單臂或雙臂向我正面擊打，我攏胸收腹，雙臂自兩側向自己胸前劈砸，接觸到對方手臂後，右掌變招拳，左掌立掌附於右拳腕處，雙臂同時向對方下頜處抖擊。

七、裹邊（身）炮

1. 預備式同前。

2. 左腳向前上半步。右臂向前穿掌，隨之左掌在右腕下部向前穿出，右掌則回摟至左肘彎處後，身形略下沉，縮腰收腹，雙掌同時向小腹處摟刨。

3. 上動不停，雙掌下摟刨後，向身體兩側展開。同時，右腳向前上一大步，成右弓步。右掌變拳拳面向左，由右向左平頭高度向左橫擊；左掌由左向右迎掃右小臂，在右拳擊至頭部前方時，護於右手腕處。

4. 上動不停，右臂外旋，右拳變掌，掌心向上，掌指朝前，沿身體中線向前下方摔掌。與右掌摔下的同時，重心後移，右腳回撤半步成右虛步。左掌隨右腳後撤，以撞掌向正前方擊出。

5. 上動不停，左掌掌心向下，掌指朝前。右腳上半步成右弓步。右拳變單尖拳，在右腳落地的同時，向前齊上腹部位置擊出，左掌隨即回摟至小腹前。

6. 上動略停，右腳向前踮半步。左掌自右腕下方向前穿掌，右拳隨即變掌，向後沿左小臂回摟至右肘腕時略停。隨之縮腰收腹，身形略下沉。雙掌共同向小腹處摟刨後，向兩側展開。左腳向前邁一大步成左弓步。隨左腳落地的同時，左掌變拳，拳面向右，齊頭高度橫擊；右掌向左，在身前迎住左拳腕處。

7. 左拳在觸及右掌後，左臂向外旋轉，左掌心向上，掌指朝前，向下摔掌。隨摔掌下落，左腳後撤半步。右掌以撞掌向前擊出。

8. 上動不停，左掌變拳。左腳上半步成左弓步。在左腳落地的同時，左拳向身前擊出，右掌則回摟至小腹前。而後依上述動作循環往復練習（圖 3－27 ～圖 3－29）。

【要　求】

(1) 雙掌向下摟刨後，環繞展開向正前方擊拳的動作，要一氣呵成；拳橫擊時要與腳落地同時到位；後撤半步與摔掌及撞掌同時到位；摔掌後拳向前擊發，要與腳的

圖3－27

圖3－28

圖3－29

再次上步落地同時到位。

(2) 所有動作既要連貫自然，又要力足勢猛。

(3) 認真揣摩運動中雙臂內裹外滾力的互換，及腰胯部位配合身形變化的運行方式。

【基本用法】

對方以拳向我擊打，我左掌下刨來手，以右掐拳擊打對方面部，而後雙臂向下劈砸對方手臂；同時長身，右拳向左擊打對方左腮部，左掌則向右劃對方面部；右拳擊打到對方面部後即在其面部滾翻成掌，以手背在其面部滾擊下劈，左掌則堵擊其面部，右掌再以拍掌拍擊對方面部。

八、七星炮

1. 預備式同前。

2. 左腳向前上半步，雙手掌心向上，掌指朝前，向身前齊胸高度穿出，至身前部時，雙掌沿相距約5公分，右掌在左掌根部。

3. 上動不停，左腿微屈，縮腰收腹，身形略下沉。雙掌向內翻轉使掌心向下，向腹部回摟。同時，右腿屈膝提起至身前。

4. 雙掌摟刨後略上提，右掌變單尖拳；左掌壓腕上挑，使掌心向右，掌指朝上，附於右拳內側。右腳在身前落步成小弓步。與右腳落地踏實的同時，右拳和左掌同時向前擊發，此時右拳稍前於左掌。

5. 上動略停，右腳向前踮一小步。隨上步右拳變掌，雙掌掌心向上，掌指朝前，向前穿出，此時右掌在先，左掌在後。

6. 上動不停，右腿微屈膝，身形略下沉。雙掌內翻回摟略上提，左掌變拳，右掌壓腕挑掌。左腿屈膝上提後，向前落步成左小弓步。左拳與右掌同時向前擊發，此時左拳略前於右掌。而後左右式反覆練習（圖3－30）。

圖3－30

【要　求】

雙掌回摟要與腿的屈膝提起同時到小腹前。向前擊發拳要隨滾動隨擊發。雙掌由回摟到略上提，要借助身形的下沉和上提，有一縱向的纏繞後，順勢擊出。

【基本用法】

對方以右拳向我擊打，我以右掐拳接住對方腕部，隨即左掌上挑掌，接觸對方來拳腕部，右拳沿左腕內繞，伸肩探臂上步欺身，直擊對方胸部。

九、捋砸炮

1. 預備式同前。

2. 左腳向前邁半步。右掌心朝上，直臂向前伸出，腰微向左擰，肘部微向內合。

3. 向右微擰腰，左掌隨之在右腕下，向前外旋穿出；右掌內旋，掌心向下，向小腹處回摟。繼而右掌屈臂上提至右耳側。隨之右腿如同被右掌一同提起樣，屈膝提至身前，隨即右腳向前落步。右掌變掐拳，向前下方劈砸至襠前；左掌在右掌上提時，向回捋帶至小腹前，在右掐拳劈砸時掃擊右小臂後，以虎口處撞擊右胸大肌處。

4. 上動不停，左腳回撤半步，右拳變掌略上提，掌心向上，掌指朝前，停於右腰處；左掌隨腳後撤，迅速向正前方齊胸高度撞掌。同時，收腰縮胯，右腿向前撩擊。左掌撞出後，右腿繼而向前落步。左掌回摟，右掌變單尖拳，以中拳式向前擊出。

5. 上動略停，右腳向前踮一小步。左掌在右腕下方向前穿出；右拳變掌，沿左小臂上方回摟至小腹前，隨即經左腕下向前穿出；左掌沿右小臂上方，回摟至小腹處，並屈臂上提，將左掌屈腕上提至左耳側。左腿屈膝提至身前。

圖3－31

6. 上動不停，左腳在身前落步。左掌變掐拳向前下方劈砸；右掌掃擊劈砸左小

圖3－32

圖3－33

臂後，以虎口處撞擊左胸大肌處。隨即右腳回撤半步。左拳變掌略上提，掌心向上停於腰部左側；右掌以撞掌向前擊出。左腿向前撩擊。而後右掌回摟。左腳向前一步。左掌變單尖拳，以中拳式向前擊發。而後循環練習（圖 3－31～圖 3－33）。

【要　求】

(1) 掌穿出去回摟屈臂上提，要與腿的屈膝上提同時完成；下劈砸要與腳落地同時完成。

(2) 撞掌要隨腳的後撤、前腿的撩擊，同時完成；撞掌後動作不停，利用腰的旋力，迅速將中拳擊出。

(3) 進退步要配合身形運動，連貫自然；勁力發出要完整有力，做到身正力整，目視前方。

【基本用法】

對方以右拳向我擊來，我以右掌向左抽打其來拳，左掌向其面部穿掌後即回摟其來臂；繼而右臂以上示下劈擊對方面部；而後左腳略撤半步，左掌齊胸高度向前穿擊；右腳提膝坐胯踢擊對方襠部；繼而右腳落步，右拳以中拳向其胸腹部擊打。

十、捋帶穿心炮

1. 預備式同前。

2. 左腳向前上半步。右掌掌心向下，掌指朝前，直臂齊胸高度向前伸出。

3. 右腳向前上一步，腰向右擰轉。左掌經右腕下部，掌心向上向前穿掌；同時，右掌向下回摟至小腹處。

4. 左腳再向前上一步，腰向左擰轉坐胯。右掌心向上，貼左腕下方，向前穿掌；左掌向內翻轉回摟至小腹前，隨之以左中拳式向前擊出。

5. 上動略停，右腳向前邁半步。隨上步右穿掌，再上步左穿掌，右掌回摟至小腹。再上右步，右掌變單尖拳以

圖3－34

圖3－35

中拳式向前擊出，而後左右式循環練習（圖3－34～圖3－36）。

圖3－36

【要 求】

(1) 上步穿掌要迅速、順暢有力，擰腰坐胯將掌力放出。

(2) 穿掌內裹與摟刨外滾，要打出螺旋力。

(3) 中拳擊出的鑽力要有穿透力。身正項挺，不要出現前傾現象。

【基本用法】

該勢主要體現穿掌如水的用意。對方向我擊打，我攏胸收腹，順勢穿掌擊打其胸或面部，且回摟穿出之掌，另一掌既向前穿出；繼而身形下沉，以中拳擊打對方胸腹部。

十一、展手炮

1. 預備式同前。

2. 左腳向前上一步，左掌向身前方向伸出；繼而右腳再向前上一步，右掌自小腹處向上向前經左掌下方，平頭高度向前穿掌，左掌回摟至小腹前。

3. 上動不停，左腳向右腳跟處併步。隨之右掌變招拳，右臂向前下方襠前以展手式劈下；左掌掃擊右小臂後，以虎口處撞擊右胸大肌處。

4. 上動不停，左腳後撤半步，微縮腰，右腿抽胯向前撩腿，右腳尖略上翹，向前撩踢。左掌以掖掌式向前擊發，右掌在左掌擊發時，沿左小臂上方，回摟刨至小腹前。隨即右腳向前落步。右掌變單尖拳，以中拳式向前擊發；左掌沿右小臂上方摟刨至小腹前。

5. 上動略停，右腳向前踮一小步。右拳變掌，掌心向下，掌指朝前，繼而向回摟刨。再向前上左步。左掌經右掌下方，向前上方衝掌。而後右腳向前併步。左掌變招拳向前下方劈砸，右掌掃擊左小臂後，以虎口處撞擊左胸大肌處。

6. 上動不停，右腳向後撤半步，左腿前撩。右掌前掖掌，而後以左中拳式向前擊發（圖 3－37 ～圖 3－40）。

【要　求】

(1) 撩陰腿踢出時要縮腰抽胯，與前掖掌形成前後對拉得力。

(2) 穿掌及掖掌均要向內合肘，拳和掌擊出時要將擊

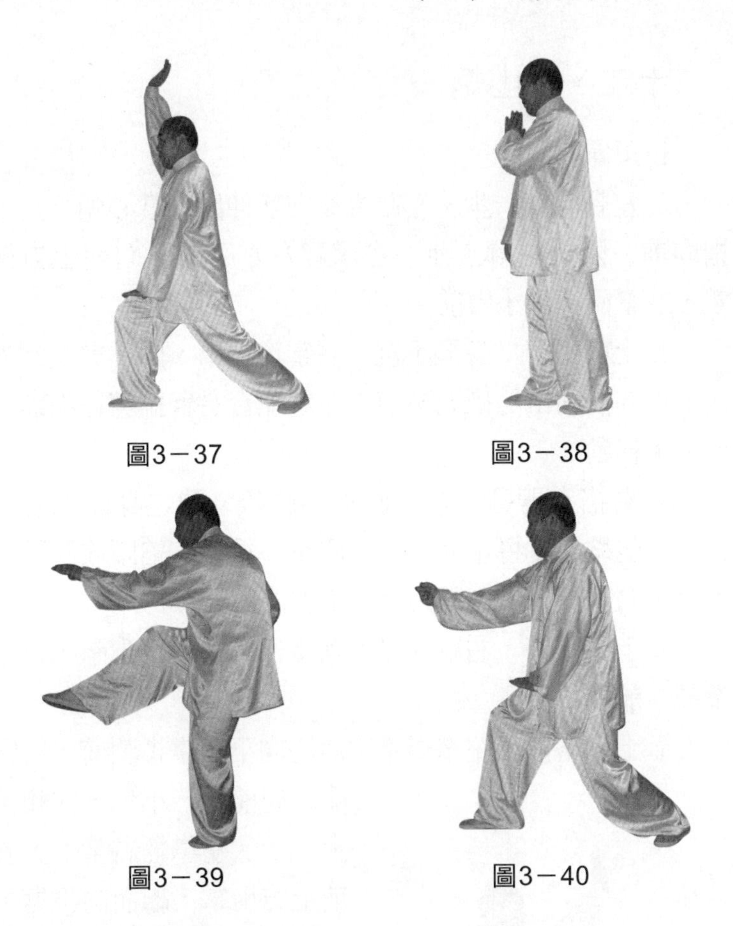

圖3－37

圖3－38

圖3－39

圖3－40

發點落在身體縱向的中線上。

(3) 頭部要保持正直，前進後撤不能出現前俯後仰的現象。

【基本用法】

以展手勢向前擊砸對方，對方閃過複向我擊來，我則收腰坐胯，穿左掌踢右腿，踢襠穿胸，落步以中拳擊打對方胸腹部。

十二、劈山炮

1. 預備式同前。

2. 左腳向前一步。左掌直臂向前伸出，掌心朝下，掌指向前。隨即右腳上步。右掌經左掌下方，向前上方衝掌，左掌回摟到小腹前。

3. 上動不停，身形下沉。右掌變招拳，向下經左臂外側，再向前向下劈砸至襠前；左掌配合右臂掄劈在胸前部位上下移動。

4. 右招拳劈砸下後，回提到腰際。隨之身體重心後移，左腿微屈支撐全身；右腿隨重心後移，縮腰收胯腳面繃平，向前撩腿。左掌則以掖掌勢向前擊發。

5. 上動不停，右腳在身前落步。右拳變單尖拳，以中拳勢向前擊發。

6. 上動略停，左拳變掌，掌心向下，掌指朝前。右腳隨之向前踮一小步，左腳再上一步。左掌經右掌下，向前上方衝掌，繼而向下劈，並經右肩外側，以招拳勢向前下方劈砸，後略上提至腰際。隨後重心後移，左腿上撩。右掖掌向前擊發。左腳向前落步。左拳以中拳式向前擊發。而後循環往復練習（圖 3－41 ～圖 3－45）。

圖3－41

圖3－42　圖3－43

圖3－44　圖3－45

【要　求】

(1) 前撩腿與掖掌擊出要保持全身穩定，不能左右歪斜。撩腿高度以不超過腰際為準。

(2) 中拳擊出要身正項挺，不能出現側身、歪胸、歪臉的現象。

(3) 前撩腿膝部略彎，腳面要繃直，胯要放鬆；前踢時要略向後抽胯，以加強撩腿的力度，並保持身體重心不散。

【基本用法】

我以劈山勢擊打對方，對方閃過復向我撲來，我則略向後撤步，擰腰坐胯，提右膝以右腳撩擊對方襠部；繼而落步，以中拳擊打對方胸腹部。

第三節　行步十二掌勢

一、連環掖掌

1. 預備式同前。

2. 左腳向前上半步，成虛步；右腿微屈，支撐全身70% 重量。左手掖掌勢，臂微屈，在身體前沿中線齊頸高度，向前挺力擊出，至頂點處時，虎口處向上挺腕。

3. 上動不停，右腳繼續上步成右虛步。同時，右手掖掌勢經左掌下向前縱向弧形掖出，左掌經右小臂上向後摟刨至小腹前，緊接著右掌向回摟刨，左掖掌經右掌下方向前弧形掖出（弧形掖掌是指掌沿身體中線自小腹至頸項，以臂展為限自下向上走一弧形），左掌掖出後即回摟，右掌再向前掖掌擊發。

4. 右腳向前墊半步，左腳隨即向前上步成左虛步。左掌隨左腳上步向前弧形掖掌，右掌則向小腹處回摟。之後步型不動。右掌掖出左掌回摟，左掌再掖出右掌回摟。

循環往復進行練習（圖 3－46）。

圖3－46

【要　求】

(1) 掖掌前擊時，身形要略上長；連環掖掌要利用腰的旋轉力，將臂向前催送出去；掖掌至極點處，要向上挺腕，打出掌的續力。

【基本用法】

當對方以拳向我襲來，我以一掌下摟刨其來拳，另一掌以掖掌向其頸項處掖擊；此後即連續向其頸項處發起攻擊。

二、連環撩掌

1. 預備式同前。

2. 左腳向前上半步。左掌隨左腳上步的同時，平肩高度直臂向前伸出，至身體中線部位，掌心微向右斜下方，虎口部斜向右上方。

3. 上動不停，右腳繼續向前上步。右掌由身體右側向身體中線前上方向撩擊，高與眉齊；同時，左掌向下掃擊右小臂後，摟刨至小腹前，隨即向上撩擊；右掌向下摟刨，再向上撩擊；左掌再向下摟刨。

4. 上動不停，右腳向前墊一小步，左腳向前上步成左虛步。左掌向前上方撩擊，右掌向下摟刨。繼而，右掌和左掌再分別向上撩擊各一次。此後週而復始反覆練習（圖

圖3－47

3－47）。

【要　求】

撩掌的目標是對方的腮部，故而向上撩擊是由身側向內斜上方運行；但掌運行不能超過自己面部的另一側。撩擊時要沉肩墜肘，同時肘部微向內合。目視掌撩擊的方向。上步後的連續撩掌，要迅速、快捷、有力。

【基本用法】

當對方以右拳向我胸腹部位擊打時，我以右掌加臂向下摟刨來拳，攏胸收腹，左掌向右斜上方對方腮部斜向撩擊。對方如閃過，我左掌順勢向下摟刨，右掌則向對方左腮部位撩擊。

三、陰陽掌

1. 預備式同前。

2. 左腳前上半步。同時，左掌心向下，掌指朝前，臂微屈，齊胸高度向前平舉。

3. 上動不停，左腳蹬地，右腳向前闖一大步，左腳隨即跟進，腳掌著地並於右腳內側，雙腿略屈膝，鬆腰坐胯，身形略下沉，右腿實、左腿虛，上身微前傾。隨右腳上步，右掌以掌心向前，向假想敵的襠部撩擊，左掌隨即摟刨至小腹前。

4. 上動不停，右腳蹬地，左腳儘量向後撤步，重心落於左腿；右腳隨即拉回半步，在身前以腳掌著地成右虛步，雙膝略屈。左掌隨撤步的同時，以撞掌向正前方齊胸高度撞擊，右掌摟刨回小腹前。

5. 上動略停，右腳前上半步。右掌以拍掌齊面部高度向前拍擊，左掌摟回至小腹前。隨即右腳蹬地，左腳向前闖一大步，右腳跟進，腳掌著地並于左腳內側，隨左腳前上步。左掌向前撩擊，右掌回摟至小腹前。而後右腳撤步，重心後移落於右腿；左腿回撤，在身前以腳掌點地，成左虛步。右掌以撞掌向前撞擊，左掌回摟至小腹前。隨即左腳向前上半步，齊面高度向前拍掌擊發。而後繼續上述動作，反覆練習（圖 3－48）。

【要　求】

(1) 向前闖步要儘量大，後撤步要盡可能回到原位，身形要緊密配合手腳動作，做到周身協調，發力整脆。

(2) 此式中的撩、撞、拍三掌擊發要清楚明瞭，控制好擊發的高度和力度。

(3) 無論是撩撞、拍掌，需儘量向前擊發，打出續力。身形要正，不可出現斜肩側胸，和上身過於前傾的現象。

圖3－48

【基本用法】

對方右拳向我襲來，我以左掌向下摟刨其來拳，右腳上步欺身，左腳跟步，右掌向上撩擊對方襠部；隨即左腳撤半步，右腳虛步，同時左掌以撞掌向其胸部擊打；繼而右腳踏實，右掌以拍掌直擊對方面部。

四、摔撩掌

1. 預備式同前。

2. 左腳向前上半步。左掌心向下，掌指朝前，臂微屈，齊胸高度伸向正前方。

3. 右腳繼左腳上步之後，向前上一步。隨上步右手自小腹處，勾手屈臂上提至右耳側，左掌略向前下方壓掌。隨即重心前移，身形略向上領。右勾手向外翻轉，使手背向前，將掌向前向下摔擊；左掌掃擊右小臂後，以虎口撞擊右胸大肌處；右掌摔到襠前，擊打右腿內側後，借反彈力，以掌心向前，掌指朝下，向正前方撩擊；此時左掌自胸大肌處下降，護於右肘部位。

4. 上動不停，右腳向前踮一小步。右掌內翻使掌心朝下。而後上左步。左勾手屈臂上提至左耳側，在左腳落步的同時，向前向下摔撩掌；在左掌向下摔掌時，右掌掃擊左小臂後，以虎口撞擊左胸大肌處，之後下落護於左肘處。此後反覆練習（圖3－49）。

圖3－49

【要 求】

摔掌後的撩陰掌，要借反彈力，連貫自然地進行，勁力不可間斷。摔掌時身體略向上提；撩陰掌時，鬆腰坐胯，以增加撩陰的反彈力。

【基本用法】

對方右拳向我襲來，我左掌向自身左側提摟其來拳，右掌反背自其面部由上向下沿對方身體中線向下摔擊，至低處後，挺腰長身，右掌向上撩擊對方襠部。

五、撩陰帶環拍掌

1. 預備式同前。

2. 左腳向前上半步。左掌心向下，掌指朝前，臂微屈，齊胸高度向正前方向伸出。右腳隨即前上一步，略屈膝下蹲；左腳跟進併步，以腳掌點地，並於右腳內側。右掌心向前，掌指向下，隨進步以撩陰掌向前撩擊；同時左掌摟刨至小腹前。

3. 上動不停，左腳後撤回原位置，重心回落於左腿；右腳回撤半步，腰先向左轉再向右轉。隨轉腰右撩陰掌向上、向左，隨向內懸臂翻掌，經小腹前向右摟帶至與肩平時，屈肘將右掌心向前，掌指朝向右耳處停住；左掌隨轉腰由小腹前向左向上向右再向上，以掌心向下，掌指向右停止右膝前。此時雙腿屈膝、鬆腰、坐胯，身形下沉，腰向右擰。左肩與右膝在一條縱向直線，朝向前方。左腿實、右腿虛。

4. 上動不停，雙膝挺力，身形向上領起，腰向左轉，將身形調正。

借轉腰的慣力，右掌以拍掌式，向前齊頭高度拍出；左掌掃擊右小臂後，以虎口撞擊右胸大肌。

5. 上動不停，右腳向前上步。左掌以撩陰掌向前撩擊，右掌向回摟至小腹前。隨之右腳跟步，腳掌點地併於左腳內側，隨即右腳後撤，重心後移落於右腿；左腳後撤半步，在身前成虛步，腰先向右轉，再向左轉。

左掌隨轉腰，向右向下，經小腹再向左摟帶，至與左肩平後屈肘，掌心向前，掌指朝向左耳處停住；右掌摟刨後，隨左掌運動，向右向上向左畫一圓圈後，掌心向下，掌指朝左，停於左膝前。

此時雙腿屈膝略下蹲，鬆腰坐胯，身形下沉，腰向左擰。右肩與左膝在一條縱向直線，朝向前方，右腿實、左腿虛。繼而身形長起，右轉腰，將身形調正。

隨轉腰左掌向正前方，以頭部高度向前拍掌；右掌掃擊左小臂後，以虎口撞擊左胸大肌處，而後上右步，重複上述動作（圖 3－50 ～圖 3－52）。

【要　求】

(1) 撩陰環帶掌的動作，要隨腰的轉動一氣呵成；帶環動作要圓轉自然；身形下沉，要縮腰收腹；帶環完成時，肘、雙臂要形成二撐力。

(2) 身形下沉時，要圓轉自如，沉穩有力，保持好重心，頭要正直，側胸時，不可歪臉斜眼。

(3) 長身轉腰拍掌，要乾脆俐落；轉腰調正身形更要把握好尺度，不可將腰轉得過大，以防身形散亂。

圖3－50

圖3－51

【基本用法】

先用右撩陰掌向上撩擊對方襠部，繼而略撤左步，左臂向右向下畫弧，摟刨對方手臂，右腳踏實，右掌隨即提至身前，並以拍掌向對方面部拍擊。

圖3－52

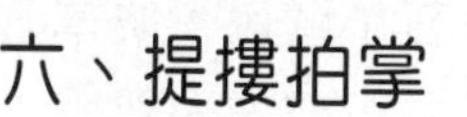

六、提摟拍掌

1. 預備式同前

2. 左腳向前上半步。右掌心向下，掌指朝前，沉肩墜肘，臂微屈，向正前方齊胸高度伸出。繼而上右步。右掌向腹部回摟，腰向右擰轉；左掌經右掌下向前穿出後，即在身前由右向左略畫一小弧，隨即向腹部回摟；與此同時，右掌經腰際向後展臂後並屈肘，掌心向前，掌指向上，經右耳側，借向左轉腰調正身形的慣力，向正前方向以拍掌擊出；左掌回摟，隨右拍掌擊出，在掃擊右小臂後，以虎口畫過右胸大肌處後，下刨至小腹處。

3. 上動不停，腰向上挺力。隨之左掌成勾手，指尖朝下，直臂上提至與頭平齊；右掌掃擊左小臂後，使掌心向下，掌指向前停於身前。左勾手上提到位後，即沉肩墜肘，腰略向左擰，後即轉回，將身形調正。左勾手隨轉腰，屈臂回帶左耳側，後以拍掌式，向正前方向齊面部高度擊出；右掌迎左小臂掃擊後，以虎口處撞擊左胸大肌後，停至小腹處。

4. 上動不停，右腳向前踮一小步，繼而左腳向前上一步。右掌經左掌下向前穿出後略向右畫弧回摟至腹前，左掌經右掌上方，向左回摟至左側身後展開，並屈臂將掌提至左耳側，並以拍掌式向前擊出；右掌迎左小臂掃擊後，以虎口處撞擊左胸大肌後，刨至小腹處。

5. 上動不停，腰向上挺，身形上領。借此勢右掌成勾手，直臂向前崩提，至與面部平齊後，沉肩墜肘，臂略屈向右耳側回帶；左手向上向下掃擊右小臂後，使掌心向上置於原處；右勾手變掌，以拍掌式向正前方向擊出；左掌迎右小臂掃擊後，以虎口處撞擊右胸大肌後刨至小腹處。繼續上步，重複練習（圖 3－53、圖 3－54）。

【要　求】

(1) 雙臂運行要協調，既要圓轉自如，又要沉穩有力；摟刨、提帶、拍擊的動作要交代得清晰明瞭。

(2) 勾手上提，要上崩有力；回帶後拍掌擊發，要有

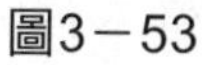

圖3－53

圖3－54

猝不及防的感覺。

(3) 腰的擰轉要適度，不可誇張，防止動作失準。

(4) 左右式循環練習，步行與手法要協調，動作一氣呵成，中間不要有任何停頓。

(5) 動作熟練之後，可做閃展步的練習，也可將動作縮小，以適合實戰之需要。其實五行通臂拳各式均可大開大展地練習，也應適當地縮小身形練習。即常言所說的練大用小。如一味地強調大開大展、大劈大掛，有可能偏於一個方向，沒有達到全面鍛鍊的要求，欲將拳打到化境也就比較困難了。

【基本用法】

對方來右拳，我以右掌向左抽打其來拳，左穿掌向對方咽喉衝擊，繼而左掌回摟刨，右掌拍擊對方面部；隨之擰腰挺身，左勾手擊打對方下頜。

七、轉環掌

1. 預備式同前

2. 右腳向前上半步。左掌心向下，掌指朝前，直臂平胸向正前方伸出，右掌心向下護於小腹前。

3. 左手向小腹處回摟。重心落於右腿。右掌變招拳以引手式向前擊出。隨即重心移至左腿。右招拳變掌回摟；同時，左掌經右掌下方，向前上方衝掌，至頭頂部位後，以縱向圓弧形向內向下回帶；右掌在左掌下行時，即向上衝掌至頭頂部位；左掌運行至胸前方向，隨即上右步，在右腳落地的同時，右掌以拍掌式向正前方拍擊；左掌掃擊右小臂，以虎口處撞擊右胸大肌後，刨至小腹處。

4. 上動不停，右腳向前踮一小步，左腳上半步。右掌回摟，左掌變招拳向正前方擊出，以後依動作 3 左右掌縱向環繞衝掌；左掌運行至上方後，上左步，在左腳落地的同時，以拍掌式向前擊發（圖 3－55 ～圖 3－57）。

圖3－55

圖3－56

【要 求】

圖3－57

(1)左右縱向繞環衝掌，要沿身體中線，以肘至指尖的距離為限，在身前做縱向畫圓（如果從左或右側看，雙小臂應是在圓圈的外沿上運行）；兩掌運行要連貫。

(2)拍掌時要求腳落地、掌拍擊到位，不可有先後之分。

(3)身形要儘量展開，做到舒展大方。

【基本用法】

我以右掐拳式向對方面部擊打，對方遮擋我之進擊手，我先左掌後右掌，向上衝擢挑擊對方，（右掌上沖左掌即向下摟刨），隨即右掌向下拍擊對方頭部。

八、三劫掌

1. 預備式同前

2. 左腳向前上半步。左掌心向下，直臂向正前方向，平胸高度伸出。

3. 上動不停，右腳上步。右掌心向下，經左掌下方穿出後向右橫帶；左掌稍回撤後向左平帶，雙臂微屈，雙掌分開時與頭齊、比肩略寬。步眼不動。雙小臂同時向內滾動，雙掌心朝向自己面部；含胸拔背，使雙掌以小臂前端部相貼在面前交叉，右掌在外，左掌在裡。鬆腰坐胯，重心在前，身形略向下沉。

4. 上動不停，雙膝挺力，身形長起向右擰腰。雙臂同時向外滾轉，左掌心轉朝前，掌指向上，借轉腰，向正前方裂出；右掌心向前，掌指朝上，停於面部右前方向。

5. 上動不停，腰向左轉，身形調正。借此慣力，右掌以拍掌式，向正前方向齊面部高度擊出；左掌翻轉以掌心掃過右小臂，撞擊右胸大肌後，下刨至小腹處。

6. 右腳向前踮一小步，左腳上步。左掌經右掌下穿出後，向左橫帶；右掌稍回摟後向右平帶，後按動作 2 運行，在雙小臂交叉時，左掌在外，右掌在內。而後向左擰腰，雙臂外滾撐開，右掌向前穿裂掌，左掌行至面部左前方向。繼而腰右轉，將身形調正。左掌以拍掌式擊出，右掌掃過左小臂，以虎口撞擊左胸大肌並刨至小腹前（圖 3－58、圖 3－59）。

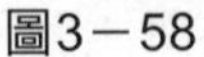

圖3－58

圖3－59

【要 求】

(1) 雙臂分開不可過大，稍寬於肩即可。

(2) 雙臂內外滾轉，要與胸的內收外挺配合，協調動作。

(3) 雙掌在面前交叉，不要擋住自己的視線。

(4) 轉腰裂掌，雙臂要在腰的擰轉中始終保持二撐力；最後的拍掌要有前衝慣力，但不可將身體帶出去。

【基本用法】

對方向我面部擊打，我以右掌向左抽打其來拳，繼而左掌以十字手形，由右向左抹擊對方面部，右掌隨即拍擊對方面部。

九、提膝撻掌

1. 左腳向前上半步。左掌心向下，沉肩墜肘，直臂向正前方伸出。

2. 隨左腳上步，右腿屈膝向胸部提起，上身有前傾之勢。右腿提起的同時，右掌成勾手，五指朝下，直臂向身前崩提起，至與頭齊；左掌向回掃擊右小臂後摟刨至小腹前。

3. 上動不停，身形與腿共同下降，右腳落地踏實成小弓步。右勾手變掌，臂不動，以掌根之力向前撻出，掌高與胸部齊平；隨右掌撻出，左掌掃擊右小臂後，停於右胸大肌處。

4. 上動不停，右腳向前踮一小步，左腿屈膝在身前提起。左掌成勾手向上崩提，右掌下摟刨。繼而左腳落地踏

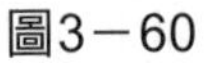
圖3－60

圖3－61

實，身形隨之下降。左掌向前方撻出，右掌隨之掃擊左小臂後，附於左胸大肌處（圖 3－60、圖 3－61）。

【要　求】

(1) 上崩提勾手，要與腿的屈膝上提保持一致；上崩提勾手瞄準對方下頦，膝的目標是對方的襠部。

(2) 掌下撻要隨身形下沉，腳落地掌也撻到位，使腰的抖力，由臂而達於掌根。

【基本用法】

對方向我胸腹部擊打，我以左掌下摟刨其來拳，右勾手進擊對方下頜，右腿提膝擊打對方襠部；隨即落右步，右勾手變掌，以掌根部擊打對方胸部。

十、幫　掌

1. 預備式同前。

2. 左腳向前方上半步，右掌隨即以掌心向下，直臂向正前方伸出，高與胸齊；左掌心向下，附於小腹前。

3. 重心前移，左掌向前經右掌下向前穿掌，右掌向回摟，經腰際向右後側平展。隨右掌回摟，右腳向前撩腿上步，落地成右弓步。同時，右掌由右向左橫向掃擊，在身體中線部位，左掌迎擊右小臂，握持右小臂前端；使右掌因左掌支撐的慣性力，利用腕的活動，向左抖擊，擊出後與胸部齊平。

4. 上動不停，右腳回撤一小步。右掌由左掌上回摟，左掌向前穿掌。隨即右腳向前一小步回到原位置。右掌向前穿掌（此處的左右穿掌距離更短、速度更快），左掌經右掌上沿小臂回摟到腰際後，向左側展開，而後向右橫掌。左腿隨之向前撩擊後，落步成左弓步。左腳踏實的同時，左掌向右橫擊，右掌在身前迎拍左小臂前部並握持；左掌以慣性力，利用腕的活動向右抖擊。而後左右側反覆練習（圖 3－62、圖 3－63）。

圖3－62

圖3－63

【要　求】

(1) 掌在橫擊時身體略有前闖之意，增加掌的力度。此式有擒拿擊打之意，是以後手握其腕，前手擊其肘。

(2) 前擊時要特別體會腕的抖擊力。

【基本用法】

對方向我進擊，我接對方來手，起右腿，以撩腿式撩擊對方襠部；隨即落步，右掌以單風貫耳，向對方左耳部橫向擊打。

十一、裂門掌

1. 預備式同前。

2. 左腳向前上半步。雙臂微屈前伸，雙掌以腕部在身前齊胸高度交叉，右掌在上，左掌在下，掌指均朝斜前方向。沉肩墜肘，目視前方。

3. 右腳向前上一步，前腳掌點地成虛步，腰向右擰轉，鬆腰坐胯。同時，兩臂內旋，雙掌分開，左掌翻轉虎口向下，掌心向左，邊轉動邊向身體正前方向穿掌，至手臂伸直時，略有上抬之勢；右掌則向下摟刨至右肋處時，屈臂將掌上提至右耳旁，掌心向右，掌指朝前。胸部朝向右側方向。

4. 上動不停，腰向左轉，將身體調正。雙臂外旋，右掌邊外旋邊向前穿掌。右腳順勢向前上半步。此時雙掌在身前交叉，左掌在上，右掌在下，掌心朝向兩外側方。

5. 繼而上左步，腳掌點地成左虛步。隨左腳上步，右掌向身正前方向內旋滾動穿出，至手臂伸直時，掌心向右

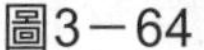
圖3－64

圖3－65

裂掌；左掌內旋摟至左肋處後，屈臂上提至左耳旁，掌心向外，掌指向前。胸部朝向左側方向。反覆練習（圖3－64、圖3－65）。

【要　求】

(1) 前掌向前滾動穿出與後掌回摟停於耳側均到位後，雙臂同時有一稍微的上撩外撐之勢，以將掌打出力度。

(2) 雙腿虛實要分明，上身部隨腰轉動要始終保持在縱向軸心上，不可左右歪斜。

(3) 雙臂內滾外旋，要隨轉動隨前行和後摟，雙臂運動速度要保持一致。

(4) 前手叩擊的是對方面頰部位，動作熟練後，可以適當地做一稍微護胸橫向叩擊動作。

【基本用法】

對方以右拳擊打我上部，我以十字手接對方來手，繼而向左擰腰，隨即左掌向左橫裂來手，右腳向其左腳後橫踢，右掌向其右腮部橫向外裂。

十二、橫　掌

1. 預備式同前。

2. 左腳向前上半步。雙臂微屈前伸，雙掌交叉以腕部內側相貼，左掌在上，掌心朝下；右掌在下，掌心朝上。

3. 右腳向左腳尖正前方向的延長線上上步，腳尖內扣，身體左轉 90 度，身形略下沉，沉肩墜肘，鬆腰坐胯，轉體時重心在左腿。隨轉體雙腕緊貼，雙掌如捧著一圓球，逆時針翻轉至右掌在上掌心向下，左掌在下掌心朝上，雙臂在胸前圈成一圓環。

4. 上動不停，雙膝向上略挺力，身形隨之向上領，重心移至右腿，同時，胸部稍向前抖挺。右掌心向下平肩高度，以掌外沿向右擊掌（掌橫擊出去後以不超過在身側平舉手臂為準）；同時，左掌向內翻轉，掌心朝下，屈肘向左肋處摟刨（以不超過肋側為限）。

5. 上動略停，重心移至左腿，右腳尖向外撇，身體右轉 90 度調正。雙掌以橫擊後的回彈力，在胸前直臂交叉，腕部貼緊，右掌在上掌心朝下，左掌在下掌心朝上。

6. 上動不停，身體右轉 90 度，左腳向身正前方向內扣，腳尖上步，隨即按動作 3 ～ 4 的要領重心移至右腿，將左掌橫擊出去（雙掌旋轉時為順時針方向）。此後重複進行左右橫擊掌的練習。此式可以單邊的走圈練習，讀者自己研究（圖3－66）。

圖3－66

【要　求】

(1) 橫掌擊出時，掌與眉齊平，發力要在擴胸的瞬間，乾脆俐落地將掌力擊出。下一動作搭掌時，要利用橫掌擊發的彈性力，將掌收回到胸前。

(2) 重心移動轉換要自然連貫，重心落於哪個腿上，則哪一側的橫掌即是擊發掌，不能出現偏差。

【基本用法】

與裂門掌略同，運用時加上回摟的動作。

第四節　行步十二大勢

一、直立推山

1. 預備式同前。

2. 右腳上前一步成右弓步。雙掌心向前，掌指朝上，右掌在上，直臂平肩高度向前伸出；左掌在下，齊腹高度向前伸出。

3. 重心後撤，雙掌同時向左側下方捋帶。同時，右腳向回收半步，屈膝，腳掌略離地。

4. 上動不停，左腳蹬地，右腳向前躍出一大步；在躍步的過程中，腰先向左轉，再向右轉，將身形調正；在轉腰的過程中身形向上長起。隨轉腰長身，雙掌直臂由左側向下向後掄轉至頭前上方位置，雙掌等高，掌心向前，掌指向上。隨後右腳落地的同時，縮腰收腹。雙掌同時向小腹處摟刨。左腿屈膝提到身前。

5. 上動不停，左腳向前落步成左弓步。同時，雙掌左上右下，掌心向前，掌指向上，直臂向前撞擊，左掌高與胸齊，右掌與腹平齊。

6. 上動不停，雙掌同時向右側下方捋帶。左腳收回半步，腳掌略離地，右腳蹬地，左腳向前躍出一大步；在躍步過程中，腰先右轉，再左轉，將身形調正；在轉腰過程中，身形向上長起。隨之，雙掌直臂由右側向下向後掄轉至頭前位置，雙掌等高，掌心向前，掌指向上。隨左腳落地的同時，縮腰收腹，雙掌向小腹處摟刨，右腿屈膝提到身前。

7. 上動不停，右腳向前落步成右弓步。同時，雙掌右上左下，掌心向前，掌指向上，直臂向前撞擊。此後按上述動作反覆練習（圖3－67）。

圖3－67

【要 求】

(1) 跳步時要借助腰的螺旋動力，以腰帶胯、以胯帶膝向前躍步，步幅要儘量大些。

(2) 雙掌向下摟刨至小腹部時，身形要內收，以增強蓄力。

(3) 雙掌直立推出時，身形張開，如開弓射箭一樣，將雙掌推出；腳落地的同時，雙掌也要撞到極致，不要出現有先有後的現象。

(4) 雙掌推出要力達掌心；頭要正，目視前方。

二、虎 撲

1. 預備式同前。

2. 右腳向前上一步成右弓步。雙掌等高，在胸前向前伸出，掌心向前，掌指向上。

3. 重心後移，右腳回撤半步，屈膝，腳掌略離地，左腳蹬地，右腳向前躍出；與此同時，腰先向左轉，再向右轉；在轉腰過程中，身體向上長起。隨之雙掌同時先向下至腰際再向左肋外側捋帶，再向上向前掄轉；將身體調正時，雙掌在身前平舉，仍是掌心向前、掌指朝上。

4. 上動不停，隨躍步後右腳落地，縮腰收腹。雙掌同時向小腹處摟刨。左腿屈膝提到身前，隨後左腳向前邁出成左弓步。與左腳落地的同時，挺腰將雙掌同時迅速向前撞擊出去。

5. 上動不停，重心後移，左腳回撤半步，腳掌略離地面；右腳蹬地，左腳向前躍步。雙掌同時向下向右側捋

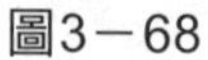

圖3－69

帶。同時，腰先右轉，再向左轉；在轉腰過程中，身形向上長起。隨之雙掌同時先向下至腰際，再向右肋外側捋帶，再向下向前掄轉；在轉腰後身體調正時，雙掌在身體前平舉。

6. 上動不停，隨躍步後左腳落地，縮腰收腹。雙掌同時向小腹處摟刨。右腳屈膝提至身前，隨後向前邁出成右弓步。右腳落地的同時，雙掌向正前方向撞擊出去。此後左右式反覆練習（圖3－68、圖3－69）。

【要 求】

此式與直立推山式要求相同，只是雙掌推出時要平齊，並與自身胸部等高。

三、大鵬展翅

1. 預備式同前。

2. 左腳向前邁半步，雙膝微屈，身形略下沉；向左旋腰，再向右旋腰，將身形調正。雙臂如同被腰動的慣性力帶起一樣，由下同時向左斜前上（高與頭齊）約 45 度角方向甩出後，向右平移至正前方向。在雙臂擺動的過程中，左腳蹬起，右腳向前跳步。

3. 右腳落地的同時，膝微屈，左腳向前搓步，隨之縮腰收腹。雙掌同時由下向小腹前摟刨。

4. 左腳搓步後在身前落步，腳掌點地。同時，雙掌以挺掌式向上長身，挺膝抖腰將雙掌向正前上方擊出；高與面部齊平。

5. 上動不停，身形略下沉，重心後移，左腳提膝，腳掌略離地面，向回撤半步；腰向右旋，再向左旋後，將身形調正。與左腳回撤的同時，雙掌由前向下再向右斜前上約 45 度角方向，齊頭高度甩動至身前；隨身形調正，雙掌同時由右向身前正前方平移。在雙臂擺動的過程中，右腳蹬地，左腳向前跳步。

6. 左腳落地的同時，膝微屈，身形略下沉，右腳向前搓步，隨之縮腰收腹。雙掌同時由上向小腹前摟刨。

7. 右腳搓步後，在身前落步，腳掌點地；同時，向上長身，挺膝抖腰，將雙掌以挺掌式向前擊出，此後左右式反覆練習（圖 3－70 ～

圖3－70

圖 3－74）。

【要　求】

(1) 前跳躍步要在雙臂的帶動下，身形展開；將步躍出的步幅儘量大，距離要遠，身形要輕而沉穩。

(2) 雙臂甩動到摟刨，要在身體騰空的瞬間完成；腳落地的搓步與雙掌摟刨，要同時完成到位；整個動作要一氣呵成，其間不可有絲毫的間隔和停頓。目視前方。

圖3－71

圖3－72

圖3－73

圖3－74

(3) 此式熟練之後，可以進行不同斜向角度的練習，以提高靈活性，適應實戰需要。

四、閃步斬手

1. 預備式同前。

2. 左腳向左前側方邁半步，腳掌蹬地，右腳向左腳前進方向躍出一步。左掌心向下，掌指朝前，齊胸高度直臂在身前伸出。右腳落地後，左腿屈膝在身前提起。

3. 上動不停，右腳掌蹬地，身形躍起，左腳向前迅速落步；右腿如同被左腳震起一樣，迅速屈膝在身前提起。同時，右掌向前上方衝掌，左掌由上向下，掃過右小臂向下摟刨。

4. 右掌衝擊至頭頂上方後變掐拳。右腳在身前落步，身形略下沉。隨右腳向下落步的同時，右掐拳向身前右腿內側劈砸；左手向上掃過右小臂後，以虎口處撞擊右胸大肌處。

5. 上動略停，右腳向右前側方邁半步，腳掌蹬地，左腳向右腳前進方向躍出一步。右掌掌心向下，掌指朝前，齊胸高度直臂在身前伸出。左腳落地的同時，右腿屈膝在身前提起。

6. 上動不停，左腳掌蹬地，身形躍起，右腳向前迅速落地，左腿迅速屈膝在身前提起。左掌向前上方衝掌，右掌由上向下掃過左小臂後，向下摟刨。

7. 左掌衝擊至頭頂上方後變掐拳，隨左腳在身前落步，身形略下沉的同時，向身前襠部左腿內側劈砸；右手

圖3－75

圖3－76

圖3－77

向上掃過左小臂，以虎口處撞擊左胸大肌處（圖 3－75～圖 3－77）。

【要　求】

(1) 前兩次上步要輕靈飄逸，第三步躍出要儘量遠且有前闖力，第四步下劈砸要實而有力。

(2) 上衝掌要隨身形躍起而沖至極點，腳落地另一腳也要迅速落步，招拳也要隨之劈下，要做到上下合一。

五、獅子抖鈴

1. 預備式同前。

2. 向右轉體約 45 度，右腳向轉體後的正前方向上一步。右臂沉肩墜肘，將右掌以蓋掌式在身前平放。

3. 右腳上步後，腳掌蹬地，左腳上前躍步。與左腳跳躍出的同時，左掌向身後輪轉至頭頂上方時變平拳。左腳震腳落地略屈膝站穩，身形略下沉；右腿在左腳落地震腳的同時，如同被震起一樣，屈膝提起。左拳向襠前下方擊打，右掌則掌心向右，向後向上置於頭頂上方。上身前傾。

4. 上動不停，右腳在左腳內側迅速落地震腳，左腳如同踏在彈簧上被反彈起一樣，與右腳落地的同時，將左腿屈膝在身前提起；隨右腿提起，上身突然長起，向後仰身。左臂成 90 度彎曲，以平拳沿身體中線向上方崩挑；右掌由上向下，掃擊過左小臂後，摟刨至襠前。

5. 上動略停，左腳落地，腳尖外撇，向左轉體 180 度；隨轉體右腳向前上步，落地震腳。左拳則下劈後變掌，向後向上撐掌，掌心向左，置於頭頂上方；右掌變拳，隨轉體向後向上向襠前下方擊拳。左腿在右腳震地落步的同時，迅速屈膝在身前提起，上身前傾站穩。

6. 上動不停，左腳在右腳內側落步震腳，右腿迅速在身前提起，上身後仰。右拳隨提膝和上身後仰，向上沿身體中線崩挑；左掌向下掃擊右小臂後，摟刨於小腹處。此後按上述動作反覆練習（圖 3－78、圖 3－79）。

【要　求】

(1) 轉體後，兩次震腳落步要有全身的下沉力；一腳落地另一腳迅速提起，如同被另一腳震起一樣，順暢自然有力度；手臂向下劈砸要與屈膝提腳同時完成。

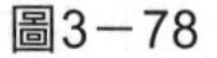
圖3－78

圖3－79

(2) 手臂向上崩挑，要借助身形的上長後仰，猛然向上方崩擊；與上崩挑同側的腿，如同被熱開水燙了一下一樣，疾速提起，全身形成一個整勁兒。

(3) 此式可以進行 180 度轉體練習，也可以向不同方向躍步練習，以適應各不同方向技擊的需要。

六、搖身膀趄

1. 預備式同前。

2. 右腳向前上一步。左手以引手式向前擊出後，翻掌手心向下停於身前；右手緊跟著也以引手式向前打擊，此時，右掐拳在上，左掌背貼於右掐拳手背上，左掌心向下。

3. 上動不停，右掌翻轉使掌心向下。左腳向身前領步，身形下沉，右腳蹬起向前躍步。雙掌自身前在左腳躍出的同時，向下摟刨。左腳落地，右腳搓步向前提腿，將右腳尖稍外展，提離地面約 10 ～ 15 公分。而後左掌在身前直臂推擊，掌心向前下方；右掌變掐拳向後再向前掄臂。在右腳落地的同時身形下沉。右臂向襠前劈砸，左掌掃擊右小臂後附於右胸大肌處。

4. 上動不停，右腳再次蹬地向前躍起，左腳向前上一大步落地，在左腳躍步的同時，向右擰腰，右腿齊腰高度向前撩蹬。左掌由右胸處，向外掃擊右小臂後向前推掌；右拳繼續掄轉至身後與肩平。同時，將身形展開，上身向後傾。

5. 上動不停，右腳前落成右弓步，腰向左轉，將身形調正。同時，右拳直臂由後向前，齊胸高度挑擊出去，與左掌在身前匯合，左掌掃過右手腕部後，置於小腹前。

6. 上動不停，左腳向前上步。右拳變掌回摟後，以引手式向前擊出變掌，並以掌心向下直臂停於胸前；左手繼而以引手式向前擊出。雙手交匯後，左腳蹬地向前跳步，右腳向前躍出。同時，雙掌向身前摟刨。右腳落地，左腳向前搓步，腳稍外展踢腿，將腳提起離地約 10 ～ 15 公分。右掌心朝前下方推出，左臂繼續由上向下向後再向前掄轉。隨左腳落地，左臂向襠前劈砸，右掌掃擊左小臂後附于左胸大肌處。

7. 左腳再次蹬地向前躍起，右腳向前上一大步落地，在右腳躍步的同時，向左轉腰。左拳向上向後挑擊，右掌由內向外掃擊左小臂後向前推掌。左腿向前齊腰高度撩蹬。左掐拳繼續向後掄臂。

8. 上動不停，左腳前落成左弓步，腰向右轉，身形調正。左掐拳由後向下向前，齊胸高度挑擊出去；右掌掃擊左手腕後，置於小腹前。

9. 再次上右步。右引手進行下一個循環練習（圖3－80～圖3－85）。

【要　求】

(1) 單臂掄轉，動作要流暢連貫，不要間斷。

圖3－80

圖3－81

圖3－82

圖3－83

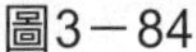
圖3－84

圖3－85

(2) 搓步要提膝摘胯，胯部在腰的帶動下略有後抽之意，以增強腳的前搓力；身形要保持穩定，不可左右歪斜。

(3) 無論躍步掄臂挑擊，還是弓步上前崩挑，都要做到力足勢猛疾速，給人一種斬釘截鐵的感覺。

(4) 膀甩是指雙臂要搖動；搖身是將身形晃動，一動俱動周身動，是對此式的基本要求。其次是要有氣勢，給人一種大氣磅的印象。三是要控制好身體重心，雙膀搖動，重心必須穩固。四是要勁足力猛，以膝為主的踩踏彈簧勁；腰胯為主的螺旋擰鑽勁；雙臂內掤的二撐勁；肩胛脊背的抖炸崩彈勁，都要集中、充分地表現出來。此要求在十二大勢中均要做到。在此勢中表現得比較集中，故在此提及，其他勢中雖未寫，但應視為要求之一。

七、雄（吼）獅發威

1. 預備式同前。

2. 右臂自身側由右向左在身前畫圓並向小腹摟刨。同時，左腳向前上一步成弓步。左手引手式向前擊出。

3. 左腳撤回原位，上身略前傾。同時，右臂直臂向上向後掄劈，以掌擊右胯部並停於該部位，左掌在右臂向前掄起時，掃擊右小臂後，由右側向下摟刨到左胯側。

4. 上動不停，左腳再次向前邁步。左掌變招拳直臂由下向後向前劈砸至左腿內側。

5. 右腳再上步，腳落地的同時，身形略下沉。右掌變招拳，自右胯向後向前掄臂劈砸至襠前，左招拳變掌掃過右小臂後附於右胸大肌處。

6. 上動不停，右腳蹬地，左腳向前躍一大步。同時，左掌由上向下掃過右小臂後，直臂前推；右招拳直臂向後掄轉。左腳震地落步，右腳向前搓步撩腿，身體後仰，隨即落地成右弓步。右拳直臂向前挑擊，與左掌匯合於胸前，左掌附於右掌手腕處。

7. 左腳向前上一步，雙掌回落於身體兩側成預備勢。

8. 左臂做圈手。上右步。右手引手式向前擊出。隨後右腳回撤。同時，左臂直臂向上向後掄劈，以掌拍擊左胯部，並停於該處；右掌在左臂向前掄起時掃擊左小臂，由左側向下摟刨至右胯側。

9. 上動不停，右腳向前上步。右掌變招拳直臂由下向後向前劈砸至右腿內側。

10. 左腳再上步。左掌變招拳，自左胯向後向上向前掄臂劈砸到襠前；右掌掃過左小臂後附於左胸大肌處。

11. 上動不停，左腳蹬地，右腳向前躍出一大步。右掌前推，左臂向後掄轉。右腳震地落步，左腳向前搓步撩腿，身向後仰，隨即落地成左弓步。左拳直臂向前挑擊，右掌附於左手腕部，匯合於胸部正前方。

12. 右腳上步恢復預備式，或向右後轉體 180 度，進行下一循環的練習（圖 3－86 ～圖 3－90）。

【要　求】

(1) 右勢打出去後，即可轉體 180 度打左勢，如場地

圖3－86

圖3－87

圖3－88

圖3－89

圖3－90

允許，可連續向前多做；可單打左勢或右勢；具體情況視場地而定。

(2) 撤步向後掄劈後，掌一定要拍擊胯部，並暫停於胯側。

(3) 兩次上步劈砸，步伐要邁得適度，不可過大。

(4) 跳躍步要儘量大些，之後的搓步撩腿，要沉穩有力度，勁力完整。

(5) 上步跳步及手臂掄劈，要儘量迅速快捷；每一個動作都要交代清楚，乾淨俐落，不可拖泥帶水。

八、烘臉照鏡

1. 預備式同前。

2. 右腳向前邁一步，身形略下沉，蹬地使左腳向前跨出一大步。雙臂自兩側平展後，向胸前匯合。在左腳落地的同時，右腳向前搓步，腳離地約 15 公分，暫不落步，縮腰收腹，上身微前傾。雙掌同時下摟刨，在小腹前雙掌向身體兩側繼續摟出，至雙臂在兩側平展，掌心均向後，掌背朝前，兩掌拇指朝向地面。

3. 右腳搓步後，向身前落步成右弓步。同時，雙掌外旋，掌心向前，伸肩探背，直臂以雙風貫耳式向前拍掌合擊，掌高與頭齊平。

4. 上動不停，腰向左轉，並由此將左掌抽回一小段距離（臂仍伸直，只是因腰的轉動，使掌向回拉動所形成的距離）。隨即腰向右轉，右腿在腰的帶動下，回撤半步，鬆腰坐胯、合襠。隨著右腿後撤，右拳外旋抽回到右側腰際，左拳隨之向前撞擊出去，高與胸齊。

5. 右腳再次向前上步。右掌變單尖拳，以中拳式擰鑽向前擊出（擰鑽即是拳，在運動過程中，手臂如同向內擰動，隨擰動隨前行。由腰際處的虎口朝外，擊發至頂尖時，虎口朝上），左拳回摟至小腹前。

6. 上動略停，向前上左步，蹬地起跳，右腳向前跨一大步，右腳落地的瞬間，左腳搓步。雙掌如動作 2 進行運動。

7. 左腳搓步後，向前落步成左弓步。雙臂如動作 3 向前合擊掌。

8. 上動不停，腰向右轉，將右掌抽回一小段距離。隨即腰向左轉，左腿回撤半步。隨左腳撤步，左掌回收到左腰際，右掌向前撞擊。而後左腳上步。左掌變單尖拳，以中拳式將左拳擰鑽擊出；右掌回摟刨至小腹前（圖 3－91 ～圖 3－95）。

圖3－91

【要　求】

(1) 躍步搓腳的距離要儘量遠些，形成猛虎下山似的氣勢。

(2) 雙掌合擊，要伸肩探背，儘量向前拘。

(3) 雙掌由開始到身前合擊掌，雙臂在身側到胸部，應在兩側畫一個平圓；在圈動過程中，雙臂要按生理自然規律進行向內向外的轉臂動作。

(4) 掌和腿的回撤，均要以腰的動作帶動。

(5) 面部始終保持正直，不可左右轉動或歪臉斜視。

圖3－92

圖3－93

圖3－94

圖3－95

九、雄鷹出群

1. 預備式同前。

2. 右腳向前上一步，蹬地使左腳向前跨一步。在右腳邁步的同時，雙臂在身體兩側同時向身前頭部上方平舉起。左腳落步，右腳向前搓步，上身前傾，縮腰收腹。雙掌心向下，直臂向兩側身後摟刨，在身後成勾手，指尖撮攏朝上。上身前傾的同時，右腳搓步，向上踢腿，腳尖與鼻尖同時向一處合。

3. 右腳向身前落步，左腳上步。與此同時，雙臂在身體兩側，由身後先向前向上衝掌，再向後掄轉，雙掌拍擊雙側胯部，並暫時停留在胯側。

4. 左腳上步後落地，右腳再向前上步。在右腳落地的同時，雙掌自胯部向身正前方向以雙撞掌式擊出。

5. 上動不停，左腳向前上一步蹬地，使右腳向前跨一步，右腳落地，左腳搓步。雙臂與動作2相同。

6. 左腳落步，右腳上步。雙臂與動作3相同。

7. 右腳搓步落地，左腳再向前上步。左腳落地的同時，雙掌以撞掌式向前擊出。

此後按上述動作反覆練習（圖3－96～圖3－100）。

圖3－96

【要　求】

(1) 第一次搓步，雙掌要有前撲之勢；第二次搓步，雙掌要有上沖、雙分和反劈之力。

(2) 身形要配合搓步；前傾和長身、前撲和上沖的動作要清晰明瞭。

(3) 上步撞掌要同時完成，即腳落地踏實，雙掌撞擊到位。

圖3－97

圖3－98

圖3－99

圖3－100

(4) 頭部正直，拔項抗項，不要隨前撲和長身兒低頭和仰臉。

十、倒連環

1. 預備式同前。

2. 左腳向前邁半步，右腳隨即跟上一步成右虛步。右手以引手式向前擊出。

3. 上動不停，右腳向上步後的橫向右側移動一步，成右側弓步，上身前傾。右招拳由前向右側後方撣擊；左掌心朝向左側，直臂高過頭頂，舉在身體左側，雙臂左高右低，斜向展開。

4. 上動不停，右腳蹬地向右側方跳步（儘量遠些），身體騰空的瞬間左腿向右腿後側掖步，左腳落地。左掌握招拳，下劈至左腿內側；右臂在右腿起跳時，在右下側向後向上掄起至頭頂上方。此式右腿跳步後屈膝，在身前提起。

5. 右腿在身前落步，身形下沉。右招拳向下劈砸至襠前，左招拳變掌掃擊右小臂後，附於右胸大肌處。

6. 上動不停，上身向上挺起，重心移到左腿。雙掌在頭前上方交叉，手腕相貼，右掌心向上，左掌心向下。隨後邊長身邊向上托舉，雙掌如捧住一球，按逆時針方向旋轉。隨轉腕身體以左腳跟為軸向右後轉體 180 度；右腿向轉體後方向落步成側右弓步，上身前傾。右掌變拳隨右腳落步，向右側方向撣擊，左掌向左斜上方舉起。

7. 上動不停，按動作 4 ～ 5 做跳躍閃展步劈砸，而後恢復預備式，再重複練習（圖 3－101 ～ 圖 3－104）。

【要　求】

(1) 跳躍步的動作，要做到輕而遠；雙臂掄轉展開和劈砸動作，幅度要大，速度要快。

(2) 右腿起跳，左腳後掖跳步時，右腿要保持屈膝提腿的姿勢；左腳落地要穩。

圖3－101

圖3－102

圖3－103

圖3－104

(3) 雙掌翻轉要流暢，與身體後轉動作緊密配合，協調動作，形成一個整體的連貫動作。

(4) 此式流傳下來的只有右勢，故而練習均為右側，讀者不妨按右式動作，做一下左勢練習，在此不做強調。

十一、鷹　翻

1. 預備式同前。

2. 左腳向前上一步。雙掌掌心向下，掌指朝前，直臂向前伸出，左掌稍後於右掌。

3. 右腳向前跨一大步。同時，右掌向上向右側畫圓，並落於小腹部；左掌由胸前向下向左向前上方畫圓。右腳落地，利用身體形成的慣力，蹬地向空中跳起。

4. 身體騰空的瞬間，左腿屈膝提起，右腿先屈膝後向正前方向彈踢。同時，左掌摟刨到腹部，右手引手式向前擊出。

5. 兩腿交叉落地，右腿在前，左腿在後，成坐盤勢。雙掌在身體下落時，由引手轉為向下向兩側摟刨。在坐盤形成時，身體前傾，向右擰腰。雙臂向內翻滾，左掌掌心向外，掌指微斜向右側，直臂向前推出；右掌自右側上提至頭部右側上方，掌心朝外，掌指微向斜上方。

6. 上動不停，身體立起，隨起隨向左轉體，待轉正的時候，右掌以拍掌式向前擊出，左掌掃過右小臂後附於胸大肌處。

7. 隨上動右腳先蹬地，繼而右腿向後躍出兩步，左腿在後、右腿在前，再次坐盤。雙臂仍按動作 5 的要求練習。而後起身，繼續進行下一個鷹翻動作（圖 3－105～圖 3－107）。

圖3－105

【要 求】

(1) 起跳高度越高越好，空中動作在瞬間完成。

(2) 坐盤時，要利用身體的旋轉而將下盤坐實。

(3) 起身拍掌要充分利用身體的旋轉慣性，將掌擊出。

(4) 後跳步要儘量遠；後退步的雙摟手要撣擊自己小腹，發出擊拍聲響。

圖3－106

圖3－107

十二、猿猴入洞

1. 預備式同前。

2. 左腳向前上半步，腳掌點地成左虛步。左掌引手式向前擊出，右掌摟刨至小腹處，左掌引手後向下內翻轉，使掌心向下。

3. 右腳向前上步。右掌順勢由左掌下向前上方穿出，下摟到小腹前。隨即上身左轉 90 度，右腿屈膝成弓步式，左腿隨即向右腿後倒插步伸直。隨左腿倒插步，右掌由上向左向下向右側身後畫圓成勾手，直臂置於身體右胯部；左掌由下向左向上畫圓後，立掌附於右肩窩處，掌心朝右，掌指向上。面向右轉，目視右勾手。

4. 上動不停，身形略長起，向右轉體 90 度，左腿隨之由身後提至身前，以腳掌點地成左虛步，右腿屈膝，鬆腰坐胯，身形下沉。隨著轉體，右勾手變掌，由右後向下向左再向上向右再向下畫動一個橫八字形後，屈肘掌心向前、掌指向右耳側並停住；左掌則向右肩處向下向左向上再向前落於左膝內側，掌心向下，掌指朝左。

5. 上動不停，挺膝長身。右掌向正前方以拍掌式擊出，左掌掃過右小臂，以虎口處撞擊右胸大肌，並護於右胸側。此後恢復預備式狀態，再進行左式練習（圖 3－108 ～圖 3－110）。

【要　求】

(1) 左腿倒插步後身形要儘量放低。

(2) 第一次轉體倒插步要穩健紮實，雙臂畫圈要圓轉自如。

(3) 第二次轉體翻轉要速捷，雙臂運轉要快而有力，雙腿虛實要明顯。

(4) 拍掌擊出要有衝擊力。

圖3－108

圖3－109

圖3－110

第四章
五行通臂拳一百零八字訣詳解

前輩先賢，根據五行通臂拳的運動特點，在傳統的拳術理論中，對周身各部位，如肩、肘、腕、胯、膝，目、指、足、腿、腰及身形步法、精神意念、勁路功力等的要求，高度精闢地概括為一百零八字訣。

靈活運用這一百零八字訣，無論是徒手或器械的演練，還是技擊實戰，均可做到開如鯤鵬展翅，有直沖九霄之意；縮如猿猴護仔，有無懈可擊之態；動若雷鳴電閃，有猝不及防之功；靜如山岳峭壁，有千鈞難撼之姿；行若長江大河，有滔滔不絕之力；起伏如大海狂濤，有席捲萬物之勢，充分展示出五行通臂拳大開大展，力臂成圓，冷彈脆快，放長擊遠，吞吐得當，剛則不裂，柔則不弱，剛柔兼備，順其自然的特點。詳細研究，認真揣摩五行通臂拳 108 字訣的含義，並將其運用到實踐當中，可使拳術愈練愈精，功力日漸提高，進而達到爐火純青的程度。

一、一百零八字訣全文

觀察略策窺詳視覽　引誘誆詐聚神警嚇

抖捌捋炸抽撤轉還　摧搓拍撻摟刨纏擄
穿擢崩挑刁拿鎖扣　劈擂丟掉翻展挺裂
彈鑽擠按牽掛帶領　捧掩接擎沉滾揉晃
衝撞搡送鴻擁撲闖　撐支補靠翹撩點撞
朋拒搬攔圈攬勾劫　削摩撥煽進退激拗
伸縮往來起落收放　曉悟思慎

二、一百零八字訣對應的身體部位

1. 眼　部

觀、察、略、策、窺、詳、視、覽。

2. 手　部

刁、拿、鎖、扣、按、牽、帶、領、接、挈、摩、撥、煽、補、丟、擄、抽。

3. 指　部

點、勾、穿、捌。

4. 腕　部

纏、摟、刨。

5. 拳　部

鑽、擂。

6. 掌　部

拍、撻、擢、裂、撩、削、捋、擎。

7. 小臂部

沉、滾、揉、擠、劈、崩、挑、刨、掛、摧、抖、掉、撲、朋、拒、搬、攔。

8. 大臂部

推、搡、擁、撐、支、衝、圈、攬。

9. 肘　部

轉、還、炸、掩。

10. 肩　部

靠、撞。

11. 腿　部

翹。

12. 身形步法

撤、拗、進、退、伸、縮、往、來、起、落、收、放、翻、展、彈、送、闖、晃。

13. 神情氣勢

引、誘、誆、詐、聚、神、驚、嚇。

14. 意識理念

曉、悟、思、慎、激。

三、五行通臂拳一百零八字訣詳解

1. 觀

【字意】通解為看。如「觀我生進退」，「時可則進，時不可則退，觀風相幾，未失其道」。

【拳意】在此為觀風之意，透過看，把握對方的動靜虛實之變化，制定自己的臨陣策略，掌握自身進退攻防的主動權。

【續解】觀是對場地、形式、條件及敵方等情況宏觀的瞭解和考察，注重的是整體概念，據此安排好自己的位置，做好防範或進攻的準備。

2. 察

【字意】是細看，詳細審定的意思。《新書・道術》中說：「纖維皆審謂之察。」

【拳意】在雙方對峙過程中，透過察，明辨對方輕微的變化，包括神態舉止；並由外在表現，觀察出內心或恐或驚或懼或怯或激或猛等之變化，以此決定我的戰術策略。

【續解】如果說觀是從宏觀上考察對方的話，那麼察即是從微觀上審視對方，務求更透徹地瞭解對方。

3. 略

【字意】是巡行、強取、謀劃和法度之意。

【拳意】透過觀察，已經明瞭對方的基本情況，即策劃好各種方略，以便在具體的運作當中，隨時保持住自身的中正安舒，使動靜虛實處處不失法度。彼不動，我不動；彼微動，我先動，時時處處動在人先。

【續解】在此是將對方的情況進行細分化，並力求發現對方第一次實施攻擊的意圖，以便我從容對應。

4. 策

【字意】策應之意。《人物志・接識》中說：「術謀之人，以思謨為度，故能成策略之奇。」

【拳意】經過觀察，自己有了一定的方略，此方略攻防進退，彼此照應。

【續解】策是針對自身而言，即把握好自己的各個方面，攻不可莽撞，防不可消極；進不可盲目，退不可懈怠；上下左右中，周身處處為一體，各有變化，運用不同；彼之意我明瞭，我之動不為所知，方能穩操勝券。

5. 窺

【字意】隱蔽地觀看。《荀子‧議兵》：「窺敵觀變，欲潛以深，欲伍以參。」

【拳意】眼為心之苗。眼最能反應一個人的內心活動。我看對方要明察秋毫；人對我則無所知，這樣才能搶佔先機。

【續解】窺是反應的速度，也是經驗的總結。雙方對峙能在瞬間發現對方的意圖，以從容應對。

6. 詳

【字意】仔細、周遍之意。如「你再詳查一次」。

【拳意】透過由此及彼、由表及裡的觀察，全面地瞭解對方，制訂好自己的方略，不能沒有章法的攻或防。故曰：「不能退，不能遂，不詳也。」

【續解】即要準確地瞭解對方用意，不可只視其大概而貿然進取。五行通臂拳要求：彼不動，我不動；彼微動，我先動；彼挨我之皮毛，我入彼肌理；抓住對方破綻，及時進攻，而不是單純的後發制人。要做到上述方面，察之不詳，勢必導致失敗。

7. 視

【字意】專心致一地審查。《荀子‧勸學》中有：「目不能兩視而明，耳不能兩聽而聰。」

【拳意】尋找對方的破綻，專心一意地把握好時機，做到時時佔先，處處得勢。

【續解】發現破綻適時進攻，避其銳氣，擊其弱點。要知進知退，不盲從，不隨意。進，要有排山倒海雷霆萬鈞之勢，施力於對方，摧枯拉朽；退，要有激流險灘吞納萬物之奇，使對方望而卻步，不敢鋌而走險。

8. 覽

【字意】通攬。即採取、摘取之意。

【拳意】經過一系列的觀察，已明瞭對方實力的強弱、識辨的疾遲和策略的高下，而我也有了比較完整的方案，即可攬所有優勢於己身，集所有劣勢於彼身，以我之長，擊彼之短，則無堅不摧，無往不勝。

【續解】透過一系列的觀察和思辨，我已成竹在胸，取勝於對方如探囊取物、居高摘果。

以上是講眼的運用，事實上也是自己思辨的過程。這裡既有經驗的總結，也有瞬間的反應。因為在雙方對峙中，誰也不會給對方留下時間進行詳細的思考，因此，實際應用中，膽要大，心要細，善於揚長避短，善於變化。

9. 引

【字意】導引的意思。

【拳意】在拳術中引的意思有兩種：一是以假象迷惑對方，故意露出破綻，吸引對方貿然進攻，從而使其失去主動，為我所用；二是彼方的力已經加於我身，我則借力來的方向，繼續向同方向導引，使其失去重心而被我所制。

【續解】引是以假對真。彼方成真，則我亦成真，當我引出對方的真後，或借力使力或看出空擋向裡進攻。

10. 誘

【字意】引誘、迷惑的意思。如誘敵深入。

【拳意】以小利給予對方，使對方從急於取勝的心理出發產生貪心，出現盲動，為我造成有利時機。

【續解】誘要從兩方面看。其一，我對彼方，要「能而示之不能，用而示之不用，近而示之遠，遠而示之近。利而誘之，亂而取之」。透過誘，使對方從心理到外形都出現失誤。其二，我不為對方假象所迷惑，「不妄沒於勢利，不誘惑於事態」，戒貪戒怒，不給對方任何機會。

11. 誆

【字意】即欺騙。如「你不要誆我」。

【拳意】是以積極主動的進攻態勢去欺騙對方。誆是以我之主動，攻擊對方；但這種攻擊是試探性的，要先虛後實，目的是調動對方，以我之示形，使其產生錯覺，行動上出現破綻，給我造成有利機會。在此看似我先動，事實上是要對方首先動；我先動是假，彼先動是真。

【續解】誆是以從正面佯攻、佯動的手段，將我方攻擊的路線和突破點隱蔽起來，待對方出現漏洞後，一舉而取勝；有明修棧道，暗度陳倉之意。

12. 詐

【字意】假裝之意。與誆同，有欺騙、迷惑的意思。

【拳意】詐是「陷阱奇伏」，多變而用奇為勝敵之術。「兵以詐立」，在拳術當中亦是如此。詐是我方以突然出現的頹勢，迷惑住對方，使其產生錯覺，出現失誤，我則有機可乘，攻而取之，戰而勝之。

【續解】詐是以迂為直的計謀。

13. 聚

【字意】聚精會神的意思。

【拳意】聚要從兩方面解釋。其一，指練習方面。每個習練者，在學習和鍛鍊過程中，要精神專注，心無旁騖，目不旁視，耳不旁聽，領會一招一式的要領，練就紮實的基本功，並在此基礎上舉一反三，使每個動作，既要符合規範，又能靈活多變。其二，是臨陣對敵，要專注對方的一舉一動，準確判斷對方的意圖。拳術運動，你來我往，勝負只在瞬間，失之毫釐，謬之千里，沒有高度集中的精神，是不能勝任的。

【續解】精神高度集中，但全身要放鬆；不可因精神集中而使身體僵硬。精神高度集中，可有效地把握時機，「無恃其不來，恃吾有以待也；無恃其不攻，是吾有所不可攻也。」要善守善攻，守，要密不透風，無懈可擊；攻，要沉活靈妙，冷彈脆硬，快捷穩實，招招有效。

14. 神

【字意】陰陽不測謂之神。

【拳意】出招用式，要神奇莫測，出其不意，攻其不備；虛中有實，實中有虛；虛實變化，圓轉自如。充分發揮指如劍、腕如綿、肘如環、臂如鞭、肩如車輪、腰似蛇行、腿似鑽的特點；靈活運用肩、肘、腕、胯、膝、腳等處的技擊，迫使對方敗北。

【續解】所謂做人要實在，打拳要奸猾。神要體現善守善攻。「善守者，藏於九地之下；善攻者，動於九天之上。」

15. 警

【字意】敏悟之意。就是對可能發生的事變或危險，有敏銳的感覺。

【拳意】有兩方面：其一，在我始終保持高度的警惕性，不鬆懈，不麻痹；其二，對他人要有意想不到的舉動，令其產生極其意外的感覺，從而在心理和動作上，產生瞬間的停頓，為我造成可乘之機。

【續解】警是連續性的製造奇跡，以我方的聲東擊西，欲上先下，欲左先右的一系列動作，一驚再驚，使對方失去反抗能力。

16. 嚇

【字意】即嚇唬。如恐嚇，恫嚇。

【拳意】這裡是指在精神上給予對方壓力，使對方害怕，產生畏懼心理，我方在氣勢上先佔據上風。

【續解】假到真處真亦假，無為有處有還無。透過嚇，要使其如驚弓之鳥，目無所視，耳無所聽，精神失態，動作失靈，心靈深處產生退縮的意識，從而被我所左右，處於被動地位。

以上所講，基本都是精神和心理方面的活動。透過以上的方面，令對方無法判斷我的真假虛實，「微乎微乎，至於無形；神乎神乎，至於無聲」；「無行，則深澗不能窺，智者不能謀」，使對方處於極為被動的地位，我則戰而勝之，亂而取之。

17. 刁（叼）

【字意】這裡有兩種意思，一是狡猾，如刁鑽古怪；二是以口叼物，如貓叼老鼠。

【拳意】拳要打得刁，這在上面已有述及。在此是形容手如口叼住物品一樣，向上提起對方身體的某一部位。

【續解】是以拇指和小指，向內合力，其於三指向內摳抓，腕向裡合，向上提。腕內扣愈深，刁得愈緊，外手背的頂力愈大，其發揮的作用愈強。如刁帶式，其用力方法是上刁下撻裡帶外摧挺送。對方來手，我雙手刁腕刁肘向上提，以懈其力，繼而以全身整力下撻略向裡帶，挺腰長身頭上頂，雙臂外摧，續力挺送，將其打出。

18. 拿

【字意】握持和擒捉的意思。在拳術中引申為用手抓住之意。

【拳意】用手抓住對方，使其不得解脫。

【續解】拿字在於手的握力。拿要穩而準。拿住後力要狠而猛，用的是脆勁，乾淨俐落，變化靈活。

19. 鎖

【字意】鎖是封緘器，必須用鑰匙方能將其開啟。拳術中引申為幽閉。

【拳意】運用得當的方法，將對方困住，使其受傷，不能自由行動，以達制服對方之目的。

【續解】鎖字，是瞬間使對方失去反抗能力。據此，出手就要直奔要害處。五行通臂拳中一般講，用指力擊打對方，統稱為鎖。「拳不如掌，掌不如指。」指的擊打比掌和拳威力要大，給對方造成的傷害也重得多。

如鎖喉掌，當對方向我進擊，我以一手向下摟刨對方進擊之手；借摟刨縮腰下帶的反彈力，挺腰長身，舒肩沉肘，頂腕挺指，手的拇指與小指內摳，其於三指自然挺指，直奔對方咽喉處，隨著出手的前衝力，繼續向裡續力，並捲指屈腕，繼續用腕力擊打對方。用於咽喉如此，用於其他處亦然。

20. 扣（叩）

【字意】扣有兩種意思：一是套住牽住，如一環扣一環；二是做敲擊講，指一擊即起，不拖泥帶水，如「扣之則鳴矣」。

【拳意】五行通臂拳強調後發先至，一旦我方進攻出招，就要連續不斷，環環相扣，步步進逼，不給對方喘息的餘地。所謂「不招不架就是一下，犯了招架就是十下」。另一方面則講出招要疾速，挨之即離，如同敲鼓，重擂快起方可將鼓敲響。如果出招呆緩僵滯，則會給對方造成可乘之機。

【續解】扣是指以掌為主的擊打方法。擊打時掌心內凹，五指微屈，腕要活，掌觸物後舒掌，掌心由凹變凸，向前續力；而後向下摟刨回帶，回手不空。拍掌式、撞掌式均是扣的典型招式。

21. 按

【字意】當抑制講。按強助弱。

【拳意】用手壓或摁。以我之力量和技巧，雙手撫著對方，使其力量不能發揮出來，將其抑制住。

【續解】按的力量是向下，強調以全身的整力和發力的催勁，透過手作用於對方身體的某個部位，實施打擊。

22. 牽

【字意】拉或挽，引導向前。

【拳意】牽是借力使力，反客為主，運用四兩破千斤的方法，爭取主動的招法。是以我之力，順其來勢，牽動對方，使其失去重心，從而形成我順人背的局面。

【續解】用牽首要的是自身反應速度，對方力加於我身，方能用牽，否則無效。因此自身要十分敏感，所謂人挨我肌膚，我入其肌理。只有這樣我方能用牽。

23. 帶

【字意】連帶、附帶；稍；順便做；連著一起做的意思。

【拳意】技擊中要主動捕捉戰機，察其動靜，伺其空虛，見利不失，遇時不疑。前有擊，後有護。手出步要跟，力出身要隨。招式連帶，前招帶後招，連擊不斷。

【續解】帶在具體應用中，也有順手牽羊的意思。「微隙在所必乘，微利在所必得。」出手不漏，回手不空。不丟掉對方出現的任何破綻，乘隙進擊，以求一擊即中。回手要有捎帶，或抓、或刨、或摟，總之手不空回。如引手式，出手是以手背擊打為主的摔擊，在擊打到位後，無論是否奏效，都要迅速翻腕，手心朝前手指內摳，向下摟刨回帶。

24. 領

【字意】領子，引深為事物的綱要。

【拳意】領其來力，導其所歸。對方進攻時，挨著我身以後，我將其來力繼續向裡領，使對方來力失去根基，而其力為我所利用。

【續解】領是要造成我順人背的局面。敗中取勝，引進落空等，強調的都是領字。如鬧圈法式，右手接對方手動作即是領。對方來手我亦出手，觸到對方的時候，借腰的右擰力，向自己身右下側領其來力，左臂圈至自己身前上方，對方進我向下劈砸，退我亦向下劈砸，借左手下劈砸的同時，長身挺腰，右拳向對方面部擊打。

25. 捧

【字意】兩手承托。引申為雙手向上同時用力。

【拳意】五行通臂拳中，捧是用雙手將對方來力接住。這種接，是在對方力尚未到達終點時的接，是主動的接。透過捧，使對方來力不能充分發揮出來，而在半路受到阻滯，扼制其殺傷力；另一方面，亦有隱藏我方真實意圖的意思。

【續解】以雙手捧住對方來力，使其力停留在半路。由於猛然停住，對方再收手變化，要有一個重新蓄力、調整身形的過程，這在時間上不允許。我則借對方調整的瞬間，實施進攻，從而獲勝。如白猿獻果，我雙手向上捧住對方來手，向上挺腰，右腿提膝摘胯，向對方小腿或襠部踢或蹬出，使其受傷。

26. 接

【字意】連續，應援之意。如接二連三。

【拳意】指招式要連貫順暢。練習過程中，一招一式要銜接緊湊，既要有抑揚頓挫、進退起伏的變化，體現出整趟拳路的韻律和勁路的內涵；又要表現出自然流暢，圓轉裕如的特色。實際運用中，要攻防結合，透過招招式式的靈活變化和緊密銜接，使對方攻無所得，防無所守，防不勝防，始終處於被動挨打的地位。

【續解】接亦有合的意思。拳論中有心與意合、意與氣合、氣與力合；上下相合、內外相合的要求，強調的是一種完整性，即要形成圓的運動。因為圓在所有的物體當中，外撐力和內固力是最強的；在運動中的變化，亦是最靈活的。接就是要求意念與動作之間，動作與動作之間，無斷續處，無凹凸處，從而形成我進攻令彼不知所往，彼攻我無懈可擊的局面，這也就是五行通臂拳譜中的：「先師留下一拳方，無影無形無柔剛，渾然一氣太極象，令敵無處測陰陽。」

27. 劫

【字意】強奪、掠奪，威逼、脅迫之意。

【拳意】以強制性的手段，脅迫對方順從我意。明目張膽地奪取彼方固守的城池，我欲取你不得不予，我欲得你不得不給。膽量和手段同時並舉，意念與動作共同奏效。

【續解】劫強調的是預謀與主動。在安排好自己的位置後，突然發起進攻，以達到我的目的。日常練習時，要積極培養、鍛鍊自己的這種意識；實際應用中，要有膽略和計謀。如搖身膀欹式，在對方與我尚有一定距離時，我已經開始發起進攻。

28. 摩

【字意】摩擦、接觸。如摩拳擦掌。此處為撫弄搓揉。

【拳意】與對方接觸，用單手或雙手在接觸部位實施圓轉變化，破壞對方局部平衡，導致全體失衡，從而出現漏洞，為我所用。

【續解】摩，是在手接觸到的範圍內，以我全身的運動力，作用於手上並加之與對方（主要是平面圓轉運動），使對方判斷失誤，為我造成可乘之機。如果說拳術的實際應用是戰略佈局的話，摩就是戰術動作，事實上是一種迂迴的方法。透過這一動作，引出我的實際用招。如果沒有這一中間環節，我的實際用招就無法進行。比較典型的應用如大捋用法，在捋前的左引、右帶、下按、上托等一系列動作，是摩的發揮過程，捋是要達到的真實目的。

29. 撥

【字意】使東西移動或分開為撥。

【拳意】是指用手或臂的力量，將對方來拳或腳分開出去，使其失去作用。

【續解】撥的應用，主要在於時機和尺度的把握上，早則無效，遲則被動。它是積極的防禦，又是進攻的開始，一經撥開，我方就要跟進，深入對方陣地，進行有效的打擊。

30. 煽

【字意】用手掌或手背批擊。《通俗篇・雜字》中有：「今謂以手批面曰搧。」

【拳意】用手掌或手背向對方擊打即是搧，主要作用於對方的面部。

【續解】五行通臂拳中用搧命名的動作比較多，如直搧、斜搧等等，但其最終落點，大都集中在對方面部。搧是五指微屈，掌心微凹，用掌或手背實施擊打。搧的動作幅度大，力量強，因而危險性也大，在應用中，要適可而用。如追魂掌、迷魂掌等動作，習練當中要認真體會其力量和應用方式；切磋交手時絕對不能使用。

31. 補

【字意】修整破損的器物。

【拳意】武術的目的，一是強體，二是應用；失去應用也就失去了武術的內涵。對峙中，雙方你來我往，動作千變萬化，稍有不慎，即滿盤皆空。瞬間變化，自己要始終保持不丟不失，幾乎是不可能的，一旦出現漏洞，就要有方法補救，這就是補的含義。

【續解】五行通臂拳要求：攻中有防，防中有攻；一處為主，多處為附；手中有手，招中有招；虛實變化，連綿不絕。不動則已，一旦動作起來，即是一連串的進擊，令對方毫無喘息之機。要做到這一點，就要攻防互補，虛實互補，也就是平常所說的，要有補手。

如雙剪手式，雙手剪出的同時，下面有一暗腿，此暗腿即是手的補充。類似招式，五行通臂拳中不勝枚舉，習練者要悉心體會，仔細揣摩。

32. 丟

【字意】拋，拋開。如丟眼色，丟開手。

【拳意】五行通臂拳中「丟」的概念有兩層意思：其一是在與對方交手中，不與對方死磨硬纏，一旦出現此類情況，必須儘快解脫，以防對方利用可乘之機向我進攻；其二是利用自己的招法，將對方迅速拋擊出去，使對方與我產生距離，以利於發現對方破綻實施進擊。

【續解】雙方較量，彼此可能利用沾、黏、連、隨、挨等方式糾纏，此時我必須像拋物品一樣將對方拋出去，而不是進行局部效果不大的擊打。傷其十指，不如斷其一指，要使對方失去繼續反抗的能力。如撩陰帶環式，掌向上撩，直奔對方要害，使其失去反抗力；再用雙臂套纏和衝拍掌，使對方徹底敗北。

33. 擄

【字意】劫掠之意。

【拳意】即用威力挾制住對方。以我招數的威猛多變，迫使其失去反抗力。

【續解】擄是在雙方接觸當中，彼方的實力並無我之強盛，或在局部的某一點上不具備優勢，則我即以自身優勢和實力強制性地將彼方制服。如在整體上我強彼弱，可整體擒獲；如在局部上我優彼劣，則在局部上施法，進而擴大戰果以求全勝。捋是在局部實力不相當的情況下採取的方法。如雙方實力懸殊，則擄是無效的。

34. 抽

【字意】牽動、收縮和抽打之意。

【拳意】五行通臂拳的抽字，有雙重概念：其一，在穩住我方陣腳時，利用不同的招式，動搖對方的重心和平衡點，使其向我方傾倒；其二，用四肢末梢襲擊對方的某個部位。通臂拳要求大開大展，放長擊遠，實際也是用末梢的力量，施力於對方某一點。

【續解】五行通臂拳論中講，要練就鞭梢力——冷、疾、脆、快。通臂拳的抽，就是要求用四肢的梢部打擊對方。如手掌、手背、腳尖、腳面、腳跟；提膝摘胯中，強調暗腿運用都是抽字的具體體現。

35. 點

【字意】向下微動或一觸即起。如點頭，以腳點地。

【拳意】點是用指尖點擊，介於擊與彈之間。擊是一種前衝的貫穿力，一般以拳的正面衝擊為主，力猛勁足；彈是反手擊打，以掌背為主，以腕的抖力向外擊打，一挨即撤回；而點則是尋找對方薄弱點，如華蓋穴、臉頰等處，用力雖不大，但觸之即可使對方猛然受驚，即使未接觸到對方，也能在精神上起震懾作用。

【續解】五行通臂拳強調的點有虛實之分、輕重之別。有驚攝作用的即是虛實，它是指東打西、指上打下的一種試探手法，不求點的實際擊打效果，而注重引出對方破綻，使其在一驚的瞬間，為我進擊留出空間和時間；實點則是挨至對方某一處，以點為引，而直接近身擊打。輕重之別首先強調保護好自身，重不至於傷及自己手指，輕則利於後續進招變化。如拍掌式，在掌拍出至極點位置後的舒腕、舒指，即是明顯的點擊動作，它既是拍掌動作的延續，又是一新動作的產生，其用意在於放長擊遠。掌拍出後，如無點擊動作，則失去通臂拳的特色，也就是說只完成了一半的動作。

36. 勾（鉤）

【字意】探取和牽連之意。如「鉤深致遠」。

【拳意】屈腕使指向裡扣，形似勾子狀稱為勾手。勾手分兩種：直臂上提，五指朝下為正勾手；反臂屈腕，五指朝上，由下向上提為反勾手。勾手均是由下向上提之意。正勾手是以手臂腕骨處實施由下向上擊打的動作為主，目標是對方上部；反勾手則以將對方下肢向上提拉為主。

【續解】一般講正勾手的運用，重點是利用上提和前衝力，實施主動的進攻，以腕骨的上磕力向對方進擊。如吊帶式，雙手下撻後的上提，前手以腕骨處擊打對方下顎骨，使其向後傾倒。

反勾手一般以防禦為主，破壞對方腿部的進攻。當對方用腿進擊我時，我以反勾手勾取對方腿部向上提拉，從而破壞對方的來力，使其失去平衡而傾倒。勾取是挨住對方才有效，否則即失去作用。

37. 穿

【字意】辭海中解釋為刺孔、鑿通、通過、連通的意思。如穿針引線，穿過封鎖線等。

【拳意】摔、拍、穿、劈、鑽，是五行通臂拳中比較典型的幾個勁路和基本用招方法，均為主動進攻。穿是將腕與手指挺直，拇指與小指內扣，虎口朝上，中指、食指和無名指用力繃直，直線前衝，突破一點進入，如同楔子一樣，迅速將對方缺口撕大，以利於我的進一步攻取。

【續解】雙方對陣，防禦和進攻本是相輔相成，但有時主動進攻，又往往是最好的防禦。穿即是主動向對方進攻，打破對方的防禦，直達我欲取之目標。穿強調的是貫通力量，以續力為主，透過腰的擰轉，臂的前探，指的挺力，將力量送達指尖，而發揮作用。如穿掌式，左手掌向下，向自己懷裡摟刨對方來手，右手以腰的擰轉力，用手指直穿對方心窩位置，以求一擊即中；如以右手摟刨，則左手進行穿掌。

38. 捌

【字意】指刺和戳的意思。

【拳意】捌是以掌心朝下，拇指與小指內扣，中指為領，食指與無名指為支撐，用挺力向對方面部或咽喉部進擊，是以續力向裡進攻。

【續解】捌的使用力猛勁足，因擊其一點不顧其餘，一旦接觸對方往往使其受到重創。如挺掌，當對方來手時，我一手向下摟刨，另一手直指向對方面門或咽喉處，一旦捌上，我繼續向裡續力，並以手腕上抬擊打對方下顎骨，使對方向後猛然跌倒。

此用招較兇狠，易使對方受到重創，故練習中可仔細揣摩，掌握其要點，但切不可輕用。

以上四字，均講以手指為主的進擊手段。由於不握拳，可使臂伸長一定的距離，從而發揮效力，達到預期效果，故拳論中有「拳不如掌，掌不如指」之說。但相對而言，也有其弱點，如掌握不好手型，則傷害對方的同時，也傷害到自己。因此，運用上述四字，要把握好手型，以免實際應用時自身受傷。

39. 纏

【字意】圍繞、牽絆的意思。如纏繞，用草繩將樹纏起來。

【拳意】在與對方接觸後，我以腕，或臂、或身體將對方身體的某一部位或整體纏裹住，使其力不能發，身手不能撤。

【續解】纏憑藉的是自身柔韌勁和適當的方法，將對方來力破壞，使其沒有繼續換招變式的機會，從而被我所制。纏腕，是用腕的內扣，使來手或腿改變運行方向而落空；纏臂，是用整個手臂，將對方的臂或腿裹住，成為反關節而受傷；纏身，是利用整個身體，將對方裹住而徹底失去進攻和反抗的能力。如五行通臂拳中的纏腰橫，是將對方整個身體置於我的包圍之中，使其身體失衡，我則以肘或小臂擊打對方下腹。

40. 摟

【字意】拉攏、抱持、撩起的意思。如摟草，摟住人的臂膀等。

【拳意】以單手或雙手，將對方向自己的懷中聚攏，從而使對方失去反抗力和變換招法的能力；也可摟其某一部位向上或向外撩帶，使其身體失去平衡而跌倒。

【續解】如對方以拳向我腹部進擊，我雙手沾住其手或臂，收腹縮腰，向裡摟帶，對方前送，則勢必撲倒；後撤，則我可向外送力將其推出。又如對方向我上部擊打，我身下沉，以手摟對方下肢向上提帶，使其下盤離地而跌倒，大鵬展翅用法即如此。摟是以防禦性的接觸為前提，摟住後的續抬是至關重要的。如只單純地提摟，則使用效果較弱。

41. 刨

【字意】挖掘之意。如刨坑種樹等。

【拳意】以手為承力，腕為承力點，將對方來手或腳由下向上或由左向右（或由右向左）轉移開，使其進擊目標落空而失效，並為我造成可乘之機。

【續解】刨字的運用，是與對方接觸後，使其向我之身體兩側落空的一種拳術方法。如撩陰帶環拳式，在我向其撩陰出手後，對方防禦，並隨之向我胸腹部擊來，我則縮腰收腹，掩肘帶環，將對方來手刨開。

42. 鑽

【字意】穿孔打眼之意。如「鑽穴隙相窺」。

【拳意】拳論中說：「腰似蛇行腿似鑽。」這是對自身而言，即腳在地面踏實，如同在地下生根、鑽洞、插樁一樣，使身體穩固。另一方面是出拳要有旋轉力和衝力，好像子彈出膛一樣，直達目標。

【續解】鑽字的應用，一般是指透過旋臂轉拳進攻，一可避免肌肉直線運行的內牽力，增加出拳速度；二可加強內蓄力，使拳抵達目標時力量更強、威力更大。如中拳式，以單尖拳進擊對方胸腹部位，未出拳時，虎口向右外側；拳達目標後，虎口向上，中指關節呈尖狀，握緊拳發續力。

43. 擂

【字意】撞擊之意。用拳頭或棍棒敲打，如擂鼓。

【拳意】以上示下的敲擊，即是擂。一般講是以拳為主的由上向下的猛擊，也可延及到拳和小臂共同發揮作用，均可作為擂講。

【續解】擂是用由上向下的貫穿力量，作用於對方的某一部位，使其難以承受而敗北。如倒連環拳式，右臂下劈對方下盤部位後，挺身躍起，並向對方頭頂部位擊打。再如纏腰橫，在將對方身體放倒後，向其小腹的劈砸，亦屬擂字的應用。

44. 搓

【字意】搓即以手相摩，如搓紙團。

【拳意】以雙手的雙向逆運動，緊貼住對方身體某一部位而使其受傷；或者利用其方法，解脫對方的抓拿等拳勢方法。

【續解】搓是透過雙方的反向運動而產生效果，通常應用於對方的反關節。如我以一隻手握持住對方來手腕部，另一隻手向其肘部猛然擊按；或以一隻手摟住對方腳踝，另一隻手向其膝部猛擊。

45. 拍

【字意】做拍擊講。如拍蒼蠅等。

【拳意】利用手臂的前衝力和指的內扣力，以手腕的靈活抖動，使手掌從正面向對方面部擊打的動作稱為拍。它主要是針對敵方臉部而發揮作用。

【續解】拍是利用腕的抖彈力量，將掌送達對方面部，而且是一擊即起，不特別強調前衝的貫穿力量。它作用是一驚二迷三受傷。一驚即是攻擊人的薄弱環節，即使未奏效，也使其心理上產生一定的壓力，受到驚嚇。二迷即是在一定程度上發揮作用，使其意亂心悸，失去反抗的信心。三受傷則是實實在在地擊中對方面部，使敵失去意識而受傷暈倒。如拍掌式的應用即是如此。

46. 撻

【字意】用鞭子或棍子打。如鞭撻。另一解是迅速的意思。如撻，形容急速。

【拳意】運用掌根的催力，產生擊打作用。它是在極短的距離內，將自己的爆發力集中於掌根，向已被我控制的對方身體的某一部位，突然加力的方法。

【續解】拳術中用掌擊打的動作，大致可分為兩種：一種為無支點的擊打，如搓、拍、扇等，是在一定距離，動作達於對方身體的某一部位；另一種為有支點的擊打，即在支點挨住對方身體的一個部位，而後於極短暫的時間，運用蓄力繼續前行，至終點時以爆發力向對方出擊。撻即是典型的利用支點進行擊打。如提膝撻掌式，對方來手，我一手將其摟刨或挑擊出去，另一手利用腰的挺力，直臂勾手，以手背向對方正面擊出，在挨及對方身體後勾手變掌，以指挨住對方不使離開，以指為支點，迅速向裡蓄力，用掌根力擊打對方，將其擊發出去。撻的使用勁猛、力促，往往使對方觸不及防，且以力碰力，極易使對方受內傷，故運用中需謹慎，尤其在切磋中，點到而已，切不可貿然應用，以免傷及對方。

47. 擢

【字意】覆手即反手之意。如「擢，反手覆也。搖手曰揮，反手曰擢。」

【拳意】利用手背或反掌向對方實施擊打的動作。運用的是前衝橫向力，在自身正前方向的左或右側45度角的方位上發揮作用。

【續解】擢首先產生的是斜向衝擊力，在此力運行的尾聲，有一橫向擊打動作。整體動作一氣呵成，使對方受到擊打無可抗禦。如反手擊掌式，對方以掌向我面部擊打，我一手將其撥開，另一手向斜前方向穿出，至頂點處，以手背橫向擊打對方面部。

48. 裂

【字意】分離破開之意。將物體兩部分向兩旁分開。

【拳意】我之力在裡，彼之力在外，我力進入彼方範圍內，利用向外擴張的力量，使對方勁路和身形，產生變異而散亂，並直接為我所用。

【續解】裂的應用關鍵在於進入彼方勢力中心，以我力之擴張，將其招式破解開，如楔填物，使其沒有任何變化的空間，如此才可產生效用。如裂門掌，彼方來手，我以一手接住來手，摯住彼方，另一手反掌扣住對方面部，雙肩胛向內合力，雙臂外張，將其橫向擊發出去。

49. 撩

【字意】揭起、提、掀起的意思。如撩起長衫等。

【拳意】拳術運動中，由下向上、由低向高的縱向直線擊打動作稱之為撩。

【續解】有效的撩擊不僅使對方根基不穩，並且能將對方整體掀起，使其失去依託，被我擊敗。如撩陰帶環掌，彼方向我上方用招，我進步欺身、縮腰、提胯，掌向對方襠部上撩，腳跟用力踼蹬對方下肢部位，掌與腿齊發用力，一擊即中，甚至將其身體向上向後拋擊出去。

50. 削

【字意】用刀平著或斜著切去物體表層。如削鉛筆、削蘋果等。

【拳意】削的拳術本意，是指用掌外沿由上而下的斜向運動，將其來勢減除掉，或將其擊傷。在五行通臂拳中，已將此概念擴大，利用小臂橈骨一側，自上而下斜向掃擊對方亦稱為削。

【續解】削擊動作，就其本身而言，並不主於將對方擊傷，而是將對方的來勢除掉，使其出現破綻，以被我所利用。如對方取我中路，我以掌或小臂向左或右削擊，使對方之力泄掉，我則借削之力蓄勁，待對方被削擊而前傾，並欲抽身回撤之時，我反臂向上部擊打。任何事物都不是絕對的，削有時亦可產生極強的威力。如對方取我下盤，我在彼方將到未到之機，用掌外沿向其頸項削擊，其致傷威力亦頗大。

51. 捋

【字意】以手掌握住條狀物，向一端滑動而脫取。如捋樹葉。

【拳意】捋在拳術中的應用，多為雙手並用，由上向下，或斜向向下，或持物向後引帶。其實用價值在於使對方失重而跌倒。

【續解】捋的動作，就實際應用而言，掌中要持之有物，即雙掌握持住對方身體的某一部位，順其來勢方向引領，使其身體發生傾斜而失重跌倒。用捋要以我之力，使對方來力超出可控制的範圍，因此動作首先要順暢；其次是疾速、快捷，不可拖泥帶水，機會把握，稍縱即逝，用捋生效亦在於此。

52. 擎

【字意】舉，向上托住。如眾擎易舉。

【拳意】以自身之力，用雙手承托彼雙肘，向前上方送出，使其向後傾倒；或向我之上方引帶，旋腰，使其發生前撲的用招方式。

【續解】擎字的應用，是在彼方之力已發出，而我逆其勁路，在半路截住其肢體的用力點，或推或送或帶或牽，將其向後或我之兩側傾倒。擎主要針對彼方上肢。如雙托掌式，對方雙掌向我正面擊來，我雙掌承接對方雙肘向上托舉，如對方勁路已發出，我則向後引帶，並向左或右轉腰，將對方向我身側放倒；如對方勁路未達，而欲抽身回撤，我則挺力前送，將其向後放倒。擎亦可單掌應用，關鍵是要將其出力的支點中心把握住，方可奏效。

53. 沉

【字意】隱伏、深沉之意，亦做重講。如這件東西太沉。

【拳意】沉在拳術運用中，可從兩方面理解：一是身形方面，氣要沉入丹田，使小腹部位處於填實和鼓蕩之中，以增加身體的穩定性；另一方面，是透過鍛鍊，使四肢活勁順，將力發出時毫無阻滯，擊打對方使其產生沉重的感覺。

【續解】沉在實際應用中，是將對方來力壓迫下去。如劈斬手，對方進擊我之正面，我小臂下劈，身形略下沉，將來力劈擊出去，甚至將對方擊打倒地。

54. 滾

【字意】旋轉，多指球形物體的運動，亦用來形容疾速的翻騰。如滾珠，滾開的水等。

【拳意】多指小臂的內外擰轉，即在接觸到對方身體某一部位後，以小臂的內擰轉引帶對方，或向外擰轉推擊對方。滾的主要目的是動搖對方重心，使其身體失重，從而給我可乘之隙。

【續解】滾的應用，就是利用小臂內擰外旋來改變對方來力方向，使其身體失重產生搖擺，我可在瞬間換招變式而取勝。如大捋式，以一手握持對方手腕向下引帶，另一手以小臂挨及對方上臂部向內滾，以腰的旋力引動對方，則對方失重而向前撲倒；如對方回抽手臂，我則小臂外滾，將其向外送出。

55. 揉

【字意】擦摩、搓挪。如揉眼睛、揉面等。

【拳意】揉是在與對方持續接觸中，利用皮膚的靈敏感，察之對方進攻意圖，尋求對方破綻，或引誘對方出現破綻。

【續解】揉在運用當中，是加於對方一種飄忽不定的勁路，順其對方來勁進行化解，使對方來勁無著力處，進而達到我順人背，為我所用的目的。如封似閉式即是比較典型的揉化過程。

56. 擠

【字意】做榨講，即用力壓使之排出。如擠牙膏。

【拳意】擠是雙臂撐圓，一臂在前，挨住對方身體某一部位；另一臂以掌護肘，前臂以滾勁向前用暗力，將對方擊打出去。用擠是以貼近對方為前提條件，以上步欺身逼迫對方就範為要義，在得機得勢的情況下，以全身整力向對方擊發。擠用的是續勁兒。

【續解】用擠是以壓迫之勢，或從上向下，或自下而上，或由左向右，或直向，或斜向，用小臂力向對方施加壓力，令對方不勝其力而敗北。它是貼身近戰的應用之一。如纏腰橫式，進步欺身後，左臂上舉，右臂下橫擊打。

57. 劈

【字意】用刀或斧將物破開。如劈山引水。

【拳意】拳術中的應用是迎面或側面，利用小臂自上而下的擊打，將對方來勢分開，或使其勁路分散，或使其力量失效，乃至牽動全身而敗北。

【續解】劈是利用肘的下砸力，帶動小臂自上而下地擊打。其力量由肘處擊發直至拳，要一而貫之，要體現壓、砸、分、帶的力量。在對方出手未至我身時，即將全身力貫於小臂，由上而下劈擊。如劈山式，在與對方照面的同時，一手前上沖，對方向後仰身躲過，其身體必有一自然的前傾，此時我之另一手舉過頭頂後下劈，則對方勢必仰面跌出，或前撲倒地。

58. 崩

【字意】被彈射出的東西突然打中。如放爆竹崩了手。

【拳意】以小臂前部承接對方來力並向上磕擊的方法。利用臂的前探，身體上挺，手虎口由上變為向前，腕部上提，以橈骨部位的上磕動作而擊發的招式。

【續解】崩是在承接對方來勢之後，利用極短促的爆發力，將其破壞掉的方法。它是連崩帶進的手法，在上中下盤均可應用。如崩挑式，即上崩後的挑擊，其連擊目的在於打開一個縫隙，進入對方領地實施打擊。如遊蕩錘式，對方來手，我以崩將其臂彈起，掐拳向其面部擊打。又如中拳式，在中盤將對手下壓之手磕出後，以單尖拳直擊對方胸腹部位。

59. 挑

【字意】用竿子等把東西舉起或支起。如挑燈夜戰，挑起簾子來。

【拳意】利用小臂力量，以大臂帶動小臂，破壞掉對方來力。一般是對方直來之力，與我距離較近，我用挑使其向上運行，而不使力達於我身。挑的目的是為防禦後進擊。

【續解】挑在單用時，是使對方直來之力向我身體兩側落空。如崩挑式，對方直擊我面部，我在身體中線部位鬆握拳，向其小臂處挑擊，使其勁路走向我手臂外側，而不能加於我身；若與另一手或腳配合應用，則威力更大，如膀欹步，對方右拳向我擊來，我左拳承接對方來手下壓，右小臂穿于對方掖下，右腳搓步踢蹬對方下肢，向右擰腰帶力，則將對方整個身體向我身側方拋出，甚而將其手臂折斷。

60. 挺

【字意】撐直凸出。如挺起腰，挺胸抬頭。挺拔，指堅強有力。如筆力挺拔。

【拳意】身形領起時要提拔，有氣勢，不被外力壓倒。在發勁的瞬間，挨住對方身體時要有前衝續力，不使對方產生反作用力。

【續解】五行通臂拳基本動作要求之一，有立輪成圓，放長擊遠。這就要求身軀在立起時要放長，形成一張拉開如滿月的弓，外力不能將其壓扁。技擊實戰中，挨及對方的瞬間，也必須將各關節與肌肉成為一個完整武器，直接擊向對方。如挺掌式，直奔對方面部或咽喉，到極點時，腕部有一略微的上提動作，可將擊打力量更集中。

61. 掛

【字意】鉤取的意思。鉤起物體使之有懸空之意，如掛紅燈。

【拳意】運用適當的方法，鉤住對方身體某一部位，不使其落下的動作。掛必須是實實在在地承擊住對方的肢體，使其不能逃脫，以利我式的應用。

【續解】掛是令對方勁路被迫按我勁路運行的方式，

一旦得手，就要始終使對方處於完全被動的狀態之下。如跨虎蹬山式，對方上步擊打我上部，我則進身下蹲，左勾手向外摟住對方腳踝處，隨即長身提帶，使對方身體失衡；在其調整身形時，我又擰腰坐胯，向左轉體，並用右掌橫向擊拍對方，使其傾倒。

62. 摧

【字意】破壞折斷的意思。如摧折、摧毀等。

【拳意】摧是以強制性的手段和力量，使敵方徹底失去反抗能力。

【續解】摧是在敵我雙方對峙較量中，我由「形人而我無形」的方式，將敵方弱點充分暴露出來，而我巧妙變化，將意圖隱蔽，並抓住時機，以摧枯拉朽之勢將敵擊敗。摧在拳術技擊運用中，是以強凌弱，以大擊小。

63. 抖

【字意】指振動。如抖去身上的雪，抖摟家底等。

【拳意】透過身軀上下抖動，將積蓄的力經過雙臂（或單臂）的波形動作，在最後一波上翻的瞬間，將力突然釋放出去，這種擊拳動作即是抖。

【續解】抖是使自身內力，在波形震盪的過程中增強內聚力，並將這種力由雙臂（或單臂）的波形運動，在腕部將力量清脆地釋放出去。

64. 掉

【字意】擺動，搖的意思。如尾大難掉。

【拳意】掉在拳意中需從兩個方面理解：一是自己。在與對方交鋒時，要擺動有形之身，展開無形之變化，以變化莫測的手段迷惑對方，尋找空隙以利進擊。另一方面，我在挨及對方時，貼其身上，使其擺脫不了，被我糾纏住。

【續解】暴露真實的意圖，是拳術技擊當中的大忌。隱藏真實意圖，尋找對方破綻，就要將身形擺動起來，以此調動對方；同時在挨及對方之後，要使其不能擺脫而為我所制。

65. 撲

【字意】用力覆壓的動作。如猛撲過去，使其傾覆。

【拳意】以雙手向懷中引帶，並以全身的力量將對方壓垮。

【續解】撲的動作是身體向前躍出向目標猛然撲擊。如虎撲式，我雙手握捋對方某一部位，猛然用力向下抻，而腳向對方下肢迎面骨處蹬踹，使其身體失去支點後向前撲跌。

66. 朋

【字意】強勁的弓，也做充滿講。如朋中彪外。

【拳意】指在鬆柔基礎上，使全身充滿了隨處可以擊發的彈簧勁，如同一個實心橡膠球體，任何一處受到擠壓，都可以產生反彈力。

【續解】五行通臂拳術中，朋可解釋為勁力隱含於內、充實於內，氣勢發揚於外，呈現出極鬆極柔的狀態。時時處處不丟朋勁，則不僅使拳術的各個招式充滿活力，且在實際應用中外力不能加於我身。

67. 拒

【字意】抵禦、抵抗、拒絕。如來者不拒、拒諫飾非等。

【拳意】用招式直接進行抵抗，稱之為拒。即用自身的實力，直接將對方拒于我的防禦範圍之外。

【續解】五行通臂拳在普遍意義上是後發制人，講究先化後打，隨化隨打；但也不是絕對的。拒敵於「國門」之外，是拳術應用的原則之一。做到這一點，自身的實力至關重要。該拳術以拒為主的招式頗為不少，如圈磔式、柒星炮、四平炮等。

68. 搬

【字意】通扳，指用力撥動，使之產生移動。

【拳意】運用適當的方式，使對方的招式、重心移位，如同將重物從此處移往彼處一樣。

【續解】搬是在對方的力已經放出，但尚未觸及我身時，我運用適當的方法，將其力移動開，使之不能作用於我。在拳術中，搬首先使其力落空，其次使其移位。如雙托掌，雙掌上托其肘，下身以腳蹬踹對方小腿，力量和技巧緊密配合，可產生預期效果。

69. 攔

【字意】阻擋、遮住之意。如遮攔等。

【拳意】在對方勁力運行的半路，即將其阻擋回去。

【續解】軍事範例上有「半渡而擊之」，攔同此有相似之處。運動的物體，在自由行程中受到阻力是最易改變方向的，比如打水漂，高速旋轉運行的瓷碗片，在觸及水面的瞬間會反彈起來。攔就是在對方的力發出的途中，我將其攔截住，迫使其改變方向，進而被我所利用。如雙疊手式，即是典型的攔的動作。

70. 搡

【字意】用力推擠。如搡了一跤。

【拳意】是拉動、推出連續迅速的轉換運動。在近距離內，以身手的力量將對方擊發出去。

【續解】搡是我握持住對方向內拉動，而對方向相反方向抗爭，我則借其力，瞬間將其推擊出去。如大捋式，在對方受捋而欲向外掙脫時，我以白猿獻果式將其推搡擊出。

71. 擁

【字意】抱、抱持、圍裹之意。

【拳意】運用一定的招式，控制好自身範圍不為他人所侵奪，而對方一旦進入我的圈內，即被我掌握，使其能量不能發揮，招數不得施展。

【續解】擁在拳術應用中，就是要將對方完全控制住，使其處處受制。如如封似閉式，在雙臂上下翻捲的過程中，使對方無所措手足。

72. 撐

【字意】抵住，支持。如，撐篙、撐著下巴。豎起，挺起。如撐眉怒目。裝滿，塞飽。如麻袋裝的太滿，都撐圓了。

【拳意】以自身實力抵禦住外力壓迫，不使自己的身形被壓扁或重心偏移。

【續解】撐是在保持自身平衡的基礎上，將對方來力抵住，而自己的招式不出現偏差和失誤。如我引手出擊，對方上架阻攔，我則以拴馬樁式上撐對方攔架之手，以另一手側掌撞擊其胸部。

73. 支

【字意】本義為披竹之枝，引申為分散。如支離破碎。另一解為調度指使，如支使。

【拳意】拳意中撐和支有密切的關係，在穩定住自身重心的同時，爭取將對方的勁力、招式分開，使其身形散亂，重心搖動，身體失衡，在間不容髮的時機內使其失利。

【續解】支是以撐為基礎的主動進擊招法。其意義是將對方整勁分解，使之成為零散力，不能構成對我的威脅。如跳步撩陰式，對方自上部向我擊來，我縮小身形，前跳步，雙臂外圈，使其來勢向兩側分散，借其力量分散的瞬間，我右撩掌向其下部擊出。

74. 衝

【字意】向上鑽。如衝入雲霄，幹勁衝天。也有快速前闖的意思。如衝鋒陷陣等。

【拳意】以拳或掌由下向正前上方迅速擊打的動作。

【續解】衝是以極快的速度由下向上擊打對方的胸臉部位，隱含著急奔猛打之意。無論對方招式如何，我進身取其中路，一臂向下摟刨，一臂向上擊打，連續進擊，不使間斷，逼迫對方就犯。如衝天炮式，右腳進步插入對方襠部，左拳下砸，右拳上衝，擊打對方下頜；進而上左步，衝左拳，右拳下砸，連環擊打。

75. 圈

【字意】環形的物體。如鐵環等。也有包圍劃界的意思。如圈地，籬笆圈等。

【拳意】雙臂圓環運動，破壞對方進擊，纏繞對方的拳。

【續解】五行通臂拳中圈的動作很多，即使不以圈命名，練時也可明顯看出。圈的意義有二：其一是圓形運動練就的柔勁在體內積蓄，即崩勁，不易被外力壓扁，且能迅速改變對方施力方向，使來力落空；其二是在環形運動中，可積聚力量隨時擊發，比較直來直去的運動要省時省力。如圈引手式，左手外圈回，將拳提至嘴邊，向前反手背擊打對方面門。

76. 攬

【字意】把持，拉到自己身上來。如大權獨攬，包攬等。

【拳意】運用適當的手段握持住對方，並向自己身前引帶，近距離實施擊打的方式。

【續解】攬的前提條件是抓住對方身體的某一部位，逆著對方運動方向，牽動對方重心，使其向我面前跌倒。如爽袖式，我雙掌向左側前上方甩擊，對方連架帶退，向後撤步，上身略前傾的瞬間，我雙手抓住對方肩和腕，向右下側猛然牽拽，使其向我右側傾倒。

77. 轉

【字意】旋轉、改換方向。如轉身、運轉等。

【拳意】在雙方對峙過程中，不斷地改換方向，調整身形，轉弱為強的手段和方式。

【續解】拳術運動是在雙方對峙中，不斷地由被動變主動的藝術技巧。我如同一個轉動的圓，順而不停滯，對方加予我的力，透過我的轉換失去作用；而在轉換過程中，我之力加於對方失重之身，使其備受打擊。

78. 還

【字意】此字在拳術中取旋意，有立刻、迅速、旋轉和輕捷之意，如還踵，謂一轉身，形容時間短暫。

【拳意】指身體旋動和招式相連要如環之運動無始無端，輕靈迅捷。

【續解】還字應用比較典型的招式，如單風貫耳式，我以遮手式為虛進招式（對方攔則為虛，未攔應為實），爾後右手鬆握拳，身體為軸左旋，右臂為環之外沿，以拳面擊打對方左耳。

79. 炸

【字意】突然破裂。如杯炸了。還有因受驚而四處逃散。如炸市、炸窩。

【拳意】是指勁力突然發出，如物體突然破裂使人猝不及防，強調的是五行通臂拳所講的冷脆勁。

【續解】炸不僅體現勁力突然爆發的冷、急、脆、快，更強調準確有力地擊打對方要害部位。如擰鑽式，對方自後背將我環抱，我以雙肘略外撐，留出一定空間後迅速向後轉身，雙拳自腰際向對方小腹部擊打，使對方失去反抗能力而敗北。

80. 掩

【字意】遮蔽、遮蓋。如把門掩上，關門掩了手等。

【拳意】遮蔽身體易被擊打的部位，使對方於我無隙可尋，並透過掩而牽制住對方，乘其不備而進擊。

【續解】掩即是運用巧妙的方式，將易受重創的部位遮蓋好，使之無隙可乘，並在得機得勢時向對方實施猛烈進攻。掩還有轉化的意義，即不要單純的護，而要在護中求擊發，隨護隨打。如掩肘倒連環式，對方擊我胸肋處，我肘內合外掩掛其來拳，掛出後，以拳打擊對方腮部。

81. 推

【字意】用力將物體順著用力點方向移動。如推車，推了他一把等。

【拳意】雙掌挨及對方身體，沿著我勁力相去的方向持續用力，將對手擊發出去的方式。

【續解】推是以身形的延長，形成力量的延伸，將一種持續力作用於對方身上，使對方身體失衡，不能化解和逃脫。如直立推山式，將對方來力解掉以後，雙掌一上一下挨及對方胸肋處，借身形挺起之勢，雙臂向前用力，將對方推擊出去。

82. 靠

【字意】倚著，挨近。如靠牆站，船靠碼頭等。

【拳意】用肩或肩背部位倚住對方，併發力將其擊發出去的方式。靠有兩種：一是扇靠，即利用腰的抖力，肩背由前向側後靠擊；二是以肩向側旁靠擊。

【續解】靠是進入對方勢力範圍內的攻堅戰。從嚴格意義上講，它是在我拳擊出後未達目的，對方且已掌握部分主動權的情況下，我採取的貼身近戰措施。應用時在已接近對方身體，將挨未挨之時，突然放長身軀，向對方正面或側後部位將勁力發出，使對方基礎動搖，身體失去平衡而跌出。同時在靠之後，借反作用力使自身重心得以調正，以利於下一個招式的運用。如旋風掌式和二郎擔山式，在招式尾聲都有一明顯的靠的動作，既調整了身形，又有實戰應用價值。靠是隨機隨式的動作，勢大力猛，但也極易失勢，需反覆練習；掌握勁路要恰到好處，運用時不可露形，露形則無效。

83. 撞

【字意】敲擊，迎頭碰之意。如撞鐘，撞頭。

【拳意】以掌根或以膝部的力量，直接向既定目標擊打的動作。

【續解】五行通臂拳要求，撞要打出續力，用掌撞擊目標後，利用肩背的前摧力，使掌根有一前按動作。需注意的是，掌撞出時，手臂肘部不可完全挺直，要略有彎曲，以免因反作用力的回彈傷及自身。用膝則是直接用膝蓋磕擊對方腰以下的部位。撞在單式或組合式中都有，如撞掌式、金龍合口式、提膝塌掌式，等等。

84. 翹

【字意】舉足輕捷。

【拳意】專指步法而言，強調腿部運動要輕靈迅捷。

【續解】五行通臂拳要求步伐輕靈迅捷，毫無阻滯，準確到位，虛實分明。因腿支持著上身運動，步法呆滯，身形必僵；身僵則力散、拳不活。如閃展步、鶴行步、膀欹步、搓步等，都必須處理好，拳術動作才能做到美觀大方，實際應用才能隨心所欲，發揮最大的威力。

85. 徹

【字意】貫通深透。如貫徹，透徹。

【拳意】徹在五行通臂拳中，需從兩方面理解：其一，我的力發出去要有一種通透力量，由表及裡，由近及遠，使對方不勝其力；其二，解掉對方的來力，如剝掉身上衣服一樣使來力落空。

【續解】五行通臂拳的練習，要在鬆柔沉活的前提下練出順達的勁路，無論是掌、拳、腿，勁力發出要有穿透力。例如一支點燃的蠟燭，我距一步開外發力，在未觸及蠟燭時可將其擊滅，此力就是穿透力。徹就是要求打出這種力來。如擄砸炮式，對方握持我一手臂，我另一手臂屈肘，以小臂下砸其手而解脫，並在閃步中拳擊發。

86. 拗

【字意】用手折斷。如拗花。也通扭擰的意思。如把樹枝扭斷。

【拳意】拗是我以腰為軸左右擰轉，使對方根基發生動搖而失勢的方法。

【續解】拗在實際應用中，以己身為一縱向軸，臂與腿各向相反方向旋動，當對方身體或某一部位落於我旋動範圍內時，在兩圓相反力矩的作用下，使其傾倒。如斜扇式，我進身向斜下方劈出後，腿已埋入對方身體側後方，在向斜上方掀臂時，對方整個身體可因我臂與腿的雙向作用，徹底失衡而向側後方傾倒。

87. 進

【字意】前進、向前。如急進、猛進、進步等。

【拳意】以積極主動的態勢，進入對方勢力範圍，運用中心突破的方式，攻擊對方的薄弱環節。

【續解】進，要求具備敢打必勝的信念。無論練習和實戰，要敢於進攻，善於進攻，抓住時機勇往直前，招招相接，式式相連，不給對方喘息的時間和餘地。此處的進是五行通臂拳更高層次的修煉。

88. 退

【字意】與進相反，後退反歸之意。如退出、撤退、退步等。

【拳意】五行通臂拳中所謂的退，泛指撤步、倒步後引、掖步等，講的是身形變化的過程，或從外到內的蓄力過程。

【續解】拳術中的退，是外形上的退，也是進擊的一種手段。退在五行通臂拳各式中比較常見，如雙擄帶式的撤步、雙撣手式的退步、猿猴入洞倒連環式、五行通臂刀的猴閃式等。

89. 伸

【字意】展開、伸直。如引而伸之，伸手等。

【拳意】在規範要求下，將身形舒展開，以達到放長擊遠的效果。

【續解】伸是將身軀放長、舒展開，以達到大開大展、放長擊遠的目的。如上步穿掌式，以掌領身，掌在先身在後，掌出身隨。

90. 縮

【字意】收斂緊縮。如縮小範圍，縮成一團。

【拳意】此字在五行通臂拳十種奇勁中已做了解釋，此處不贅述。

91. 往

【字意】去、到。如往返，往東走等。

【拳意】往是要求拳術動作要到位，手眼身法步，精神氣力功，都要充分表現出來，而且要恰到好處。在技擊中也要到位，抬腿不讓步，伸手不留情，不優柔寡斷。

【續解】實際應用中，無論招式千變萬化，也要把握明確的擊發方向和力點，務使招招見效，處處不空。

92. 來

【字意】由彼至此，由遠及近。如古往今來，進來等。

【拳意】來是指迅速縮短彼此距離，與吸字有相類似之處，在十種奇勁中已有介紹，此處不再贅述。

93. 起

【字意】由躺至坐或由坐而立等。如起床，起立。由下向上升，由小往大長。如起落，起勁。

【拳意】拳式由緊縮到放開，由低式向高式的發展，在五行通臂拳中統稱為起。

【續解】起表示動作由低向高，由小而大，極速膨脹變化。如鷂子鑽雲式，縱身起跳，右手引手式與右腳彈踢，在身體騰空的瞬間必須同時完成。又如雙撞掌變雙提手式，在雙掌撞出後，雙腕隨身形向上躍起，迅速直臂上提至頭頂上方。這些都是起的典型招式，都要起得有氣勢，身形舒展要達極致。

94. 落

【字意】掉下來往下降。如水落石出，落雪，降落。

【拳意】與起相反，是指動作幅度由高向低、由大向小的急速變化，在這大的落差中實施技擊。

【續解】落與起的要求是一致的，不同的是，起要瀟灑飄逸，落要沉穩紮實。如鷹翻式，由鷂子鑽雲式猛然屈膝下蹲；大鵬展翅式，由騰空側踹轉而掖步盤膝，變化落差極大，如果身體沒有很好的平衡機能，則不可能完成這些高難動作，更何談實際應用。

95. 收

【字意】接到、接受。如收信、收條、收穫。聚合攏。如瘡口收了。

【拳意】運用適當的方式，將對方勁路閉住，使其自別其勁。

【續解】收如同以鎰稱銖，要以絕對的優勢把握住對方，使其處處被動。如對方以雙掌向我胸部攻擊，我以輕風蹬式迎其來臂，由中間向兩側分開，並扶其肘部向上托擊，使對方先將勁路散開，而後被我收攏向後傾倒。又如，如封似閉式，對方以一手攻擊我小腹部，我左手下摟來手，另一掌取上勢，向對方頭部橫掃並向內摟，使其在我下壓、上打、回摟的連續擊打下，向我腳前跌倒。

96. 放

【字意】拋棄、驅逐。如放棄、放逐。擴展。如放大、放寬。

【拳意】透過自身勁力的發放，將對方擊發出去。

【續解】放字在練習中，外形舒展大方，自然流暢；實際應用中，是通過自身發力，將對方像拋沙袋似的懸空拋出去，而不是將對方擊倒。如金龍和口式，對方右拳向我攻擊，我左掌下刨來手，右掌拍擊對方面門，而後轉腕變捽掌下捽，並借腰向上的挺力向上撩陰，我用力雖不多，但對方絕難承受這種打擊，自身就會向上向後躍出。

97. 鴻

【字意】舊指宇宙形成以前的混沌狀態；一說指氣。《楚辭・九歎・遠遊》「貫鴻蒙以東竭兮，維六龍於扶桑。」王逸注：鴻蒙，氣也；竭，去也。

【拳意】指功夫練到一定程度，體內氣血運行毫無阻滯，勁力運用非常順達，不拘形式和方法，挨之何處，何處擊發，使敵無所措手足。對方視我混元一氣，無隙可乘；我視對方清晰明瞭，易於取勝。

【續解】鴻是要求自身功夫要練得混元一氣，有招似無招，以有形之身，動以無形之態。鴻要求自身招數十分純熟，變化多樣而迅速，抓住時機後的落點要極為有力。如烘臉照鏡式，對方向我正面進攻，我雙掌心向裡護於臉前，對方手挨及我之時，我迅速翻掌向下捋帶來手，給對方造成一下撤防禦的感覺，而我無論向前進攻，還是收步回身，雙掌側展後迅速直臂合掌，向對方雙耳處拍擊。

98. 翻

【字意】反轉倒下。如翻土，推翻。越過。如翻山越嶺。

【拳意】肢體折疊，將對方身體裹住，而後由身體的翻轉力量，將對方傾翻跌倒。

【續解】翻是貼身近戰的一種戰術。翻的前提條件是貼身裹住對方，自己主動折疊身肢，保持重心平衡後，突然翻轉發力。如大鵬展翅式，對方上步欺身進擊我上部，我向左側方仰身，雙臂先上封其來手；右腿向前伸，隨即身形下沉，左腿向身後掖步下蹲；右掌變勾手摟住對方前腳腳踝，而後猛然挺身站起，並向左轉體；隨身形長起，左掌向對方面部拍擊，使對方一腳懸空，身體向側後翻轉，並在掌的擊打下，完全失控而傾倒。

99. 展

【字意】伸張，舒張開。如展臂、展眉、輾轉同輾轉，旋動反覆不定，形容非直接地，多次轉移的意思。

【拳意】展在五行通臂拳術中，有兩種意思，其一在招式的練習過程中，在要將身體施展開，收要收得住，縮要縮的巧，放要放得開，給人一種瀟灑潑辣、痛快淋漓的感覺。其二在應用時要不時地進行變化，給對方一種撲朔迷離的感覺，使其不得要領，無法把握主動，我則不期一招一式的成功，而是在輾轉反側中，把握取勝的時機。

【續解】展是要將身形全部張開，舒暢的運行路線，使身體增強了朋力和彈性力。從實戰應用看，五行通臂拳要求一動俱動，在輾轉運動中，不斷地蓄力發力，給對方極大的壓力。如穿掌式，右掌一旦穿出，左掌隨即跟進；左掌到位回摟，右掌再穿出；同時，提膝上步，撞擊對方襠部。連續不斷地出擊，所以有穿掌如水之說。

100. 彈

【字意】別住一指後突然用力伸開。如用手指彈物。物體受力變形，外力一去即恢復原狀。如彈性。

【拳意】利用來力作用於自己身上後所形成的反作用力，將對方擊出；或利用腿或臀部力量，在短距離內攻擊對方的勁力運用。

【續解】彈所發揮的作用是寸勁。利用反作用力時，前提條件是要解掉對方的力，使其肢體無法蓄力，在瞬間沿著對方來力的反方向，依靠對方肢體的傳導作用達於對方身體，將對方擊出。用腿和臀部擊打對方的彈勁，主要是橫向力。五行通臂拳中的四暗腿，都含有彈的意義。

101. 送

【字意】把東西從甲地運到乙地。如送信。也有追遂和了畢之意。如送命等。

【拳意】雙手前伸，將對方持續地從前向後，或從左向右地移動，並使其傾倒的技術動作。

【續解】送相對於其他字訣，是持續、較慢的勁。它是在雙手握持對方，對方不放棄而產生盲動時，被我利用的方式。如雙托掌式，雙手握持住對方肘部，可以向上擎起後再向前送，使對方仰面倒下；也可以向上擎起，利用自己的後仰向右（或向左）旋腰，將對方向我身體兩側後方送出。

102. 闖

【字意】猛衝，突然直入。如往裡闖。

【拳意】在中遠距離與對方周旋的過程中，以迅雷不及掩耳之勢突然發動攻擊。

【續解】闖字強調中遠距離，比如距對手 4 ～ 5 公尺，這就要利用闖的方法。這種招式在通臂拳中比較普遍，如搖身膀敲式，拔頂抗項，精神領起，隨即右腳上步向前起跳，左腳前躥一大步，雙臂掄起前撲，左腳落地，右腳搓步，蹬踢對方小腿，雙掌封其面門；對方如後撤，我落地右腳再次起跳，左腳再前躥，落地震腳，右腳再搓步，左臂配合右搓步下攔，右臂先下劈、後上崩。如此連續兩次搓步擊打，往往可躥出 6 ～ 7 公尺。此類招式，僅用柔進方式顯然不夠，必須前闖，以勢不可擋的氣概猛然出擊，方可奏效。

103. 晃

【字意】搖擺。如搖晃，旌旗晃動。

【拳意】以我的主動晃動，迫使對方身體被動搖擺而失去平衡，從而被我擊敗。

【續解】五行通臂拳強調冷彈柔進，柔進就是利用自己身形、手法的虛實變化，令對手摸不清我的意圖，運動發生錯亂進而被我擊倒。如大鵬展翅式，對方以右拳向我進攻，我右手握其腕，左手挽其肘，向我右側身後引帶，使其身體前傾跌倒。如對手抽身回撤，我則借勢向前送勁，使其向後跌出。

104. 激

【字意】急疾，猛烈，強烈。如激戰，激變。

【拳意】接觸對手時所發放的力量要急速，猛烈，乾脆俐落，一擊即中，中而奏效。

【續解】五行通臂拳發勁，強調要挨衣發力，勁力發出要做到冷、彈、脆、硬、快，出手準確，有的放矢，擊中即撲。

105. 曉

【字意】知道，明白。如家喻戶曉。曉暢。指精通熟悉。

【續解】未曾做事，先要明理，理明則事順。五行通臂拳與其他拳種一樣，除勤學苦練之處，別無捷徑而言。但苦練是在理解、掌握正確動作和訓練方法基礎上的修煉，也就是說要知其事，明其理，用科學的方法，嚴謹的態度，持之以恆地進行練習，這樣就可以達到「事半功倍」的效果。

106. 悟

【字意】瞭解，領會，覺悟，理解。如悟出一個道理，恍然大悟等。

【續解】悟是針對自身思維而言，在知曉拳理、拳意，苦心練習的同時，還要勤於思考，舉一反三，細心領會，反覆揣摩，進行更深入的探討和研修，按照個人的生理條件，練出自己的風格和特點，進而達到出神入化，爐火純青的程度。

107. 思

【字意】想，考慮，動腦筋。如遇事要三思等。

【續解】思就是要在不失五行通臂拳風格特長的基礎上，以謙虛誠懇的態度，向其他拳種學習。這種學習不是簡單的接納，而是要把握特點，取其精華，融會貫通，善於觀察，勤於思考，不斷地充實、提高自己的技藝。

108. 慎

【字意】小心，當心。如謹慎，辦事要慎重。

【續解】慎是要以嚴謹科學的態度，一絲不苟地學習鍛鍊，由生而熟，由熟而巧，由巧而至應用，並不斷提高自身的文化素養和道德修養，以自己所學為社會服務，為大眾服務。

第五章

五行通臂拳單式對練操法

五行通臂拳單式對練操法，是雙人徒手實戰性的對抗演練方法。雙方透過相互進攻和防禦，運用基本戰術的技術技巧，提高自身的適應能力、反應能力和機敏性。

五行通臂拳單式對練操法有很多種，其中有的部分技術難度較大，且過於威猛，極易造成傷害，故對這部分內容暫不介紹。

下面介紹的單式對練，簡而易學，易於操練。習練者可按照通臂拳基本要求，認真操練，舉一反三，不斷提高自身技術素質。

一、雙臂劈砸對練

甲乙雙方相距一直臂距離，相對站立，而後左腳向身前邁出一步（比自然步距離略小），按後七前三的力量，將自身重量承載於前後腿上，右腿屈膝站實，左腿全腳著地，略成虛步，雙方左腳在一橫向直線上，相距一肩寬。頭正身直，精神領起，氣沉丹田，四目相對，雙臂自然下垂。

1. 甲右手以引手握拳式，向乙方小腹部位撩擊。

2. 乙見甲右拳撩擊自身丹田部，略縮腰用右臂向下劈甲方小臂橈骨部位（註：右臂截劈是用自己小臂的尺骨部位截擊，手臂提起不過胸，向下劈砸要沉而有力，要使對方有力透於骨的感覺）。

3. 甲方右小臂被乙方劈下，借其右小臂下垂之勢，左手以引手握拳勢，向乙方丹田處撩擊。乙方左小臂由小腹部提起，繞過右小臂向下方劈砸甲方左小臂；同時，右小臂提至上腹前。

4. 甲方左小臂被劈下後，右拳再次向乙方小腹部撩擊。此時乙方右小臂向下攔截（註：不再用力向下劈砸，僅截住即可），甲方右臂被攔，與乙方右小臂沾黏不動，乙方左臂提起至頭部，用全身力量，劈砸甲方右臂。

5. 乙方左小臂劈下後，右拳迅即向甲方丹田處撩擊。甲方則以右小臂劈砸乙方右小臂。而後重複甲方 2 ～ 3 的整套動作，並循環往復。

以上動作為右式（因均以右拳出擊，而被劈砸的最後一擊，亦為右臂），在右臂練習數次後再改為左式繼續練習。左式是雙方先出左拳，動作順序與右勢同。

【要　點】

(1) 雙臂動作在腹前如同繞環，右小臂下劈，左小臂即在右小臂內側提起；左小臂下劈，右小臂則隨即提起。

(2) 左右撩擊要直取對方小腹部位，勁足力猛，要有向前向上的撩擊力量。

(3) 向下劈砸的力要疾而促，有力達骨髓的透力。

(4) 甲方第三下撩擊在與乙方右臂相逢時略停，任由乙方左臂向下劈砸，不可躲避。

(5) 動作熟練之後下劈砸要有內滾之力，同時要使小臂的動作有削、劈、砍、砸、攔的變化，以體會各種不同勁路的變化和運用。

【要　求】

(1) 甲乙雙方練習要由淺入深，由輕而重，隨著功力的提高再逐步加力。切不可初練時就用大力，以免身體受傷。

(2) 撩擊對方小腹處時要沉穩有力。但切不可向襠部撩擊。

(3) 身形要隨拳的力度隨時調整，以保持重心穩定，鍛鍊靈活性。

(4) 步型站穩後，雙腳要五趾抓地，穩住腳跟，取下盤穩固之意。

(5) 雙方對練後，最好相互用雙掌抱持對方小臂進行揉搓，舒緩肌肉的緊張度，緩解疼痛感。

二、崩挑對練

甲乙距一直臂距離相向站立，與劈砸對練同。

1. 甲以左直拳向乙右胸部直擊。

2. 乙在甲直拳將挨未挨之際，右臂直臂抬起向下劈砸甲之左臂。

3. 甲左臂被砸下行，乙右臂未抽回之前，甲用右臂劈砸乙之右臂。

4. 乙隨即用左臂向下劈甲之右臂。

5. 在右臂被砸下的瞬間，甲左臂以直拳再次向乙右胸部直擊。

6. 乙在甲左直拳將挨未挨之際，右臂向上直臂挑起，用拳背向甲左臂肘窩處橫向擊打；同時，右拳拳面向甲方左腕內側橫向擊打（註：乙在擊打甲左臂肘窩及左腕時，要同時向外側橫向擊打，腰略向右側轉，利用其向外的旋轉慣性，將甲之左臂向外側擊出）。

7. 乙將甲右臂崩挑擊出的同時，以左直拳擊打甲右胸部位。

8. 甲按上述 2 ～ 7 的動作崩挑擊打乙之左臂。此為左式，反覆練習，數次循環後，甲乙雙方變換步法進行右式練習。

【要　點】

(1) 直擊拳要猛而有力，劈砸時要有身體下沉之意。

(2) 甲乙雙方的劈砸要疾而力整。

(3) 向外側的崩挑，要擊打出彈脆勁；所有動作乾淨俐落，不拖泥帶水。

(4) 精神要集中，全神貫注於對方來拳的動作。

(5) 身型要正，神態沉靜安舒，呼吸自然順暢，氣沉丹田。

(6) 向外側的崩挑要疾速。

【要　求】

(1) 直拳擊出時先鬆握，待挨及對方的瞬間握緊，以體會沾衣發勁兒的感覺。

(2) 初練不宜發力過猛過大，以防傷及對方（有心肺病者嚴禁操練）。

(3) 隨著技術的熟練，雙方可逐步加強擊打崩挑的力度，重點練習崩挑的脆勁兒。

(4) 對練中形體要端正，立身中正，勁路完整。

三、幫掌對練

甲乙雙方距一直臂距離相向而立，四目相對，氣沉丹田，神態安舒，雙腳與肩同寬。

1. 甲右腳向前一步，右腳腳尖置於乙方左腳跟後，成右弓步，隨進右步，右掌向乙胸部撞擊。

乙方在甲方進步的同時，右腳向後撤一步，形成左弓步。

2. 乙方在撤右步的同時，左掌握持抓住甲方前推之臂的肘部，利用右腳撤步，及腰向右側略旋所形成的力偶，將甲之右臂向乙的右側拖引，並隨甲力之失中，向甲方胸前推甲之右臂。

3. 甲被乙方拖帶推而不得勢，擰腰坐胯，右腳向回撤步；同時，用左臂劈砸乙前推之右手，解脫制約。乙在左臂被批砸下的同時，速上右步，右腳尖置於甲方左腳跟後，並用右掌撞向甲之胸部。

4. 甲見乙向自己胸部撞擊，含胸拔背，縮腹擰腰，向後撤右腳成左弓步；同時，用左手橫向幫擊乙之右肘，進而握持住乙之右肘，向自己右側拖帶引進，繼而向前將乙之右臂推出。

5. 乙被甲所制則撤右步，擰腰坐胯，用左臂劈砸甲之左臂。甲進右步，推右掌，重複 1 ～ 4 的動作。

上述動作完成一個循環是右式左幫掌，練習數個循環後，改為左式右幫掌繼續練習。

【要　點】

(1) 上步與推掌要同時進行，勁力要完整。

(2) 主動上步一方，在腳置於對方後腳跟部時，小腿部要有緊貼住對方小腿之意，並有前頂的力量。弓步形成要穩固住下盤。

(3) 防禦一方的幫掌與握持肘部，要準確有力，拖帶前推要一氣呵成（對練中常常一掌將進擊方拖帶出去，失去反抗的機會）。

(4) 由防禦變為進攻，要隨曲就伸地連貫進行，中間不要有任何間隙停頓。

(5) 進攻一方被對方掣肘的瞬間，身形變化要疾速圓潤，退步劈砸要同時完成，而後利用劈砸形成的下沉圓轉力，向內側幫掌。

【要　求】

(1) 順步撞掌要沉肩墜肘，肘部微彎，保持綳勁，不可將肘向外橫支出去。

(2) 退步轉胯，縮腰劈砸要圓潤，沉穩有力；被推的臂要儘量向內掩肘，護持住身體的中心線。

(3) 幫掌力點要準確落在對方的肘部，挨及對方肘部後，盡可能地抓住對方肘部，而後向外推擊。

(4) 前推對方肘部之小臂，被對方劈砸後，另一掌要疾速進擊。雖是兩個動作，但要形成一個進攻的整體。

(5) 被推一方將對方握持肘部推出的手臂劈砸下去後，要借助慣性力，腰部一轉，手立即形成幫掌，握持對方進擊的撞掌，其間不可稍有停頓和等待。

四、引手對練

樁步站法同前，但雙方距離可大一些，以直臂達及對方面部為準。

1. 雙方以引手握拳式（拇指指尖頂於彎曲的食指中節，其餘三指鬆握成拳狀）。甲方右引手式以拳面向乙方面部摔出，左手成掌狀，掌指向前，護於小腹部位。

2. 乙方在甲引手擊出後，亦以右引手式，向甲之引手外側迎擊，目標也是對方鼻準位置，雙方引手在行程中間相遇，以小臂外側相挨。

3. 雙方小臂挨撞的瞬間，同時向內滾轉，引手拳式變掌，掌心向下，五指微內扣，向下摟刨對方手臂。

4. 對方手臂被摟刨下的同時，雙方均以左手由掌變引手握拳式，由小腹部向上提至口部，並向對方面部摔擊。

5. 雙方左引手相遇，以小臂相撞擊後，變掌向下摟刨；而後右引手上行，重複 1 ～ 4 的動作。如此循環往復。右樁步站習數次後，改為左樁步繼續練習。

【要　點】

(1) 引手向前摔擊出拳，身型要向上長起，借全身的彈性力，將引手拳擊出。

(2) 雙方引手行程中間撞擊，是雙方手臂在直線行程相遇，不可形成雙方橫向的碰擊。

(3) 雙方手臂相遇後，向內滾翻下刨，要隨著身形的略下沉而摟刨，不可僅用臂力，手臂與身形要成一個整力。

(4) 雙方引手進擊，要形成一個縱向的循環圓，不是直擊或橫擊的動作。

【要　求】

(1) 雙方引手進擊的部位目標，應為對方鼻梁與眼部中間位置。無論動作是否達及此部位，意念上必須向該部位進擊。

(2) 雙方引手進擊，雙臂相遇，滾臂翻掌向下摟刨，另一手向上提起，整套動作要圓潤自然，沉穩有力。

(3) 身型的起伏變化，要伴隨引手動作進擊時長腰長身；摟刨時，含胸縮腰沉胯，形成整體運行力。

(4) 動作純熟之後，樁步換位時，雙臂動作不停，並由此可發展為一方進步、另一方退步的活步練習。

第六章

五行通臂拳套路——拆拳

拆拳是五行通臂拳徒手演練中，最原始的基礎拳術套路，是每個習練者透過「原地法跟」和「行步單式」基本功練習之後，進入一個新層次所接觸的一個綜合拳術練習。整個套路練習強調基礎功力的展現，有樸素、淳厚、穩健、紮實的風格，注重實用的技擊。

五行通臂拳由單式操練到拆拳練習，是聚沙成塔、集腋成裘過程中第一個層次的躍進。它既是對基本功的檢閱，也是自身功夫持續發展和提高的過程。基礎功夫越紮實，則套路練習品質就越高。

五行通臂拳行步單式中，除極個別單式為一側練習外（如鷹翻式），其餘絕大部分都是左右雙側的循環練習。左式右式組合才形成一個完整的單式。拆拳套路編排中，為使其連貫緊湊、完整優美，擇取了單式中的左式或右式進行組合，故該套路取名「拆拳」。

拆拳套路共有六段四十八式，是按五行通臂拳要求，精心編排的經典拳式。

一、套路名稱

第一段

1. 出勢　　2. 輕風蹬式
3. 雙撣手　　4. 雙捋帶
5. 雙撞掌　　6. 雙吊帶
7. 雙摔掌　　8. 閃步撩陰
9. 閃展裂門掌　　10. 撩陰腿
11. 跨虎登山　　12. 穿掌右擒斫
13. 金雞抖翎　　14. 雙托掌

第二段

15. 飛虎攔路　　16. 左擒斫
17. 白蛇吐信　　18. 直扇
19. 撩陰掌　　20. 三環迎面掌
21. 金龍合口　　22. 大捋
23. 白猿獻果　　24. 靈貓捕鼠
25. 推窗望月

第三段

26. 孤雁出群　　27. 閃展三挺掌
28. 爽袖　　29. 飛球腿
30. 直立推山

第四段

31. 飛虎攔路　　32. 提膝圈引手
33. 四平炮

第五段

34. 孤雁出群　　35. 迎面掌
36. 右裂門掌　　37. 抹眉橫
38. 霸王脫靴　　39. 當場遞手

第六段

40. 拴馬（樁）式　　41. 轉身引手
42. 上步穿掌　　43. 單風貫耳
44. 鬧拳法　　45. 纏腰橫
46. 圈引手　　47. 如封似閉
48. 收勢

二、套路動作圖解

第一段

1. 出　勢

(1) 身體自然站直，雙臂下垂，雙腳併攏，目視前方。

(2) 頭向左擺 45 度角，目隨頭擺，正視遠方；雙手手掌朝上，在兩側平舉；同時，右腳向 45 度角方向跨出一步。

(3) 左腳隨右腳跨出後，在右腳內側滑過，即向左前

圖6－1

側方45度角方向跨一步，腳尖朝前，右腳跟進，雙腳並步。雙腿微屈，雙手隨左腳跨步，由兩側向上舉過頭頂，十指相對下按至小腹部位。雙腿隨雙掌下按挺直（圖6－1）。

【要　求】

(1) 出勢時身體正直，含胸拔背，下顎內收，拔頂抗項，全身放鬆，精神內斂，氣沉丹田。

(2) 將精神領起，目光專注遠方。右左跨步，腳落地要輕而穩。

(3) 右腳併步，雙手下按至小腹，雙肘要有外撐的意識；全身放鬆，不可使拙力和僵勁。

2. 輕風蹬式

(1) 以左腳跟為軸心，腳尖外撇，身體左轉90度；右腳向前邁一大步，屈膝，重心前移，成右弓步；左腿微屈挺直，上身略前傾，含胸探臂。雙手掌心朝上，掌指向前，由腰部向胸部正前方向交叉穿出。此時雙臂微屈伸直，右掌在下，左掌在上，雙小臂交叉貼緊，兩拇指相距約10公分。

(2) 重心後移，左腿屈膝坐實。雙掌同時外翻，使掌心朝下，隨重心後移，由前向上向後直臂掄轉一周；重心前移恢復原姿勢，掌心向上直臂向前伸出。目視前方（圖

6－2）。

圖6－2

【要　求】

(1) 上步前穿，掌要有向前的貫穿力；身形要坐穩，鬆腰壓胯，左腿微屈，向前頂力，右膝略彎，右腳全腳掌著地。

(2) 重心後移，要和雙臂掄轉一氣呵成，氣沉丹田；面部表情要自然放鬆，下頜微內收，將精神領起。

(3) 前穿掌與提右腿上步同時到位。

3. 雙揮手

(1) 上動不停，雙腿保持原姿勢，右腿回收半步，重心後移，上身長起。雙掌上舉，雙肘微屈。

(2) 上動不停，縮腰收右腿的同時，雙掌經兩耳側先以捋鬚狀下落到胸前；隨腰的後縮力，雙掌繼續向下摟刨，掃打小腹前側，發出聲響後，掌心向後，直臂在身體兩側平展開，掌與肩平。

(3) 上動不停，右腳向前上一步成右弓步，同時，身體微向前傾。雙掌掌心朝下，直臂由兩側向正前方虎口相對合擊。目視前方（圖6－3、圖6－4）。

【要　求】

(1) 向內屈臂回收掌和縮腰，向下摟刨後雙臂平展，要順暢連貫、一氣呵成；下摟刨要肩臂鬆順，體現沉穩力。

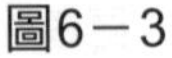
圖6－3

圖6－4

(2) 虎口相對合掌，要與右腳落地成右弓步同時完成，而且雙臂要運用肩的內裹，儘量向前伸探。

(3) 雙掌在運行過程中，十指要始終保持微微的內扣力。

(4) 雙掌合擊可變為雙合掌，拍擊出聲響，以增加氣勢。

4. 雙捋帶

上動略停，隨雙掌回收，雙掌外翻，掌心朝上，拇指略向兩側稍用力，雙肘貼肋向後運行，將掌收回到腰際。重心後移，左腿屈膝坐實，右腳撤回半步，成為右虛步。此時掌心向前，掌指斜向下方（圖 6－5）。

【要　求】

雙摟帶要利用腕和手背的黏貼力向回掛帶；拇指稍向外側展，以加強引帶的力量；雙掌運行到腰際時，腰內縮，身體前傾；雙肘在身後略向內合力；雙腿虛實要分

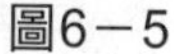

圖6－5

圖6－6

明，胯要放鬆，以增強靈活性。此式練的是腰腹的後縮力，及雙肘與小臂的下砸後掛力。

5. 雙撞掌

(1) 右腳向前邁半步，落地踏實成右弓步，身體重心前移，雙膝略向內合，將身形站穩。

(2) 隨上步的同時，左腿向上挺力。隨之雙掌向內翻轉，掌指向上掌心朝前，以撞擊式向前擊出，至頂點位置時，雙臂微屈，掌指高與肩平齊。此時身要正，腰要直，下頜內收，頭向上頂，脖項略挺力。目平視前方（圖6－6）。

【要　求】

上步欺身要順暢自然，雙掌向前推出時，掌心內凹，掌根用力，掌指微內扣；含胸探背，利用腰向上的抖彈力，將雙掌撞送出去；撞擊的瞬間，要表現出衝、撲、摧、撞的力量。

6. 雙吊帶

(1) 全身向上領起，重心前移，左腳跟落地踏實，左腿微屈膝挺直，右腳跟原地抬起，前腳掌著地，身體向上領起。同時，雙臂伸直以手背向上提，至與腰平齊時，雙手五指攥攏，屈腕成勾手型，舉過頭頂後，兩臂伸直。目視前方。

(2) 重心繼續後移，全身重量落於左腿，右腿屈膝向上提起，右腳腳尖下垂，貼於左腿內側。兩手勾手向上提至頭頂上方，雙臂伸直與肩同寬。此時全身要伸展開，有向上挺拔的氣勢（圖 6－7）。

【要　求】

雙勾手上提隨身形而動；氣沉丹田，目視前方；雙臂提起要貼於雙耳側；提膝與提手要同時完成，保持其整體性。提膝儘量高些。

7. 雙摔掌

(1) 上動略停，雙手由勾手變掌，掌心朝上，手背向前。右腳在身前落地，以前腳掌著地成右虛步。

(2) 隨右腳落步的同時，雙腿屈膝略下蹲，全身猛然下沉。隨之雙手手背朝下，隨身形下沉，向身前方摔掌，兩臂伸直，五指併攏，肩臂鬆順，上身略向前傾。目視前方（圖 6－8）。

【要　求】

此式關鍵在於雙掌下摔與身形下沉須共同運行，周身形成一個整勁，要體現出小臂的摔力，腕的甩力，腰的抖力，腿的崩力。

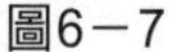
圖6－7

圖6－8

8. 閃步撩陰

(1) 上動略停，右腿蹬地起跳，身體向前上躍起，左腿向左斜前上方跨越一大步，落步屈膝站穩；右腿在左腳站穩的同時，以左腳躍步的帶動力，將右腳向前彈踢出去，右腿伸直，腳面崩直，彈踢後以右腳掌著地，成右虛步。

(2) 在雙腳向前躍步的同時，雙臂在兩側向上向後再向前，掄轉一周，隨右腳落步，右掌掌心向上，直臂由右胯側向前撩掌；左掌掌心朝下，附於右肘彎內側。腰微向後縮，含胸拔背，上身略前傾，目視右掌（圖6－9、圖6－10）。

【要　求】

(1) 起跳躍步要輕靈快捷，借雙摔掌下沉身形後的反彈力，使身體向前上方躍出；右腳踢出時，要以左腳前進的帶動力，將右腿帶到身前，踢出高度不超過左膝。

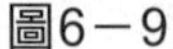

圖6－9

圖6－10

(2) 雙臂掄轉隨身形大開大展，一氣呵成；定式時要沉穩舒展；頭隨目光前視方向自然擺正。

9. 閃展裂門掌

(1) 上式略停，右腳抬起略離地面，向右前上方向領步；左腳蹬地起跳，使右腳向右前上方跨躍步；右腳落地站穩，微屈膝，坐胯鬆腰，使下盤穩固；左腳起跳後，隨右腳跟進前邁一步，腳掌點地成虛步。

(2) 隨上右步的同時，雙臂內旋，掌心朝下，左掌隨左腳上步，沿右小臂下側向前左側方向滾動穿出，至極點位置時，掌心朝左拇指向下，直臂向左裂動；右掌先向下摟刨後屈臂上提，掌心朝外，停於右耳側，雙掌運動的同時略有一外撐動作。目視左掌（圖6－11）。

【要　求】

(1) 跳躍步要靈活快捷，右腳落地要穩住下盤。

(2) 左腳落地成虛步，左掌穿出要迅速有力；腰微向

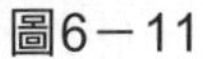
圖6－11

圖6－12

右轉，胯隨轉腰撐圓；同時雙掌向外撐力。雙掌外撐時不可挺胸，要使雙掌如同圓環似地有外張力量。

10. 撩陰腿

(1) 接上式，左腳向前邁半步，落地屈膝略蹲站穩，重心前移至左腿，隨即向左微擰腰將身形調正；借左擰腰的旋轉力，右腳尖上翹，右腿微屈膝，直腿向正前方向踢撩出去，高與胯平，腰向後縮，身向前微傾。

(2) 在上左步的時候，左掌原位不動外翻腕，掌心朝下，右掌向後略畫弧停於右胯側，掌心朝前，右腿踢撩的同時，右掌掌心向上五指併攏，向前撩擊，高與肩平；左掌回摟掃擊右小臂後，停於襠前。目視右掌（圖6－12）。

【要　求】

(1) 右踢撩腿要借腰的擰轉和回縮力將腳點擊出去，乾脆俐落，充分體現出胯的活力。

(2) 手與腰要協調動作，形成合力。

11. 跨虎登山

(1) 上動略停，左腿彈膝站直，上身挺直，身形向上領起。隨長身右掌掌型不變，直臂向上托舉至頭頂前上方部位。隨之右腳尖向外撇，全腳掌落於左腳前外側。

(2) 雙腿屈膝猛然盤坐下蹲，隨身形下沉，腰先向左後向右擰轉。右掌由上舉的最高點，經左肩外側向下，經小腹再向右，掄轉至與右肩平高屈肘，掌心向前護於右耳側；左掌配合右掌運動，直臂向左向上向右再回至左下掄轉一周，左小臂向內翻轉，向身前伸出。此時全身下蹲，上身前傾。左掌前推，右掌護於右耳側。

(3) 上動略停，雙膝挺力站起，隨站起兩腳以前腳掌捻力，向左轉體約 45 度，將身形調正並向上領起；同時，左腿屈膝提起到身前。右掌拍擊出去；同時，左掌掃擊右小臂撞右胸大肌後，護於右胸部。上身略前傾，目視右掌（圖 6－13、圖 6－14）。

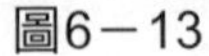
圖6－13

圖6－14

【要　求】

(1) 身體向上領起時，要以右掌和左腳為兩梢，將身形縱向展開。

(2) 雙腿屈膝下蹲和身形再次長起，向前拍掌都要利用腰的旋動，使身體螺旋式的下降和上升，下降要迅猛而有沉降力，上升要快捷，表現出挺拔和前衝的力量。

(3) 雙臂掄轉要協調順暢；右拍掌要舒肩探臂，儘量向前伸，身體雖略前傾，但不可失重；掌拍擊出去後，手指向前下方自然垂落

12. 穿掌右擒斫

(1) 上動不停，隨身形前傾之勢，左腳向前落步，身形下沉成左弓步。同時，左掌下落於腰際，掌心向前，五指併攏，掌指斜向前下方，微屈肘向前掖掌，掌略高於左膝；右掌在左掌掖出的同時，沿左小臂上側向小腹處回摟，由腰際鬆握拳上提到右腮旁。

(2) 上動不停，右腳提膝向前上步，落地成右弓步。同時，右拳以小臂的前衝和下壓力，將拳擊打出去；同時，左拳掃擊右小臂後，護於襠前小腹處。身體略前傾，目視右拳（圖 6－15）。

圖6－15

【要　求】

(1) 兩次上步要連貫自

然，中間不要間斷；左右弓步不可過大。

(2) 右拳劈出去後，拳要與鼻尖、右腳尖縱向對正；鬆肩坐胯；後腿微屈且膝不可挺直。

(3) 目視右拳時，頭要自然擺正。

13. 金雞抖翎

(1) 身型高度不變，重心後移，左腿屈膝支撐全身，縮腰上身前傾，身體就勢向右微轉，將身體調正，右腿屈膝提起到身前。

(2) 右腳踏地震腳，屈膝站穩，同時，左腳如同被震彈起一樣屈膝提起到身前，重心落於右腿。同時，右拳變掌，左掌前伸，兩小臂在身前交叉，兩腕相貼，右掌在前，左掌在後，雙臂直臂向上向左右兩側畫弧分開，臂微屈高與肩平，掌心朝兩側，掌指向上。目視前方（圖 6－16）。

【要　求】

(1) 重心後移，右腿落步震腳與左腿提起的動作連貫、自然、乾脆，富於彈性；右腳震腳要踏地有聲；身形高度在整個動作中基本保持不變。

(2) 雙臂交叉畫弧要迅捷、流暢、自然，氣沉丹田，神情專注前方；上身略前傾，腰向後縮，身體重心要始終保持於獨立腿上。

14. 雙托掌

上動不停，借身體前傾的前衝蓄力，左腳向前邁步落地成左弓步。同時，雙掌由兩側向下向前直臂撩出，掌心向上，高與肩平，兩掌平齊，橫向距離約十公分。目視前

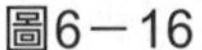
圖6－16

圖6－17

方（圖6－17）。

【要 求】

雙托掌與金雞抖翎兩式動作不要出現間斷，動力運用完整，一氣呵成；雙托掌定式時，要坐胯挺腰，伸肩探臂，指向上微挑，腕自然挺直。

第二段

15. 飛虎攔路

(1) 身體向上領起，兩腿平均分配體重，並以兩腳跟為軸，向右後轉體180度，隨轉體重心移到右腿，並成右弓步。雙掌掌心朝下，高度不變，隨轉體運行至轉體完成，右小臂彎曲90度，將右掌橫於胸前，左掌直臂在身體左側。

(2) 上動不停，右腿挺膝站直，左腳前提與右腳靠攏成併步。同時，雙臂借腰的右旋力，右掌變勾手，五指攥攏，迅速向右側直臂抖腕掃擊；左臂彎曲 90 度，掌心向右，掌指向上，附於右胸大肌處。挺胸收腹，目視右勾手（圖 6－18、圖 6－19）。

【要 求】

雙臂運行要隨身體轉動協同動作；轉體後的併步，要與右勾手抖腕掃擊同時到位；在併步的瞬間，右勾手與左掌也要戛然而止；要體現出體隨腰轉的靈活性，與雙掌橫向引帶與抹擊力量。

16. 左擒斫

(1) 上動略停，雙膝微屈，身形略下沉，隨之腰先向左轉。右勾手變掌略屈臂下落，經小腹前向左側穿出，掌心向上，左掌暫不動。

(2) 上動不停，腰向右轉至身形正直。右掌內翻腕使掌心向下，由左側齊腰高度，直臂向右平面畫弧至身體右側；左掌隨之下落，經小腹部向左摟抹至身體左側，兩臂

圖6－18

圖6－19

微屈含住內勁。

(3) 腰繼續向右轉動至極點。右掌掌心朝前下落到右腰側，左掌直臂隨腰轉動至身體前側，掌心向下。右腳以腳掌點地，屈膝略抬起，準備上步。

(4) 上動不停，右腳向右斜前方約 45 度方向邁步成弓步。同時，左掌摟刨至小腹處，掌心向下，掌指向前；右掌自腰際掌心向前，掌指斜向前下方向掖掌。上身微前傾。

(5) 上動不停，重心前移，身形高度不變，左腿屈膝提起到身前，腳尖向前。隨之左掌鬆握拳，屈肘提起至腮側。

(6) 左腳向前落步成左弓步。同時，左拳以臂的前衝力將拳擊發出去；右掌掃擊左小臂，拍擊出聲響後護於小腹處。上身微前傾，目視左拳（圖 6－20、圖 6－21）。

圖6－20

圖6－21

【要　求】

(1) 第 1 ～ 2 動作的轉腰旋掌要順暢自然；右掌自勾手到掖掌要劃轉一個圈，成螺旋形下降；左掌是畫轉一個圈後，摟刨到小腹。

(2) 左拳擊出要使鼻尖、拳面、腳尖在一縱向直線上，左臂擊出瞬間伸直後即略屈肘，體現出彈性力。

(3) 左弓步不要過大，兩腿承重比例為左六右四，雙膝微內扣；左肩前探，但不可偏身；襠要撐圓，胯要坐實，將重心穩固住。

17. 白蛇吐信

(1) 上動不停，身體向左轉約 45 度，將身形調正，重心略後移；隨之左腳橫向跨一小步，重心既前移恢復成左弓步。在左腳橫跨步的同時，左拳變掌，掌心朝下，掌指向前，向小腿外側處摟刨後停於左膝外側；同時，右掌變掐拳上提至口部。隨即向左擰腰、合襠、坐胯，挺左膝，借助左踝的頂力、膝的挺力、腰的旋力、脊背的抖彈力、臂的探力，將右掐拳擊出。目視右拳。

圖6－22

(2) 上動不停，腰向右轉。隨之右拳變掌，掌心向下，向小腹處回摟；左掌變掐拳，在右手摟刨的同時，向前上方擊出，高與眉齊。目視左拳（圖 6－22）。

【要　求】

(1) 重心轉換與左腳橫跨步要輕靈迅捷，頭要正直，不可側臉斜目，也不可低頭，以防精神渙散。

(2) 左、右掐拳擊出要連接緊密，利用腰的旋轉力，伸肩探臂將拳擊打出去，如同將重物甩出去一樣。

18. 直　扇

上身略領起，左掐拳變掌，掌心向下，掌指向前。同時，右腳向前邁一大步成右弓步。在右腳上步提膝的時候，右掌直臂向後向上向前向右腿內側掄劈，與右腳落步同時到位；左掌掃擊右小臂後護於右胸大肌處。上身前傾，目視前方（圖6－23）。

【要　求】

邁右步將上身先向前傾，以身帶腿前行成弓步。右臂掄轉一周後，向左腿內側劈斬要力疾勢猛，與右腳踏地、左掌護右胸三點同時到位。

19. 撩陰掌

接上式，鬆腰坐胯，會陰穴前捲，小腹略向上翻，向右微轉腰，將上身立直。借上面動作的慣性力，右掌外旋，掌心向上，掌指向前，自右腿內側向身前撩出至與胸同高，隨即右掌內旋，繼續上沖至頭前；左掌向下掃擊右小臂後護於襠

圖6－23

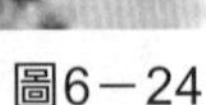

圖6－24

圖6－25

前，沿體前回摟到小腹。目視右掌（圖 6－24、圖 6－25）。

【要　求】

此式動作要與直扇式連貫運行，兩式要緊湊，一氣呵成。撩陰掌要將右掌順暢自然地撩出上沖，要在鬆中見力，不可用拙力和僵力。

20. 三環迎面掌

(1) 上動不停，右掌撩出上沖至頭前位置後，右掌心向下，向左下方摟刨。重心隨之後移，左腿屈膝坐實，右腿回撤小半步，右腳掌點地，成右虛步。

(2) 微向左擰腰，右掌直臂繼續由下向上，經左肩向右前掄轉；左掌自小腹前隨左擰腰先向右肋處穿插，而後配合右掌運行，在右掌到達右前方向時，左掌在左側身後展開。

(3) 上動不停，向右大轉腰，隨右轉腰右掌自身前向右後直臂掄轉至與肩平時，迅速屈肘，右掌護於右耳側，掌指向上，掌心向前；左掌由左側身後隨右轉腰，由後向上向前右側直臂掄轉，經右肩前側向右膝正前方向推按，掌心向下，掌指向右。此時擰腰坐胯，兩膝內扣，掩襠護臀。目視左掌。

(4) 重心前移，右腿挺膝，身形向上長起，左腿屈膝提至胸前。隨身形上長，右掌向前方拍擊出去，至極點處時舒腕，五指微併攏，向前下勾手；左掌隨身形長起，手心向內掃擊右小臂後護於右胸側。目視右掌（圖 6－26 ～圖 6－28）。

圖6－26

【要　求】

(1) 雙臂掄轉要隨腰的擰轉運動自然順暢，中間不可有絲毫間斷。

圖6－27

圖6－28

(2) 右拍掌要隨身形長起拍出，體現出前衝力，拍掌高度與眉齊平。左腿屈膝，腳尖自然下垂，略貼於右腿膝部。拍掌與提膝要同時到位。

21. 金龍合口

(1) 接上式。右腿微屈膝向後縮腰，身形下沉。隨之右掌掌心向下，由前向小腹處摟帶後，屈肘五指攥攏上提至口部，指尖向內，手背向前；同時，左掌亦五指攥攏，由小腹處上提到胸前。目視前方。

(2) 上動不停，左腳向身前落步成左弓步。同時，右掌掌心向上，掌背向下，向前下方摔擊；同時，左掌掌心向前，指尖向上，向前撞掌擊出，雙掌縱向在一條直線上，距離約 40 公分。目視左掌。

(3) 雙掌運動到位後，左膝略向前頂力（膝蓋不可超過腳尖），胯略下坐，會陰穴向前翻捲，小腹亦略向上翻動，使雙掌由極點處，再向前上方有一短促的前送力。右掌以腕力微向上撩。目視左掌（圖 6－29）。

【要　求】

(1) 右掌收回至口部時，要將身形收縮裹緊，使力量聚攏；在左腳落地的同時，將雙掌擊發出去，體現出整體的爆發力。

(2) 左弓步不要過大，以便為下一招積蓄力量，一般控制在全弓步的三分之二處落腳為佳。

(3) 雙掌擊發要伸肩探臂，雙肘微屈，不可用僵力、拙力；掌力發出後頂膝，要控制好重心，不要使膝蓋超過腳尖；小腹向前翻動時，上身不可向後仰，要表現出身體

圖6－29

圖6－30

的彈性力。

22. 大　捋

(1) 上動略停，即向右轉腰，襠撐圓，重心移至右腿。右臂內旋，掌心朝下；左臂外旋，掌心朝上，隨轉腰，雙掌左前右後相距一小臂距離，平胸高度向右側後方捋帶。

(2) 上動不停，腰擰轉至極處，雙掌運行至身體右後側時回落到與小腹等高。目視前方（圖 6－30）。

【要　求】

(1) 向右轉腰要與雙掌後捋、壓左胯協同動作，以使勁力完整。

(2) 雙掌後捋到位要弧形下沉，不可出現直角下降的運行線路。

(3) 後捋時雙肘微屈，雙肩放鬆，以腰的旋轉力向右後側引帶。

(4) 大捋的身形高度要與金龍合口式高度基本相同，不要有大的上下幅度的變化。

23. 白猿獻果

(1) 上動不停，迅速將腰向左擰轉，重心前移至左腿。左掌隨之向左橫移至左側，前伸向外翻腕，掌心向上，掌指向前；右掌隨動由右胯側前伸向外翻腕，亦將掌心向上，掌指向前，雙掌在小腹前等高位置，相距約 20 公分，雙肘微屈。目視前方。

(2) 上動不停，身形高度不變，縮腰提胯，借腰的縮力，右腿微屈膝向身前撩踢，腳尖自然上翹，腳跟用力，撩踢高度與膝平齊。隨右腿撩踢，雙掌掌心向上，向身前擎托至與肩高。目視前方（圖 6－31）。

【要　求】

(1) 向左擰腰要迅速靈活，雙掌到兩胯側時，既要鬆肩墜肘，又要為下一個動作蓄力。

(2) 向前提撩腿要鬆腰坐胯，頭頂正直，鬆肩探背，身形收縮，表現出腿向前撩踢和雙掌上擎的力量。

24. 靈貓捕鼠

(1) 接上式。雙掌同時向內翻腕，掌心向下，同時向下撻掌。右腿如同被雙掌壓下去一樣，在身前踏地震腳；隨後左膝向上彈起，腰向上挺將身形領起。雙掌猶如下按彈簧又被彈起一樣，在彈起的瞬間，雙掌同時攥攏五指，指尖向下，手背向上，向內屈腕，雙肘微屈，向身前頂力，雙手與肩同寬。隨雙腕頂力，右腳跟上抬，前腳掌著地，雙腿亦同時向上頂力。目視前下方向。

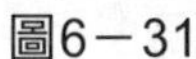
圖6－31

圖6－32

(2) 隨即重心回落於右腿。雙手仍變掌，直臂自身前向身後掄轉，至後側時，將雙掌拍擊臀部雙側，並停於該處，身形微前傾（圖 6－32）。

【要　求】

(1) 雙掌下按和右腳落步，要如同踏上彈簧一樣，既要沉穩，也要靈活；要做到活而不飄，沉而不滯，剛而不僵，柔而不軟。

(2) 雙臂後掄轉動要疾速快捷，力量順達；拍擊臀部擊出聲響，要乾脆俐落，不拖泥帶水。

25. 推窗望月

上動不停，借身體前傾之勢，雙掌上提至腰際，掌心向下，掌指向前。隨即左腿如同被身體向前領動一樣，向前邁出，左腳落地成左弓步。同時，雙掌掌根用力，掌心向前，猛然向前撞擊出去，掌高與胸齊平，雙臂微屈。目視前方（圖 6－33）。

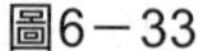
圖6－33

圖6－34

【要　求】

左腳落地要與雙掌撞擊同時到位；雙掌撞擊時，左膝要前頂，胯向下坐，小腹微向前上翻捲；雙臂微屈，伸肩探背，身形要穩固，放力要順暢。

第三段

26. 孤雁出群

身形高度不變，重心後移，落於右腿，左腳以腳跟為軸，向右後轉體 180 度；右腳在轉體後向右橫跨一小步，腳掌點地成虛步，收腰坐胯，身形略下沉。右掌隨轉體摟到小腹處；左臂直臂掌心向下置於身前，掌指略高於頭。而後，以左膝的挺力身形向上長起。

借此衝力，左掌向小腹部摟刨；同時，右掌變招拳，屈肘將拳上提至口部，五指尖朝下，手背向前，向前直臂擊出。目視右拳（圖 6－34）。

27. 閃展三挺掌

(1) 上動不停，身形略下沉，右腳提膝略抬起，向身前右側 45 度角方向領步，左腳蹬地，向前竄跳一大步，右腳落步微屈膝站穩。同時，右拳變掌向小腹處摟刨，左掌掌心向下，掌指向前，自回摟的右小臂下向前穿出。之後由身體引帶，左腳向身前落步，腳掌著地成左虛步。目視左掌。

(2) 上動不停，身形略下沉，左腳提膝略抬起，向身前左側 45 度角方向領步，右腳蹬地，向前竄跳一大步，左腳落步微屈膝站穩。同時，左掌向小腹摟刨；右掌掌心向下，掌指向前，自回摟的左小臂下向前穿出。右腳在身體引帶下向身前落步，腳掌著地成右虛步。目視右掌。

(3) 上動不停，將動作 1 重複一次（圖 6－35 ～圖 6－37）。

圖6－35

圖6－36

圖6－37

【要　求】

(1) 向後轉體要輕靈明快，轉體與右腳橫跨步後的落地，及右搯拳擊出要同時到位。

(2) 三次竄跳步要連續進行，以身領步，體現出前衝力；左右穿掌要舒肩探臂挺指，有將身形向前拉長之意。左右腳在蹬地躍出後的落步，要稍遲於左右掌的穿出，落步要輕靈。

(3) 因 26 式與 27 式緊密相連，故 26 式的要求一併歸於第 27 式。

28. 爽　袖

(1) 上動左腳掌落地後，隨即重心前移，雙膝同時挺力，將身形向上領起，長身腰向左轉。借轉腰之力，雙掌掌心向左前斜上方猛然甩臂擊出，左掌在上，高與頭齊，右掌在下，兩掌相距約十公分。目視左掌。

(2) 雙掌甩擊至極點後，重心移至右腿，雙腿屈膝身形下沉，向右轉腰。隨身形下沉之力，雙掌掌心向下，直臂向右胯旁捋帶。目視前方（圖 6－38）。

【要　求】

(1) 雙掌向上甩擊時，兩臂要極度放鬆，猶如將重物拋出去。身形此時應長至最高度；雙腿左實右虛，六、四分勁，右腳跟不可離地。

(2) 雙掌向右下側捋帶時，要順雙臂向上甩擊後的回落方向，借勢向右胯側回捋，要力疾迅猛。

(3) 腰部轉動要靈活，左右旋動像陀螺一樣滑快自如。

圖6－38

29. 飛球腿

(1) 重心前移至左腿，向左擰腰，將身體調正。雙掌隨轉腰掌心向前，置於兩胯側。目視前方。

(2) 上動不停，向後縮腰，上身略前傾，右腿略屈膝，向身前齊頭高度撩踢，腳尖內勾。同時，雙掌掌根相貼，向上衝托至與頭同高。目視雙掌。

(3) 上動不停，雙掌同時內旋，掌心向下。腰向上挺，隨之將身形領起。雙掌同時向左胯側捋帶。右腿順勢下落，右腳掌擦地後向身後蹬踹。

(4) 左腳蹬地起跳，身體向上縱起，同時腰向左旋。雙臂在左側向身前掄轉，至身前時雙掌心向前，掌指向上。右腳在原地落步，踏地瞬間屈膝縮腰。雙掌摟刨至小腹處時左腿屈膝提至身前，成寒雞獨立步，身體略前傾。目視前方（圖6－39～圖6－42）。

【要　求】

(1) 身形調正後，前撩踢腿與上托掌，後蹬腿與雙掌下捋帶要同起同落，保持一致。

圖6－39 圖6－40

圖6－41 圖6－42

(2) 左腳蹬地起跳，身形向上直縱，要大開大展，雙手掄轉要自如順暢；撲腳落地，雙掌隨縮腰回摟時，又要將身形縮緊。由開展到收縮的過程中，勁力運用要一而貫之，中間不可出現絲毫間斷，右腿落地要沉穩紮實，左腿提膝要靈敏巧活，雙腿如同踏蹺蹺板一樣，右腿落左腿即起，協同動作，同時運行。

30. 直立推山

圖6－43

上動略停，左腳向身前落步成左弓步，重心前移，胸部挺起。雙掌掌心朝前，掌指向上，左手在上與胸部齊高，右手在下與腰齊平，雙掌在一縱向平面上向前撞擊，要與腳尖在一縱向直線上。目視左掌指（圖 6－43）。

【要　求】

(1) 左弓步形成後重心前移，要保持恰當位置，膝蓋處不能超過腳尖。

(2) 雙掌前撞要以膝催胯、以胯催脊、以脊催肩、以肩催肘、以肘催掌，勁力起於腳跟，節節貫穿達於雙掌，掌根向前撞擊，勁路完整順暢。

(3) 此式要運用身體的張力，如同開弓放箭一樣；雙掌撞擊發出的勁，要脆而有力。

第四段

31. 飛虎攔路

動作與要求均與第 15 式飛虎攔路相同，唯一注意的是，第 15 式由雙托掌轉身，而該式是由直立推山轉身，右掌在此式中是由腰部向右斜上方橫掃（圖 6－44）。

圖6－44

圖6－45

32. 提膝圈引手

(1) 上動略停，右腳向前邁一自然步，腳掌點地成右虛步；左腿略屈膝，使身形下沉。右勾手變掌，由右向下（此時掌心向內）向左經肩（此時掌心向外）向右至小腹處（此時掌心向內）畫一縱向直圓；左掌在右掌到達左肩向右運行時，由右胸部向下（此時掌心向下）向左（至與肩平時掌心向後）向上再向身前畫圓（此時掌心再向下），至身前時屈肘，將小臂橫於胸前（小臂屈肘約在135度左右）。

(2) 上動不停，左腿提膝，身形向上長起，上身略前傾；右腳踏實，重心移至右腿。隨身形領起的同時，右掌變掐拳，由下向上提至與口部平齊，向前擊打；左掌下按至小腹前。隨右拳擊出的同時，左腿屈膝提起至胸前，腳尖朝向前方，上身微前傾（圖6－45）。

【要　求】

雙臂掄轉要自然順暢，伴隨著身形起伏，上下運動；右手掐拳擊出時，要與左腿屈膝上提、左手下摟同時完成；上身微前傾，但不可失去重心。

圖6－46

33. 四平炮

(1) 左腳向身前落步成左弓步。右拳內捲回收至胸前，下落至小腹處，變平拳；左掌由小腹處，上提內捲至與肩平，亦變平拳。

(2) 上動不停，當左腳落地的同時，抖腰探臂，雙臂均內旋，將雙拳擰鑽向前擊出，左拳在上，高與肩平；右拳在下，高與肋齊。左膝向前頂勁，右腿微屈膝挺住勁路，上身前傾。目視左拳（圖 6－46）。

【要　求】

(1) 右拳由提膝圈手式回收後，雙掌變拳內捲要同時進行。

(2) 雙拳擊出時，左拳在上，虎口朝下，拳背向右；右拳在左拳下，拳背向上，虎口向左。

第五段

34. 孤雁出群

(1) 上動略停，左腿挺膝，將身形領起；右腿略屈

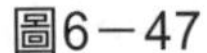

圖6－47

圖6－48

膝，重心移至右腿；左腳以腳跟為軸，向右後轉體 180 度，隨即重心移回左腿。

(2) 隨轉體，右腳向回收小半步，並向右橫跨一小步，以腳掌點地成右虛步。在轉體的過程中，雙拳變掌，在身體兩側展開，在右虛步形成時，左掌上升舉過頭頂，右掌下落至小腹；而後，右掌變掐拳上提與口平齊；左掌由上向下摟刨至小腹，右掐拳向前方擊出（圖 6－47）。

【要　求】

向右後轉體要輕靈快捷；轉體後，右引手擊發，要與右腳落步同時完成。

35. 迎面掌

右腳提起略離地，向右側前方 45 度角方向領步；左腳蹬地向前跳躍，右腳落地站穩。隨身形躍起，左掌上提至胸前，並向前拍擊；右掌掃擊左小臂後，自然摟刨到小腹處。隨後左腳在身前落步，腳掌點地成左虛步。目視左掌（圖6－48）。

圖6－49

【要　求】

(1) 左腳蹬地躍出的右閃展步，要以身領步；左掌先拍擊出去，左腳稍遲後在身前落步。

(2) 右掌掃擊左小臂應有拍擊聲，以助其勢。

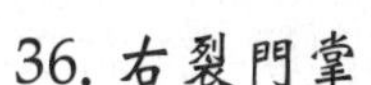

36. 右裂門掌

左腳略向左側身後退步，屈膝震腳踏實；右腳前腳掌點地成右側虛步。右掌自左小臂下方向前穿出，隨穿隨向內旋臂，經左掌下向前穿出至極點處時，掌心向右，掌背向左，五指向前並微內扣；左掌隨右掌穿出橫摟到左耳側，掌心向左，掌指向前（圖6－49）。

【要　求】

(1) 右掌穿出時，要螺旋式地向內旋掌，邊旋轉邊穿出至極點位置。右掌到位，右腳也同時腳掌著地。

(2) 右掌穿出到位，左掌置於左腮側之後，兩肩胛骨要稍外展，使雙掌產生一短促的外撐力後，再恢復到原位置。

37. 抹眉橫

(1) 上動略停，右腳向前邁出一小步，全腳掌著地成右弓步，重心前移。右掌外旋，在原位令掌心朝下；左掌外旋使掌心向下，向右掌下方前穿，兩掌成十字交叉，兩掌心向下，兩腕左下右上貼在一起。

(2) 左腳向前邁出一大步，隨邁左步，以右腳跟為軸，向右轉體 90 度，左腳落地，雙腿屈膝成小騎馬步。在左腳上步轉身的同時，兩腕貼緊，雙臂略屈肘，左掌外反轉使雙掌跟相貼，雙掌如捧物狀，在頭前方向隨轉體同時順時針旋轉一周後，變為左掌心向下，左小臂在上，右掌心向上，右小臂在下。

(3) 上動不停，腰向左擰轉。借轉體和腰左旋的慣性力，左掌向左側橫擊，掌心向後，掌高與肩平；右掌掌指向上，掌心向左護于左肋處。目視左掌（圖 6－50、圖 6－51）。

【要　求】

(1) 上步與旋掌要同時完成，旋掌是身形略向上領。

(2) 左腳落地成小騎馬步，身形隨即下降，伴隨轉體和身形下降及腰部先向右，再向左轉動的全身螺旋力，將左拳橫向掃擊出去。

圖6－50

圖6－51

38. 霸王脫靴

圖6－52

重心橫移到左腿，身形高度保持不變，以左腳跟為軸，向右後轉體270度。雙臂在身側平展開。轉體時，右腿屈膝，橫向提起，右腳平膝高度，隨轉體向右後掄掃。右手以掌掃擊右腳面，拍擊出聲響。右腳在轉體後，在身前落步，腳掌點地成右虛步（圖6－52）。

【要　求】

提右腿轉體要快捷穩定，保持好重心；左掌拍擊右腳面要脆而有力；左掌在左側平舉與右腿配合，穩定身體的旋轉重心。

39. 當場遞手

(1) 轉體後，右腳落地，腳掌點地的同時，左腳略挺膝，身形向上略領起。左掌由左側向胸前運行，而後掌心向下並向小腹處摟刨；同時，右掌自拍擊右腳面後，回到小腹位置即掐拳，並上提到口部，以引手式向前擊出。目視右拳。

(2) 上動不停，腰向右擰轉。右拳變掌向小腹處摟，左掌變掐拳上提到口部後，隨右掌下摟向前以左引手式擊出。目視左拳（圖6－53）。

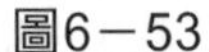

圖6－53

圖6－54

【要　求】

右左兩次引手出拳要隨身形上升，連續擊打出拳，中間不可有間隔。

第六段

40. 拴馬（樁）式

(1) 重心前移，右腿承托身體重量的60%，左腿微屈膝向前挺勁。右掌轉為橫掌，掌心朝下，微屈小臂，並向內旋臂，掌心向外，掌指向左，由下向上滾掌撩擊，高與頭平齊（所謂滾掌即掌由下向上以小臂的內旋，帶動掌的內翻，掌心向前以小臂向上擊打的動作）；左掐拳變掌，在右掌撩擊出去時，經右掌上方向下橫肘至胸部。

(2) 上動不停，左掌以滾掌方式上撩至頭部前方，右掌掃擊左小臂近肘彎部向下回落到胸前；而後右掌再次撩擊出去。身形不動，目視前方（圖6－54）。

【要 求】

(1) 拴馬樁式橫掌上撩，掌要用大臂帶動小臂上下運行，右掌兩次上擊，左掌一次上擊，亦可多做幾次，總之以順暢完整為準則。

(2) 雙掌交替運行，須用下行掌拍擊上行掌的小臂，發出聲響，以助其勢；上行掌要有向前方的外撐力。

41. 轉身引手

(1) 以右腳跟為軸，向左後轉體 180 度；左腳在轉體後，向左橫跨一小步，將身形調正。左掌隨轉體在左膝前向左摟帶後，由胯側以掐拳式向前擊出；右掌則隨轉體在身前摟刨到小腹前。

(2) 重心前移至左腿，右腳隨即上一大步，屈膝成右弓步。右掌在左掐拳擊出後，上提至口部變掐拳，在右腳邁出的同時，向前以引手式擊出，高與眉齊平；左掌向下摟刨至小腹前。目視右拳（圖 6－55）。

【要 求】

左掌摟膝要與轉體、左橫跨步一氣呵成；右引手要與右腳上步成右弓步同時完成；轉體要迅速，擊拳要快捷，上身要正直，不可偏胸側背。

圖6－55

42. 上步穿掌

(1) 上動不停，繼續上左步成弓步。隨之左掌經右

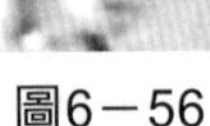

圖6－56

圖6－57

掐拳下向前穿出。隨穿掌上步，隨向左轉體 90 度。右掐拳變掌，掌心向下，隨轉體的同時，沿左小臂上側向小腹處摟刨，掌心向下，掌指向前。目視左掌。

(2) 轉體後身體前傾，兩臂在身體兩側貼住（圖 6－56）。

【要　求】

左穿掌與左腳上步同時到位；左弓步與轉體同時進行。

43. 單風貫耳

身體左轉 90 度，右腳上步踏地震腳後，屈膝成小騎馬步。右掌變平拳，借上步轉體的旋轉慣力，直臂由下向左上齊頭高度，拳面向左橫向擊打；左掌自左側，以掌迎擊並於右小臂前端內側握住。目視右拳（圖 6－57）。

【要　求】

右臂揮拳要迅速，有迅雷不及掩耳之勢；右拳與左掌合擊所發出聲響，要與右腳踏地震腳發出聲響相一致，俗稱「一個點」。

44. 鬧拳法

(1) 上動不停，重心移至左腿，右腳隨即向右橫跨一步，腳尖外展，身體向右後轉動 180 度。隨轉體右拳向右齊肩高度橫擊後屈肘，將拳置於腰際，拳眼向右。左腳隨轉體向前上步，隨即重心橫移到左腿。左掌變拳，拳背向上屈肘橫於胸前。目視左前方向。

(2) 上動不停，身形略上升。左拳屈肘到胸前後，即向下壓。右腿隨即向左腿後掖步，腰向左擰轉。右拳隨轉腰和掖步之勢，向內旋臂，並由右腰際向左側方齊胸高度，隨旋臂隨擊拳。目視右拳（圖 6－58 ～圖 6－60）。

【要　求】

向右後轉體後的左腳上步，要與拳路的前進方向保持在一條直線上；左腳落步後，雙腿要略屈膝，使身形下沉；左小臂下壓和右腿掖步、左擰腰、右出拳，要一氣呵成；特別是腰向左的擰轉，一定要擰至極致；右拳擊出，要有螺旋式的衝擊力量。

圖6－58

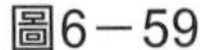
圖6－59

圖6－60

45. 纏腰橫

(1) 左腳向左橫跨一步，腰向右轉將身體調正。隨即左右手鬆握拳，雙拳各自舉到身前兩側方，拳高齊頭，拳眼向後，雙肘微屈。

(2) 上動不停，重心移至左腿，隨即右腿向左腿後掖步，雙膝彎曲下蹲，向左擰腰。左小臂內旋，向左側上方高於頭部攔架；右小臂外旋，由右上方左側橫向擊打，雙拳虎口處均向右。目視左前上方（圖 6－61）。

【要 求】

(1) 掖步下蹲要使身形儘量縮小，但要保持一定的彈性力，不能只為求身形縮小而將身形壓扁。

(2) 雙臂向左橫擊要隨腰而動，雙臂力量保持完整，透過含胸拔背，使其形成一個整體。

46. 圈引手

(1) 上動不停，以左腳跟和右腳掌為軸，向右轉體 90

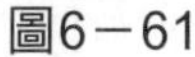
圖6－61

圖6－62

度。雙拳變掌，隨轉體右掌掌心向下護於小腹處，左掌掌心向下直臂置於身前。

(2) 右腳向前邁一步，腳尖點地成虛步，左腿屈膝身形下沉。右掌變掐拳，屈肘上提至口部，隨即左掌向下摟刨至小腹部。右腿挺膝，身形向上略起。借此右掐拳以右引手式向前擊出。目視右拳。

(3) 身形保持不變，右拳變掌，掌心向下摟刨至小腹處，左掌變掐拳，上提至口部後，伸臂探肩抖腕，以掐拳式向前擊出（圖 6－62）。

(4) 重複上述 2 ～ 3 動作 2 ～ 3 次。

【要　求】

(1) 左右引手向前各擊出兩次。

(2) 引手要利用腰的旋力、雙膝的彈力、肩的前探力和腕的抖彈力，將拳擊出。

圖6－63

47. 如封似閉

(1) 身型不動，腰向左旋轉。右掐拳變掌，臂微屈，隨腰左旋向左向下摟至小腹處；左掌由下向左畫動，掌心向後至於肩平時，左臂外翻，使掌心向前。繼而腰向右旋。左掌隨腰右旋向右畫動，右掌自小腹處向右畫動，掌心向後至與肩平時，右臂向外翻轉使掌心朝前。腰再向左轉。左掌摟刨至小腹處，右掌回復到胸前位置。

(2) 重複上述動作三次，至左掌到小腹處時，右掌由胸前回落到小腹前，雙掌掌指均向前，掌心朝下，按於小腹前部。目視前方（圖 6－63）。

【要　求】

(1) 雙掌向身前弧形畫動，要利用腰的旋力、雙腿的擰鑽力，自然運動，周身形成一體；雙臂的運行，如撥浪鼓鼓錘在左右身前擺動；不可僅用臂進行左右甩動。

(2) 左右掌在擺動中的翻轉要自然順暢，要在運行中螺旋式翻轉，避免機械式的翻動。

(3) 身形要隨雙臂的運行有規律地擺動。

48. 收　勢

(1) 左腿挺膝站直。雙掌在原處向內平轉，十指相對，掌心朝下，兩肘略外撐。右腳後撤一大步成左弓步。

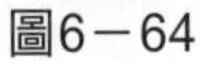
圖6－64

圖6－65

(2) 右腳撤步後，以腳掌為軸捻地向右轉體約 90 度，成右側弓步。雙臂向兩側平舉，掌心朝前。重心落於右腿。

(3) 左腳向右腳併步後，再回到原位，右腳向左腳併步。雙掌舉過頭頂，而後由上向下，十指相對，徐徐按至腹前。繼而身體挺直，在身體站直時，頭擺正，目視正前方。雙手自然垂落於身體兩側，挺胸收腹，緩緩呼出一口氣（圖 6－64、圖 6－65）。

【要　求】

收勢必須要與出勢前後呼應。起勢容易，收勢難。沒有一個好的收勢，整個套路就不會完整。因此，收勢時精神仍要高度集中，意識不可懈怠，才可將整個套路演練得大氣磅，成為一個完美和諧的統一體。

第七章

五行通臂拳套路——五馬奔槽

五馬奔槽也是五行通臂拳典範性套路之一。該套路囊括了五行通臂拳樁功與行步等單式操練，是對基礎功力的全面昇華；同時對身型、步法和勁路的運用，提出了更高的要求。如身形身法要有極好的柔韌性，靈活性；勁路運行要顯示出腳的蹬力，膝的彈力，肩的催力，脊的挺力，胯的撐力，腰的柔力；等等。因該套路集中反應出習練者功力程度，故五行通臂拳中歷來有「拆拳看基礎，奔槽看功夫」的說法。

五馬奔槽動作編排緊湊合理，不拘一格；習練起來氣勢恢宏，起伏跌宕，波瀾壯闊；細膩如巧女紉針，絲毫不苟；壯觀如錢塘湧潮，排山倒海；輕綿如鴻毛浮空，厚重似巨岩墜地；以極富韻律的肢體語言，古樸蒼勁的形體動作，給人以美的享受，而且具有極強的技擊功能。

五馬奔槽名稱，源於道家基礎理論學說。中國道家學說中有一生二，二生三，三生萬物之說，而世間萬物均由金、木、水、火、土五行相生相剋組合而成。五行在方位上有東、西、南、北、中，顏色上有青、黃、赤、白、黑，人體姿態上有虛、實、急、緩、靜等，故首字取五行的「五」字。而馬在所有動物中，與人類關係最為密切。馬又因其奔速快，有靈性，對人忠誠，所以此套路取其馬字命名。奔是動詞，形容其動作，槽則就方向而言，馬饑欲食急奔槽去，取其形象。五是以不同的方位，進擊一個目標，故套路命名為五馬奔槽。

該套路共分八段，64 個招式，是在嚴格的基本功基礎之上的套路練習。因此，要求習練者，在打下紮實基本功根基之後，再學習此套路。

一、套路名稱

第一段

1. 預備式
2. 出勢
3. 退步雙摔手
4. 圈引手
5. 挺掌
6. 雞步劈斬
7. 上步穿掌
8. 竄步撩陰掌
9. 帶環拍掌
10. 燕子鑽雲
11. 鷹翻（一）
12. 拍掌
13. 鷹翻（二）
14. 右閃步圈引手
15. 左閃步圈引手
16. 鷂子穿林
17. 左右拍掌

第二段

18. 轉身上步引手
19. 貓撲斬手

20. 搖身膀欹　　21. 長身劈斬

第三段

22. 轉身吼獅發威　　23. 膀欹步
24. 虎撲　　25. 直立推山
26. 換步左擒斫　　27. 右擒斫
28. 跳步引手（大鵬展翅）29. 裹邊炮

第四段

30. 轉身捋砸炮　　31. 倒連環
32. 猛虎甩頭　　33. 磋步穿幫掌
34. 猴閃（一）　　35. 抹眉橫
36. 猴閃（二）

第五段

37. 五虎擒羊　　38. 換步拍掌（迎面換掌）
39. 閃展步裂門掌　　40. 獅子抖鈴
41. 翻身捽撞掌　　42. 大鵬展翅

第六段

43. 中 拳　　44. 右提劈斬手
45. 左提劈斬手　　46. 雄鷹出群
47. 烘臉照鏡　　48. 轉身旋風掌

第七段

49. 二郎擔山　　50. 猿猴入洞倒連環

51. 補手中拳　　52. 五花炮

第八段

53. 拍掌　　54. 上步穿掌
55. 當場遞手　　56. 三環掌
57. 提膝拍掌（一）　　58. 提膝拍掌（二）
59. 閃步撩陰掌　　60. 穿掌左右擒斫
61. 鷂子穿林　　62. 連環引手（雙引手）
63. 如封似閉　　64. 收勢

二、套路動作圖解

第一段

1. 預備式

(1) 雙腳併攏，身體正直，全身放鬆，兩臂下垂；下頜向內微收，頭頂向上領起；含胸拔背，收腹斂臀；目視前方。

【要　求】

精神集中，意識上旁無他物，將意念全部貫注於拳術的習練準備當中。雙肩微向前捲，兩臂自然下垂，全身放鬆。雙膝微屈站立，保持彈性力。面部表情既要嚴肅莊重，又要輕鬆活潑；呼吸自然，意守丹田。

2. 出　勢

(1) 精神領起，身體向右轉 45 度，目隨轉體方向正視遠方。雙手掌心朝上，在兩側齊肩高度平舉起。右腳向

45 度角方向跨出一大步。

(2) 左腳隨右腳跨出後，在右腳內側略併步即向原正前方向跨出一大步，右腳跟進，雙腳併步，雙膝微屈，而後將全身緩緩站直。隨左腳跨步，雙手由兩側上舉過頭頂，十指指尖相對，緩緩按至小腹前部位。目視前方（圖7－1～圖7－3）。

圖7－1

圖7－2

【要　求】

(1) 精神領起，隨跨步頭微向左右擺動，目光專注跨步的前方遠處；左右跨步身形隨步幅運動要下沉和上伏，步幅要大，落步要輕，左腳與右腳併步時要一晝而過，不要停頓。

圖7－3

(2) 雙腳併步時，雙手

下按至小腹，要與併步同時完成；身體緩緩站直，要隨雙手下按相一致；雙手如按住物體將身體拔起一樣；雙手下按到位時，雙肘要有外撐力，收腹挺胸，但不可出現拙力和僵勁。

3. 退步雙摔手

(1) 上動略停，身體左轉 90 度，轉體後，右腳後撤一步，左腳隨即後撤半步，成左虛步，身體向上領起。雙手掌心朝後，直臂在身體兩側向頭頂上方運行，至頭頂上方雙臂相交叉，右臂在外，左臂在內，雙臂同時繼續向下運行。

(2) 上動不停，右腿屈膝微蹲，即挺膝將身形彈起，鬆腰坐胯，身形隨即下沉即領起。伴隨身形下沉的同時，縮腰含胸，雙臂以交叉方式在身前猛然下落，至小腹位置時，雙手以慣性力，撣掃小腹後向兩側摔擊開去；並借其慣性力，將兩手臂向兩側再次平舉（此時肘微屈），兩手心朝外。目視前方（圖 7－4）。

【要　求】

(1) 雙臂上舉時要有引體向上的力量，如同將身體拉長，腳跟離地，用兩前腳掌支撐全身力量。

(2) 雙手下撣摟刨，要隨身形下沉而動，整體動作要協調一致，體現出一種彈簧力。

(3) 膝的彈力、雙手的摔擊下撣，要表現得自然流暢快速，整體動作無絲毫的停頓和阻滯。

4. 圈引手

(1) 上動略停，身形下沉，成左虛步。右掌自右側下

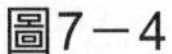
圖7－4

圖7－5

落，由右向左畫圓；左掌自左側經頭上方，向右肩處劃弧並停於右肩窩處。

(2) 上動不停，右掌繼續直臂向右畫弧，與肩齊平後手心朝後；左掌自右胸部向下經小腹處，向左摟刨至左側，與肩平齊，掌心亦朝後。

(3) 接上一動作，左掌繼續向右向下運行，停於小腹前，掌心向下，掌指向前；右掌在左掌運行到胸前時，屈肘掐拳，自小腹前上提至口的高度，指尖對準自己的口部，在左掌到小腹前時，將右掐拳向前擊出，高度與面部高度一致。目始終隨右手而動。在右掐拳擊出的同時，收腹攏胸，左腳向右腳回撤半步（圖 7－5）。

【要　求】

(1) 圈手要連貫自然，運用腰的擰轉帶動手臂運作；雙臂要放鬆，不可用力，全憑慣性力運動。

(2) 引手擊出要脆而有彈性；腕須放鬆，體現出腕如棉的特點；要與左手下刨動作同時完成。

(3) 利用膝的彈性力，身體要有上下的起伏，即當右手在前上部位時，身體向上領；右手在下部時，身形要下沉，從而表現出身體起伏變化的彈性力。

5. 挺　掌

左腳向前跨一步。左掌指朝前，掌心向右，五指微屈，掌心微內凹，在左腳落步的同時，由小腹前斜向上，齊胸高度向前穿出。目視左掌。隨左腳上步的同時，右手向內翻腕，手心朝下，回摟至小腹前，掌指朝前（圖 7－6）。

【要　求】

(1) 左腳落步、左掌前穿與右手回摟要三點合一，形成一個整勁。

(2) 左掌前穿掌要伸臂前探，不可用拙力。

6. 雞步劈斬

右腳向前躍出一大步，屈膝半蹲；左腳隨即跟進，屈膝，腳尖點地停於右腳內側。右手鬆握拳，在右腳上步的同時，向後向上向前掄劈至右膝外側下，力在右小臂；左掌迎掃擊右小臂後，附於右胸大肌一側。目視右拳前方位置（圖 7－7）。

【要　求】

(1) 右腳上步下蹲，身形儘量下沉；左腳併步，落腳要輕而柔。

(2) 左手由挺掌到附於右胸大肌處的動作要有回摟力。

圖7－6

圖7－7

(3) 雙腿屈膝半蹲要有彈性力，並與右臂下劈砸的落點同時到位。

(4) 下劈砸要利用手臂掄動的慣性力而自然完成，不能用拙力和僵勁。

圖7－8

7. 上步穿掌

(1) 雙膝向上挺力，身形領起，右腿實，全腳掌著地；左腳前腳掌著地。隨身形領起，右手掐拳，向身前自然崩出，高與肩平。

(2) 左腳向前跨一大步。同時，左手四指微屈挺直，拇指內扣，虎口朝上，向前穿掌；同時，右手變掌，沿左小臂上方向小腹部回摟，並停於襠前，掌指朝前。目視左掌（圖 7－8）。

【要　求】

(1) 身形領起與右崩拳一致；右臂要以身形的上領，自然向前崩出。

(2) 左腳上步落地，左穿掌和右手回摟同時到位。

8. 竄步撩陰掌

左腿不動，腰略向上挺。左手臂向頭頂上方抬起；右手手型不動，繼續向後摟至右後側。隨身形略向上領起，上身略前傾，以身領步，左腳蹬地，身形躍起；右腳向前方提膝竄躍一大步，落地後屈膝半蹲；以身領左腿、左腳跟進，腳掌著地，並於右腳內側。隨身形前沖，右手外翻腕，掌心朝上，向身前齊腰高度撩擊出去，左手回摟至小腹前（圖 7－9、圖 7－10）。

【要　求】

(1) 上前竄步要遠而輕靈；但不能向上跳躍，而是將整個身形向前竄出去。

圖7－9

圖7－10

(2) 右腳落步要穩，不能出現前闖勁。下蹲與右手的上撩要同時完成。右手撩陰掌要以身帶臂，如同以繩索垂物向前蕩出一樣，自然上撩，不可使拙力。

(3) 左腳跟步要快速輕捷，併步站立與右腿要虛實分明。

9. 帶環拍掌

(1) 左腳向後撤一步，屈膝半蹲；右腳隨即回撤半步，屈膝在身前提起；含胸縮腰，腰向左擰轉。右臂屈肘，右掌在胸前，由右向左再向右後畫弧後向右側摟刨。

(2) 右掌運行至右側時，身型不動，腰向右擰轉，身體重心略後移，右腿屈膝在身前提起。左臂在腰的帶動下，向左側直臂伸開，掌心朝後。而後隨腰右轉，左掌外翻腕，掌心向右由左經胸前向右側畫弧，再向左摟右膝後，停於右膝前。

(3) 左掌置於右膝前的同時，右臂屈肘，將右掌停於右耳側，掌心朝前。目視左掌。

(4) 上身領起，右腳落地踏實，雙膝挺直，身向左轉45度，左腳在身側以腳掌捻地。隨身體左轉，右手向正前方向拍掌擊出；左手由下向外翻腕向上掃擊右手腕後，停於右胸大肌處。目視右掌（圖 7－11、圖 7－12）。

【要　求】

(1) 後撤步要輕靈，提膝要儘量向上。

(2) 雙臂運動要如環之旋轉，要以腰的擰轉帶動其運行。

(3) 右掌拍擊隨轉體的旋轉而發力，要勁足力猛；左手掃擊右腕時，要有拍擊的聲響。

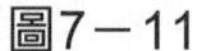
圖7－11

圖7－12

(4) 身形要儘量向上挺，有欲將身體拉長之意。

10. 燕子鑽雲

(1) 左腳不動，右腳向左腳併步，以前腳掌點地，雙腿屈膝下蹲，身形下沉，上身向左轉體。隨轉腰右掐拳變掌，經左掌內側向內摟帶，隨即停於右膝外側；左掌順勢移至右耳側，掌心朝右。

(2) 上動略停，腰向右擰轉，將身形調正。右臂隨轉腰自下向左向上向右直臂掄轉至小腹部止住；左手則自右耳側向下向左再屈臂到胸前，掌心朝下。

(3) 在雙臂掄轉的同時，雙腿挺立起身，右腳上前半步，蹬地起跳，在空中時，左腿屈膝提起到胸前，右腿先屈膝提腿，而後腳面崩直向前彈踢。同時，右掌變掐拳，向前擊出；左手摟刨至小腹部位。目視右手（圖 7－13、圖 7－14）。

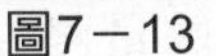
圖7－13

圖7－14

【要　求】

(1) 雙臂掄轉要沉穩有力，肩胛放鬆，以腰的左右擰轉帶動臂的運行。

(2) 躍身騰空要輕靈，有一定的高度；縮腰含胸，裹住身型，而後胸稍挺，右腿彈踢與右手擊出、左手裡摟同時到位。

11. 鷹翻（一）

(1) 左腳落地，右腳在左腳前落步，隨雙腳落步，整個身體向右擰轉。

(2) 在身體下落，雙腳落地的同時，右掌回落，與左掌同時以掌背揮擊小腹後，向兩側平伸。

(3) 身體隨向右擰轉，迅速下沉，雙腿右腿在前，左腿在後，屈膝全蹲成座盤。

(4) 成座盤後，腰繼續向右擰至極限，上身向右側傾斜，頭向左擺，目看左斜前上方。右臂屈肘，掌指直對右耳側，掌心向前；與右臂協同動作，左臂微屈，向右抖腕橫掌，直臂伸出，掌心朝斜前上方。目通過左掌虎口處，視向遠方（圖 7－15）。

【要　求】

(1) 腳落地，擰腰屈膝座盤，大撣手後雙臂上揚要自然順暢，一氣呵成，不可有間斷；座盤要沉穩紮實，臀部坐於左腳跟處。

(2) 身形縮緊，向右側斜的角度要儘量大些；頭要與身體傾斜方向保持一致；左臂上揚要儘量將左側背肌拉長，使身形舒展。

(3) 身形下沉要螺旋式下降，屈膝蹲身；不可直上直下。

12. 拍　掌

雙腿向上挺站起，隨長身隨向左轉體，使身體螺旋式上升，雙腳隨身體上升向左擰轉。在身體站直的同時，右掌掌指朝上，掌心向前，向轉體後的正前方拍擊出去；左掌掃擊右小臂後，以虎口撞擊右胸大肌，並停於此處。目視右掌擊出方向。此時重心落於右腿，左腳在身後，以腳掌點地成虛步（圖 7－16）。

【要　求】

(1) 身體直起要有螺旋上升的力量，有欲將身體引領向上的意識。

(2) 拍掌要以肩催肘，舒腕舒指，掌拍出要疾速；左手掃擊右小臂，要有清脆的聲響。

(3) 重心落於右腿，但上身不可前傾失去重心，左腳

圖7－15

圖7－16

跟虛離地為好。

13. 鷹翻（二）

(1) 重心移至左腿，身形下沉，右腳向後撤步，在未落地時，左腳蹬地躍起，向後跳躍一大步（約 1.5 ～ 2 公尺左右）；右腳落地踏實，左腳向右腳後掖步。雙掌隨後躍步的同時，向下摟刨。目視前方。

圖7－17

(2) 重複鷹翻（一）的 1 ～ 4 全部動作（圖 7－17）。

【要　求】

(1) 後躍步要右腿領位，左腿跳步要輕而遠。

(2) 其他要求與鷹翻（一）相同。

圖7－18

14. 右閃步圈引手

(1) 雙膝挺力，全身站起，重心落於左腿；隨長身，右腳向前上一小步，前腳掌虛步點地。左臂屈肘，掌心朝下，由胸前向下摟刨；同時，右掌變掐拳，由小腹處屈肘上提至與口齊，手背向前，抖臂擊出。

(2) 右腳再橫向右跨一大步，微屈膝，身形下沉，成小騎馬步。右掐拳變掌回收，右臂屈肘，橫於胸前，右掌掃擊左小臂後，掌心朝下按到小腹前；左臂亦屈肘上抬，掌心朝前，橫於頭前上方。

(3) 上動不停，右掌自下向上掄轉一周，回到原位置；左掌協同右手動作，由前向上向左掄轉一周，掌心朝內，停於小腹前。

(4) 上動不停，左手變掐拳上提至與口齊高；右手下摟至小腹，左掐拳向前擊出。同時，左腳在身前上一自然步，腳掌點地，成左虛步（圖 7－18）。

【要　求】

(1) 右手向前擊出，要伴隨身形的長起而動，身形長到位時，拳亦到位。

(2) 右閃步要輕而穩，左腳前腳掌點地要與左手拳擊出同時完成。

15. 左閃步圈引手

圖7－19

(1) 上動略停，左腳向左前橫跨一步，腳踏實微屈膝，使身形略下沉；右腳向身前邁出一小步，成右弓步。左拳變掌回收，屈肘橫於胸前，掌心朝下；右臂亦屈肘上抬，臂橫於左臂前。

(2) 上動不停，右臂由下向上向右劃弧後，掌心向左，停於小腹處；左臂由下向左向上向胸前畫弧，停於胸前；右掌變搯拳手向前擊出，左手摟回到小腹。

(3) 身型步眼不動，右搯拳變掌，掌心朝下，向自己小腹部位摟刨；同時，左手變搯拳，在右小臂內側屈臂提至口前，並隨右手回摟向前擊出。

(4) 上動不停，左手變掌回摟，右手搯拳向前擊出；而後按動作3再重複兩至三次，目視搯拳擊出方向（圖7－19）。

【要　求】

(1) 掌回摟要有力度；搯拳擊出要盡力向前舒肩探臂，體現放長擊遠之勢。

(2) 左右手搯拳連續擊出時，要與右左手回摟一體動作，以使勁力完整；雙手的交替擊出，要利用腰的左右擰轉，將搯拳抖擊出去。

16. 鷂子穿林

(1) 上動略停，右腳蹬地將身形站起，右腿向身前提起。隨腿提起，左掐拳變掌護於小腹前，右臂屈臂護於頭前上方。

(2) 上動不停，右腳在身前落步起跳，左腳向前上一自然步，右腿跳步後在身前提起。隨即兩臂向左和右各自畫弧，至左掌在上、右掌在下時，右掌變掐拳，經下摟左掌內側向前擊出。

(3) 右腳落地。左掌向前穿掌，右掌護於小腹前，左掌保持前穿姿勢。左腳隨即向前上步，落地踏實，屈膝成左弓步。右手停於小腹前，掌心朝下，掌指朝前。目視左掌。

(4) 上動不停，左腿屈膝角度不變，腳尖內扣，上身向右轉 90 度。隨轉體，雙手掌心向內交叉於小腹前，左手在前，右手在後。進而以左腳前腳掌為軸捻地，向右後繼續轉體 180 度；右腳隨轉體貼地掃轉後，停於身體右側，雙腳距離與肩同寬。

(5) 上動不停，雙膝向上彈起，使身體向上猛然長起。雙臂由腹前向上向左右兩側掄劈，兩手掌拍擊臀部兩側，並發出聲響。目視前方（圖 7－20 ～圖 7－23）。

【要　求】

(1) 上步起跳後，右腿提膝，要與右手向外擊出保持一致。

(2) 右腳落地後，左腳前跨與左穿掌要同時到位。

(3) 交叉掌後的轉體要迅速而沉穩；轉體後，長身到

圖7－20

圖7－21

圖7－22

圖7－23

頂點，要與雙手擊拍兩側臀部保持一致。

17. 左右拍掌

(1) 雙手擊拍臀部後，雙膝立即微屈，使身形下沉並向右轉體 90 度，左腳向後撤一步踏地落實；右腳隨之向回撤半步，以前腳掌點地為虛步。左掌隨轉體撤步的旋力，屈臂將手掌提至左耳側，並迅疾向前拍擊出去；右掌

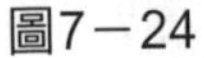

圖7－25

迎擊左小臂，發生聲響後，停於左胸大肌處。

(2) 隨即身向右微轉，身體重心前移至右腿。右手自左胸向下摟刨後，屈肘將掌經右耳側，掌心朝前，向前拍擊出去；左掌迎擊右小臂，擊拍出聲響後，停於右胸大肌處。目視掌拍出方向（圖 7－24、圖 7－25）。

【要　求】

左右拍掌要借助身體上下的起伏將掌擊拍出去；隨拍掌，上身要有向左和向右的擰轉，但幅度要恰到好處，過大則型散，過小則力僵；掌拍至極處後，要利用腕的綿巧力，使手指向前下方勾摟。

第二段

18. 轉身上步引手

(1) 上動略停，步型不動，向左後轉體 180 度，成左弓步。右掌成勾手，隨在身後伸出；左掌隨轉體由小腹

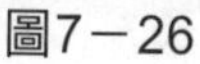
圖7－26

圖7－27

處，直臂向前立掌推出。上身略向前傾，目視左掌。

(2) 上動不停，右腳向前邁一大步成右弓步。同時，左手變掌回摟到小腹處，右手掐拳自口部向前擊出。目視右拳（圖 7－26、圖 7－27）。

【要　求】

(1) 弓步形成時右腿要微屈。

(2) 右腳邁步與出拳動作要一致。

(3) 右掐拳要借助身體的彈性力，將拳抖擊出去，不可單純以臂力擊拳；左掌回摟要沿擊拳手臂的下沿，向回摟刨至小腹處。

19. 貓撲斬手

(1) 右腳落地成右弓步。右掐拳不動，隨即左掌變掐拳附於右拳之上。身形略下沉，上身向前傾。

(2) 身體重心前移，右腳蹬起跳起；左腿向前躍出一大步，左腳落地震腳，縮腰收腹，向前磋步踢出，腳尖略

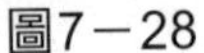

圖7－28　　圖7－29

向右斜。同時，雙臂向前上舉後迅速自上向下摟刨。

(3) 雙手下撲按到小腹前位置後，左手停於小腹前。左腳不動，右腳踏地，全身長起。右手繼續向身後掄轉至頭頂上方。隨即雙腿屈膝成半下蹲式，左腿為實，右腿為虛。隨身形下沉，右臂自上向下，猛然下劈砸至右腿外側，左掌迎掃擊右小臂後停於右胸前。目視右拳（圖 7－28、圖 7－29）。

【要　求】

(1) 貓撲躍步要輕靈，躍出距離儘量遠些；前撲雙臂要微屈，磋步要有力度，震腳磋步與雙掌下撲按同時完成。

(2) 右單臂後掄至頭頂時要將身形領起，使身體上拔至最高點，然後全身下沉；借全身下降之力，將右臂劈砸下去，身體要保持彈性力量。

20. 搖身膀款

(1) 雙膝挺力，身形向上領起。左掌停於身前，右臂劈砸後鬆握拳自然垂落於身體右側。重心落於右腿，身體略向前傾。

(2) 右腳蹬地起跳，左腳向前跳躍一大步，落地的同時，右腳腳跟用力向前碰步。同時，右手直臂向前崩出，左掌由上向下迎掃擊右小臂，並擊拍出聲響後向前推出。右腿繼續向前平腰高度蹬出。右手向上向後甩臂。身體向右側擰轉並向後傾斜。

(3) 右腳落地，身形調正，屈膝成弓步，身體由後傾向前立直。右手掐拳由後向下向前直臂崩出，左手掌掃擊上崩的右小臂後，停於小腹前。目視右拳（圖 7－30 ～圖 7－32）。

【要　求】

(1) 此式對腰部的要求較高，在跳步後的後傾身時，要保持身體的平衡，後傾角度要大而穩；左手前推與右臂

圖7－30

圖7－31

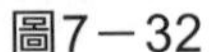
圖7－32

圖7－33

後撐要形成對拉力。

(2) 上身正直後的右掐拳上崩，力點放在小臂尺骨的前部；全身要體現出整體的彈性力。

21. 長身劈斬

(1) 左腿挺直，右腳拉回半步，以腳掌點地成虛步，全身領起。左手向前探出，右臂鬆握拳，由前向下向後掄轉，並使大臂貼右耳側，上舉過頭頂。

(2) 隨即雙腿屈膝半蹲，身形下沉。右手臂自上向下向右腿外側下方劈砸。目視右拳。左手在右臂向下劈砸時，以拳掃擊右小臂，擊出聲響後附於右胸大肌處（圖7－33～圖7－35）。

【要　求】

全身領起要有向上伸長身體的意識，右臂下劈砸要隨身形下沉而下劈，體現出重力加速度所產生的力量。而且全身要有一彈性力，如同將身體置於彈簧上一樣，有明顯

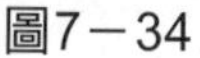

圖7－35

的起伏變化。

第三段

22. 轉體吼獅發威

(1) 左腳在身後向右腳內側併步，雙腿以膝的彈力，將身體向上彈起，雙腳前腳掌捻地，左虛右實，向左後轉體 180 度。隨轉體左掌直臂由下向上掄臂，至與頭高時，右掌直臂在身體右側平展，並借左轉腰的旋轉力，將右臂向身前掄轉；左掌下行到小腹時變掐拳上提口部，並在右臂掄轉到胸前位置向下運行時，自右臂上方，以掐拳向前擊出；右掌停於小腹前。隨左掐拳擊出的同時，左腳上一大步，成左弓步，上身向正前方向傾斜。左臂伸直，挺腰探臂。坐胯挺右腿，重心在左腿。右掌變掐拳，虎口朝下，停於右側身後。目視左拳。

(2) 左腳蹬地挺膝，將身體領起，左腳向右腳併步，身體前傾。借身體向上彈起的慣性力，右臂鬆握拳，直臂由後向前向後掄轉一周，至右側時，變掌拍擊右臀部，擊出聲響；與右臂向後掄轉的同時，左掌自然下落至小腹前。

(3) 上動不停，腰向左擰轉後身形調正。借旋腰的慣力，左臂自下向後向上掄轉至頭前上方時變招拳。同時，左腳向前上一步。同時，左拳下劈到身前小腹處。右腳順勢再向前上一步。右手鬆握拳，右臂自右側向後向上向前掄劈至右腿外側。身型隨右臂的劈下而下沉，雙腿屈膝成半蹲，右腿實，左腿虛。左拳變掌掃擊下劈的右小臂，發出聲響後，停於右胸大肌一側。目視右臂下劈方向（圖7－36～圖7－39）。

【要　求】

(1) 上述動作要一氣呵成，左右掄劈的劈斬要發出三次連貫的聲響。

圖7－36

圖7－37

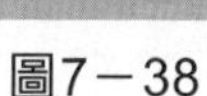
圖7－38

圖7－39

(2) 要借腰的左右擰轉力將臂掄擺，以使勁力完整。

(3) 左右腳邁步要配合雙臂的運行，靈活而沉穩，身形要有起伏變化，表現出波瀾壯闊的氣勢。

23. 膀欹步

(1) 左腳蹬地，將身形向前上領起，借身體的前衝力，右腳蹬地起跳，左腳向前躍步，在落地瞬間沉腰坐胯，膝微屈挺力，右腳向前，腳尖略向右，腳跟用力向前磋步。

(2) 在身體跳躍時，左手挺掌置於身前。右腳磋步的同時，右臂鬆握拳由下向上崩出，左手由上向下掃擊右小臂部位後，立掌向前推出；右臂借前崩的力量，向上向後再向前掄轉一周，在右腳磋步落腳成弓步時，再次向前崩出；左手再次拍擊右小臂前部位，並停於所拍之處（圖7－40～圖7－42）。

圖7－40

【要　求】

(1) 躍步要有前衝力，右腳磋步要沉實厚重，與右臂上崩後撩形成對拉的力量。

(2) 右腳落地成弓步的同時，要與右拳崩出、左手擊拍右小臂形成一個完整的定式。

圖7－41

圖7－42

24. 虎　撲

(1) 身形後撤，右腿屈膝在身前提起，使膝與腰齊平，腰向左擰轉。隨轉腰，右手變掌，與左掌共同向左外側捋帶，並由下向後向前捋轉，至頭頂上方，雙臂微屈伸直，掌心朝前。將腰轉回原位置。

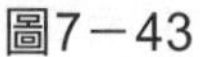
圖7－43

圖7－44

(2) 隨雙臂捋帶，左腳蹬地原地跳起，右腳微屈膝踏地震腳，左腳如同被震彈起一樣，屈膝提到胸前。雙手由上向懷裡用力回摟。同時，腰向後大幅收縮，全身成一團縮的整體。目視前下方（圖 7－43、圖 7－44）。

【要　求】

(1) 雙手向左側捋帶，要以腰的左旋抖力帶動起來。

(2) 右腳跺踏與左腿提起、腰的回縮、雙手的摟刨形成一個整勁。

25. 直立推山

上動略停，左腳向身前落下成左弓步，重心前移，胸部挺起。雙手變掌，掌心朝前，掌指向上；左掌在上與胸部齊高，右掌在下與腰齊高，雙掌在一縱向直線上向前撞擊。目視左掌指（圖 7－45）。

【要　求】

(1) 左弓步重心前移要保持恰當位置，膝蓋處不能超

圖7－45

過腳尖。

(2) 雙手前推要以膝催胯，以胯催脊，以脊催肩，以肩催肘，以肘催腕，勁力起於腳跟達於雙掌，掌根用力向前推擊。

(3) 此式要運用身體的張力，如同開弓放箭一樣；雙掌撞擊出去要脆而有力。

26. 換步左擒斫

(1) 接上式，左腳蹬地後將步撤回，在右腳內側位置落步踏實，身形高度不變；同時，右腳提膝向右側前上步，成右弓步。

(2) 右掌隨左腳後撤步，向小腹處摟回；左手掌型不變，待右腳向前邁步踏實的同時，回摟至小腹處；右手則翻腕使掌心朝前，掌指略朝下，向前直臂掖掌。

(3) 左手向下摟刨後，右掌變拳，屈肘將拳提至左腮處，將拳擊打出去。同時，提左腿向右腳前方落步。左掌同時掃擊右小臂，發出擊拍聲響後，護於左胸大肌處（圖7－46）。

【要　求】

(1) 左腳撤步與右腳上步的雙腳換步要迅捷、輕靈；雙手要配合雙腳的運動，進行回摟和前掖掌。

(2) 左圈斫擊拳要以肩催肘，以肘催拳，小臂要有前衝的下壓力，拳要有貫穿力。右手掃擊左前小臂的聲響，

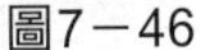
圖7－46

圖7－47

要清脆有力度，不要一畫而過。拳劈擊出去後，拳要與自己的鼻尖、左腳尖對正，即三點在縱向的一條直線上。

27. 右擒斫

(1) 左腳向左橫移一步，腳尖略向外撇，身體隨之左轉90度。左手拳變掌，在身體左側直臂下落至與腰齊平；右掌掌心向下，護於左肘內側。

(2) 步型不動。左手掌心向下，在身體左側逆時針方向畫一平圓，右掌亦逆時針在身體右側畫一平圓。

(3) 雙掌至平面交匯點時，左掌外翻腕，使掌心朝前，掌指斜朝下，經右掌下向前掖出；右掌經小腹後鬆握拳，沿肋側將拳上提至右腮處。

(4) 在右掌提起的同時，右腿屈膝提起到身前，向正前方向落步成右弓步。同時，右拳向前擊出，左掌掃擊右小臂後護於右胸大肌一側。目視右拳（圖7－47）。

【要　求】

(1) 雙掌平面畫圓要以腰的擰轉帶動臂的運行；臂微屈，雙肘有外撐之意，畫圓高度不超過肚臍。

(2) 左掖掌與右拳提起同時到位；右震腳與右拳擊出、左手掃擊右小臂，三響同時發聲（震腳一響，左手掃擊右小臂和側擊右胸大肌連續兩響）。

(3) 右拳在擊打到位的瞬間握緊，隨後依然成鬆握姿勢。

28. 跳步引手

(1) 左腿屈膝半蹲，上身後移，重心落於左腿，右腳向左腳併步，前腳掌點地。右拳變掌回落到右腿外側，左掌略上移，護於右腮側。

(2) 腰先向左旋再向右擰。隨腰的旋動，右掌經左肩外側向右直臂畫弧，屈肘，掌心向內落於小腹部，而後掌變掐拳，屈肘上提，指尖對口部；同時，左臂由右肩內側向下向左向右直臂畫弧，至胸前屈肘時，小臂橫於胸前。

(3) 左腳向前領步，右腳蹬地起跳，在身體騰空的瞬間，右腿向前彈踢。同時，右掐拳向前方彈踢的點位擊出，左掌背附於右拳腕部（圖 7－48）。

【要　求】

(1) 左右手臂的畫弧要快速穩健，以腰帶臂，身形要有起伏變化。

(2) 身體騰空，右腿踢彈要疾速；引手要與踢彈同時到位；跳步後的落步要穩，不能左右歪斜。

29. 裏邊炮

(1) 右腳在身前落步。右掐拳變掌，與左掌同時屈臂回摟，經小腹右掌向右向上，至與肩高時，向左臂微屈並屈腕握拳，虎口朝下，以拳面向左橫擊；左臂向下向左畫圓後，迎掃擊右手腕，並發出擊拍聲。

(2) 腰先向下沉再向右轉。右手拳變掌向外翻腕，向前下方摔掌後向身後甩臂，至與肩平時屈肘，掌指對右耳部，掌心朝前，停於右耳側；左臂向內翻腕，掌心朝左側，拇指向下，向左側裂掌。

(3) 腰向左轉，身形向上領起。右掌隨轉身向前衝擊拍，左手內翻腕，以掌迎掃擊右手腕，發出擊拍聲響後，護於右胸大肌處（圖 7－49 ～圖 7－51）。

【要　求】

(1) 右手拳橫擊後變掌下摔，要在拳擊點處順暢轉換，力量不要間斷。

(2) 左裂門掌要與右手配合緊密，使力量合一。

圖7－48

圖7－49

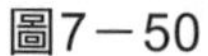
圖7－50

圖7－51

(3) 右手擊拍掌要與左轉腰保持一致，以使力量與身形和諧統一。

第四段

30. 轉身捋砸炮

(1) 以雙腳掌為軸，向左後轉體 180 度，左腳向前邁半步。左手隨轉體向前摟刨至小腹部，右掌變掐拳，隨轉體直臂上舉。身形向上領起。

(2) 身形領起至極點後，右腿向前邁一步，隨右腳落步，屈雙膝身形迅速下沉。右臂以小臂為力點向襠前劈砸；同時，左手迎掃擊右小臂，擊拍出聲響後，護於右胸大肌部位（圖 7－52、圖 7－53）。

【要　求】

(1) 向左後轉體要快而穩，左腳邁半步要與左手捋帶同時完成。

圖7－52

圖7－53

(2) 身形上領時，要使右手拳和右腳跟形成對拉的力量，將身形拉長。

(3) 下劈砸要勢大力猛，有斬釘截鐵的氣勢；雙膝要體現彈性力量。

31. 倒連環

(1) 雙膝用力，身形向上彈起。隨身形領起，右手拳直臂上舉；左手下刨，掌指朝前，護於襠部。

(2) 以雙腳掌為軸，身形左轉 90 度，隨即腰向左擰轉，左腳向右腳後外側掖步。右臂屈肘，隨左轉腰向胸前掩肘畫弧；左手鬆握拳，向左側高舉過頭。

(3) 腰向右轉。左肘在胸前由上向右向下畫弧，肘至左側時，手臂拳眼朝下，向左身後直臂甩出，右臂屈時橫於胸前。

(4) 上動不停，右腳向右側橫跨一步。右臂直臂上舉，左手拳落於身體左側，身形向上領起。目隨右拳。

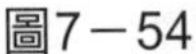
圖7－54

圖7－55

(5) 左腳向右腳後右側掖步；然後除不再轉體外重複2～4的動作二遍，倒連環共計需連續反覆做三次（圖7－54、圖7－55）。

【要　求】

(1) 左右轉腰要自然順暢；身形起伏要明顯；雙臂動作要與步法緊密配合。

(2) 倒連環要求身體必須有很好的柔韌性，動作要瀟灑大方舒展；掖步要適中，涮腰要活，步要穩，拳要順，全身要儘量放鬆，不可使僵力拙力；腰的擰轉要到位而適度。

32. 猛虎甩頭

(1) 第三個倒連環完成後，左腳向後掖步，右腳隨即以腳掌點地，雙膝微屈成右虛步，縮腰含胸，身形下沉。左手掌心朝右，護於右腮處；右手鬆握拳，置於小腹左側，雙肩內合，將身體裹緊。

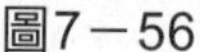
圖7－56

圖7－57

(2) 右腳向前跨一大步成右弓步，向右轉腰，將身體調正；同時，右拳由左下向右上直臂揮擊，左手摟刨至身體左側。目視右拳（圖 7－56、圖 7－57）。

【要　求】

(1) 身體裹緊要自然內收，將力量聚攏，不可將肌肉繃緊。

(2) 右腳跨步成右弓步，要與右拳揮擊和左手下刨同為一體，如開弓放箭一樣，將力量釋放出去；動作既要迅猛乾脆，又要舒展大方。

(3) 右弓步形成時，依然要含胸收腹，不可挺胸，以免使力量散亂。

33. 磋步穿幫掌

(1) 上動略停，右腳回撤半步，腳掌點地落於左腳前側，縮腰收腹，含胸拔背。隨右腳的回撤，右拳變掌，沿左小臂向小腹處摟刨；左掌虎口朝上，舒肩探臂向前穿

圖7－58

出。

(2) 上動不停，右腳向前跨出成右弓步。隨上步右手向前穿掌，左掌向回摟刨到小腹前。

(3) 左腿微屈，提膝向前邁步，踏地震腳；右腳以腳跟碰步，同時身體左轉約45度。左手手背向左，直臂橫擢掌；右掌回摟後向身後展開。隨即右腳落地震腳。右掌則由後向胸前橫向拍擊，高與頭平；左掌則向右運行，至胸前時拍擊右小臂前部位（圖 7－58 ～圖 7－60）。

【要　求】

(1) 擢掌要隨腰左轉而一體動作；右掌橫拍擊打要有追趕左手的意識。

圖7－59

圖7－60

(2) 右跟步磋腳要力促勁猛，震腳要沉而有力。

34. 猴閃（一）

(1) 左腳原地不動，右腳向右橫跨一大步，屈膝半蹲，上體向右側傾斜。右拳以小臂向右側旁擊打，左拳在左側斜上方舉起。目視右拳。

(2) 上動略停，右腳蹬地向右側跳步，在身體騰空的瞬間，左腳在身後向右側掖步落地。右拳直臂由下向後向上再向下掄轉一周，左拳向右掄轉畫弧後停於小腹前變掌。目視正前方向。

(3) 右腳落地，雙腿屈膝半蹲，身形下沉。右拳向身前劈砸，左掌掃擊右小臂後護於右肩窩處。目視右拳（圖7－61～圖7－64）。

【要　求】

(1) 右腳橫跨步後。右拳向右掃擊要以右小臂為擊發點。

圖7－61

圖7－62

圖7－63

圖7－64

(2) 右腳蹬地起跳不可過高，左腳掖步要及時而穩定，起跳時身形要長起；右腳落步與右臂下劈砸力落點保持一致。

35. 抹眉橫

(1) 雙膝挺直，身體向上長起。隨即雙臂同時舉過頭頂，雙腕貼在一起，左臂在內，掌心朝外；右臂在外，掌心朝內。

(2) 身體向右後轉180度。隨轉體雙腕貼緊，雙掌如捧物狀，同時逆時針旋轉，變右臂在內，掌心朝外；左臂在外，掌心朝內（圖7－65）。

圖7－65

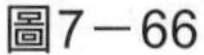
圖7－66　　圖7－67

【要　求】

向右後轉體要與旋腕同時完成。雙掌在旋轉時，雙腕要始終貼在一起。

36. 猴閃（二）

與猴閃（一）動作及要求相同，由於有抹眉橫的右後轉體180度，故猴閃（二）的運動方向與猴閃（一）相反（圖7－66、圖7－67）。

第五段

37. 五虎擒羊

(1) 右臂下劈後，身形向上領起，雙膝微屈，重心移至右腿，上身微向右轉。雙手變掌，掌心向下齊腰高度，向兩側撐開時微屈肘，有向兩側支撐之意。目視左掌。

(2) 左腳前上一步，屈膝站穩；隨即右腳磋地，提膝摘胯，縮腰含胸，腳尖上翹，向左前側方踢撩腿。雙手握

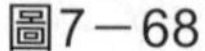
圖7－68

圖7－69

拳，右小臂磕碰在胸前的左小臂後，雙臂在胸前交叉，右小臂在裡，左小臂在外，雙拳心向內。目視左拳。

(3) 上動略停，右腳向右橫跨落步，踏地震腳，成騎馬步；隨右腳落地，鬆腰坐胯。雙掌向身體兩側擊打撐開，中心在右側。目視右拳（圖 7－68、圖 7－69）。

【要　求】

(1) 右踢撩腿與雙臂磕碰交叉要同時到位。

(2) 右腳落步要伴隨身型下沉將雙拳向兩側擊打支撐開，在力量分配方面，以右腿和右拳為主。

38. 換步拍掌（迎面換掌）

(1) 重心移至左腿，身體右轉 90 度，右腳提膝回撤到左腳內側落地震腳。

(2) 隨右腳落步後，左腳向前邁出，以腳掌點地成左虛步。左掌心向上屈肘，抬與左耳齊平，右掌前探；隨後左掌向前拍擊，右掌迎掃擊左小臂發出拍擊聲後，護於左

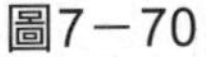
圖7－70

圖7－71

胸大肌處。目視左掌（圖 7－70）。

【要　求】

(1) 換步拍掌要乾淨俐落，勁促力猛；左掌拍至極點處，利用腕的綿柔力，使指尖向前下方自然垂落。

(2) 左虛步腳掌點地要與左掌拍出同時完成；右掌掃擊左小臂的聲響要脆而有力。

(3) 身型保持中正，不可前俯後仰。

39. 閃展步裂門掌

左腳後撤一步，屈膝半蹲，上身向左轉約 90 度；右腳在左腳落地站穩以後，向前邁半步，屈膝，以前腳掌著地。左手向回抽屈肘，使掌心朝下停於左耳側；同時，右掌沿左小臂下側向前穿掌至前方位置時，向內旋臂，使掌心向右，並利用腰的擰轉力，向右側齊肩高度橫向裂出，右掌與右腳尖保持在一條縱向直線上，目視右掌（圖 7－71）。

【要　求】

右掌先穿掌向前，而後將掌裂出，目標是對方的腮部；掌擊出時要沉肩墜肘，前穿要有擰鑽滾動力；兩腿屈膝半蹲要虛實分明，上身略向左傾，頭隨右掌運行向右側微擺動，使目光直視右掌背。

40. 獅子抖鈴

(1) 左掌移至右肩內側，右掌回摟至小腹左側。右腳向左腳併步，腳掌點地，左腳實，右腳虛。

(2) 上動不停，右腳向前上步，腳尖外撇，腳掌捻地，身體向右後轉體 180 度；左腳轉體後在身前落步，屈膝半蹲，隨即右腿屈膝提起。右手隨轉體直臂由下向右後掄轉一圈，手掌朝外，屈臂停於頭頂上方；左掌變拳，隨轉體掄轉一圈後砸擊到襠前位置。縮腰含胸，上身前傾，目視左拳。

(3) 右腳踏地震腳，同時，身體向上挺起，腰向後彎，使上身向後傾斜；左腿屈膝提起，腳尖自然下垂。左臂微屈肘，左拳拳面向後，上沖於頭頂上方；右掌下落掃擊左小臂後護於襠前部位。頭略向後仰，目視左拳（圖 7－72 ～圖 7－74）。

圖7－72

【要　求】

(1) 提膝後轉體要以腰帶臂，速度要快，身型要穩。

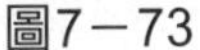

圖7－73

圖7－74

(2) 右腳震腳左腳即提起，要同時到位。上身後傾，要保持住重心；身體後仰，如同一張弓，左拳與右腳跟是弓梢，腰是弓背中心，周身勁力完整。

41. 翻身摔撞掌

左腳在身前落步，身體站直，並以左腳跟為軸，向右後轉體 180 度；右腳在轉體後向右側橫跨一小步，前腳掌著地成虛步。隨轉體左拳變掌護於右胸大肌處，右掌掌背由下向上再向下，隨轉體掄轉一周，在身前摔掌；同時，左掌借腰向右擰轉的合力向前撞掌；同時，右掌掌心朝上，收於小腹部位。目視左掌（圖 7－75）。

圖7－75

【要　求】

右後轉體要以腰帶臂進行運動；右臂向後劈斬，要有繩牽重物掄轉的感覺；摔掌落下要如同向下摔物；左掌在轉體後的撞掌，要與右擰腰同時完成；身體不可前傾，雙腿左實右虛，以便為下一動作積蓄力量。

42. 大鵬展翅

(1) 右腳撤回半步，虛步點地，全身領起，腰先向左微轉。右拳變掌回落於小腹左側，左掌掌心向右護於右肩窩處。目視右前方向。

(2) 上動略停，右腳邁出半步踏實，屈膝蓄力，腰向右旋轉。同時，右掌由下向左向上再向右直臂掄轉一周，左掌由右向下向左向前，配合右掌的動作亦掄轉一周。

(3) 上動不停，左腿屈膝提起向身前領步，右腳蹬地起跳，身體騰空的瞬間，右腳尖上翹，向右側方向蹬去。右掌變拳，在掄轉一周後，以平拳向右側上方擊出，左掌護於右肋側。

(4) 左腳先落步，右腳繼而落步，左腳向右腳後掖步，雙腿屈膝全蹲，腰向右擰轉至極限。右拳變掌，掌心向後，直臂落於身體右後側；左掌掌心朝前，直臂斜向上舉起，雙臂展開成一斜向直線。目視右側（圖 7－76 ～圖 7－79）。

【要　求】

(1) 右腳蹬地起跳，身體儘量向上拔起，側踢與右側拳擊出，要保持一致；雙腿落地全蹲要沉穩，雙臂展開要舒展大方；左臂要儘量上舉，右臂儘量向後下側展開，雙

圖7－76

圖7－77

圖7－78

圖7－79

臂有對拉之意。

(2) 拍掌要實，中拳要有貫穿力，腰要統領全身運動。

第六段

43. 中　拳

(1) 雙膝挺勁，全身長起，右腳橫跨半步，腳掌點地

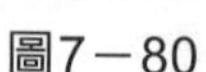
圖7－80　　圖7－81

成虛步。同時，左掌向前拍擊，右掌掃擊左小臂後下摟到小腹前。

(2) 上動略停，右腳邁步踏實成右弓步。左手回摟至小腹部，右掌變拳，以中拳式向前擊出。目視右拳（圖7－80、圖7－81）。

【要　求】

左手向內回刨，要經右掌上方刨至小腹前；右拳至極點時，右腳全腳掌也應恰好到位。此式要表現出拳的螺旋擰鑽力、手的摟刨力、臂的滾力、腕的挺力、膝的彈性力，形成周身爆炸力，意念集中在右拳上。

44. 右提劈斬手

(1) 以雙腳掌為軸，向後轉體180度成左弓步。左掌心朝下，直臂向前推出；右手鬆握拳，自然垂落於右胯外側。

(2) 右腳向左前方上步，落步踏實；繼而左腿屈膝提

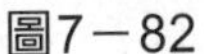

圖7－82

圖7－83

起，右腳蹬地起跳，在空中右腿屈膝提起到身前。隨起跳，右拳向上衝舉，左手掃擊右小臂後下刨。左腳隨身形下降。

(3) 左腳先落地，右腳在身前落步，成右弓步，身形下沉，縮腰含胸。右臂以小臂的下垂力，向身前劈砸。目視右拳（圖 7－82、圖 7－83）。

【要　求】

左後轉體要輕靈速捷；右腳起跳要與上衝拳保持一致；右腿落地與右拳下劈砸，要隨身形下降，同時到位。

45. 左提劈斬手

(1) 身體向上長起，右轉 45 度，右腳向右側前方上右步。右掌心朝下，向前伸出；左掌變拳，自然垂落於左胯外側。

(2) 左腳向右前方上步，隨之右腿屈膝提起向前領步，左腳蹬地起跳，在空中左腿向身前提起。隨之左拳朝

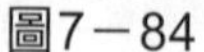
圖7－84

圖7－85

上衝舉，右手掃擊左小臂後下刨到小腹前。

(3) 右腳隨身形下降落地，屈膝半蹲；同時，左腳在身前落下成左弓步，身形下沉，縮腰含胸。左臂以小臂的下垂力向前劈砸。目視左拳（圖 7－84）。

【要　求】

與右提劈斬手相同，唯與其方向相反而已。

46. 雄鷹出群

(1) 身體向上長起，左腳向左移動半步，將身形方向調正，左腳落地瞬間；右腳磋步，並停於身前，上身前傾，向後大縮腰。雙臂在兩側向身後伸展，手成勾形，指尖向上勾住。

(2) 右腳落步，身體向上領起，腰向上挺直，再上左步落地踏實。雙臂由身後隨長腰挺身的慣性力向前向上再向後，在兩側掄轉一周後，雙掌拍擊左右臀部發出聲響。

(3) 上動不停，右腳上步成弓步。雙手成立掌，掌心

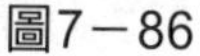
圖7－86

圖7－87

向前，在右腳落地與身形下沉的同時，向前撞擊出去（圖7－85～圖7－87）。

【要　求】

(1) 雙臂由身後向前掄轉，當雙掌運行到身前時，要有立掌向上衝和向兩側外分的力量。

(2) 雙臂拍擊兩側臀部聲響要脆而有力。

(3) 右腳再邁步落地踏實要與雙掌撞擊同時到位。

(4) 腰部的伸縮要明顯；雙掌撞擊時要鬆腰坐胯；縱向重心要落在右大腿上部的三分之一處，以免失重。

47. 烘臉照鏡

(1) 上動略停，重心後移，右腳回撤半步，腳掌著地成虛步。雙掌回摟，彈擊小腹後向兩側展開，掌心朝後，高與肩平；雙掌外旋，使掌心朝前，借縮腰含胸之力，雙肩內裹。右腳上半步，回到原位踏實，重心仍落於右腿。雙掌向前直臂合擊拍掌。

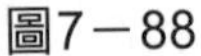

圖7－88

圖7－89

(2) 拍掌後，步型不動，腰向左旋轉。左掌心朝下，向裡回摟至小腹前；右掌外旋，拇指朝上，掌指朝前，借轉腰向前，舒肩探臂穿掌。而後右腳回撤半步，腳掌虛步點地，腰向前右旋轉，右掌內旋，掌心朝下，回摟到小腹前，左掌沿右小臂下方向前穿掌。

(3) 上動略停，右掌變拳。腰身旋正，上右步成右弓步。隨上右步，左掌回摟至小腹部，右拳先以掌沿左小臂下側前穿出，隨穿出隨向內轉臂至極點時，以單尖拳的中拳式向前擊出（圖 7－88 ～圖 7－91）。

【要　求】

(1) 腰的收縮與左右旋轉要靈活自如，要與步法、掌的運行緊密配合，協調動作。

(2) 按兩下掌與右腳落步要保持一致；右穿掌雖然運行路線短，但須以身形變化將其明顯表現出來。

(3) 左穿掌要借腰的右旋力將其穿出，要體現出力度

圖7－90

圖7－91

和身形的三折九扣要求。

48. 轉身旋風掌

(1) 身形下沉，左腳向右腿側併步，腳掌著地成虛步，縮腰將身形收攏。左掌護於小腹右側，右拳變掌護於左肩側。

(2) 左腳後撤一大步，重心隨之後移到左腿，並以左腳掌為軸，身體向右後轉 270 度。隨轉體左臂掌心向外，直臂平肩高度向後掄轉。右腳在轉體後，向右側跨步；左腳繼而跟進，向右腳後掖步。右臂隨轉體向身前掄轉，當左腳掖步形成時，雙臂掄轉成右臂在上，左臂在下，在胸前裹緊，雙掌拍擊後肩胛處（左掌拍右肩胛，右掌拍左肩胛）。

(3) 右腳再繼續右跨一大步成右弓步，身形右轉 90 度調正。隨之雙臂展開，右臂在前，高與頭齊，掌心向左；左臂在後，掌心向後，高與腰平齊。上身微前傾，目視右

圖7－92

圖7－93

圖7－94

掌（圖7－92～圖7－94）。

【要　求】

(1) 雙臂掄轉要隨轉體疾速進行；雙臂後掄要隨左掖步同時完成。

(2) 右弓步形成要與雙臂展開同時完成，且定式要準確穩定。

(3) 身形要跟隨轉體旋掌、掖步、弓步的變化而變化，表現出起伏跌宕的氣勢。

第七段

49. 二郎擔山

(1) 上式略停，右腳後撤，前腳掌點地成虛步，身形長起，向右轉腰。右掌撤回至小腹左側，左掌護於右耳側，掌心朝外。

(2) 腰繼續左轉至極點，右腳向前跨一大步，身形下沉，腰向右轉動。以腰的先左旋後右旋，將右手臂自左下經左肩外側，向前向下以掌沿力劈削。

(3) 上動不停，以右腳掌為軸，向右後轉體 180 度；隨轉體左腳落步，雙膝彎曲成騎馬式。左臂隨轉體，平肩高度轉到身體左側後，橫摟刨至襠前，與右臂在襠前，以小臂部位貼住交叉，左臂在前，右臂在後。

(4) 雙膝一彈即回到原位，腰向上長。同時，雙手鬆握拳，雙臂在胸前經頭頂處分開，向身體兩側劈砸，雙拳虎口向上，高與肩平齊。目視右拳（圖 7－95 ～圖 7－97）。

【要 求】

右上步轉體要快；右掌向下的劈削，與右轉體後左手回摟要順暢連貫；雙臂向兩側劈砸要與騎馬步定式同時完成。在雙拳劈下後，雙膝要以彈性力，使身形上下微動。

圖7－95

圖7－96

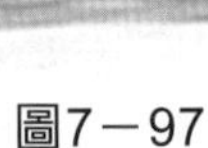

圖7－97

圖7－98

50. 猿猴入洞倒連環

(1) 重心移至左腿，身形高度不變，右腳向右側橫跨半步。雙拳變掌，左掌移至右腮部，掌心朝右；右臂微屈，掌心向前，上舉至頭頂。

(2) 左腳向右腳後側掖步，右腿屈膝半蹲，腰向右擰轉。右手隨身形下沉，在身前畫弧後勾手置於右側身後，指尖朝上。

(3) 雙膝挺力，將身形向上長起，隨長身，腰向左轉。右勾手變掌，右臂由身後直臂向下向左再向右轉臂至與肩平時，屈肘，指尖對右耳側止住，掌心向外；左掌隨轉腰由右肩處，向下向左掄轉一周後，橫掌向前齊腰高度推按。隨腰的轉動，左腳由右腳後撤回，並向前邁半步，腳掌點地成虛步，雙腿屈膝半蹲，身形下沉（圖 7－98 ～圖 7－100）。

圖7－99

圖7－100

【要　求】

(1) 旋腰轉體掄臂與左虛步形成要協調一致。

(2) 右掌止於右耳側與左掌前推按要同步完成，要有向外的支撐意識。左掌要停在左膝前位置。

(3) 鬆腰坐胯身形下沉，雙腿彎曲要虛實分明。

51. 補手中拳

(1) 步型不動，雙膝挺力，上身長起，隨即腰左轉。右掌隨之向前拍擊，左掌掃擊右小臂後，自胸滑落於小腹前。目視右掌。

(2) 左腳上前邁步，成左弓步。右掌向回摟刨至小腹部；左掌變拳，在右掌沿左小臂上側回摟的同時，以中拳式向前擊出（圖 7－101、圖 7－102）。

【要　求】

拍掌與中拳的要求與前式相同。

圖7－101

圖7－102

52. 五花炮

(1) 上動略停，全身向上領起。左拳變掌護於右胸大肌處，右掌護於小腹左側。

(2) 以左腳跟為軸，向右後轉體180度，轉體後右腳向後撤一步。隨轉體右掌經左肩外側，向身前掄劈，以掌拍擊右腿後，屈肘上提，護於左胸大肌處；同時，左掌直臂，借腰的擰轉，由右胸大肌向下向後向前，掄轉一周至頭頂上方，再繼續向下向後經右肩外側，向上直臂到胸前；此時右臂向後展開，雙臂伸展，繼續順時針掄轉，至左臂到身後時，屈肘，左掌停於左耳側，右掌

圖7－103

直臂停於在身前。目視前方（圖 7－103 ～圖 7－109）。

【要　求】

(1) 雙臂掄轉要隨轉體自然順暢地完成，中途不能出現停頓；要以腰的旋動，帶動雙臂運行。

(2) 身形要伴隨雙臂的運動彈性起伏；定式時雙腿虛實分明。

圖7－104

圖7－105

圖7－106

圖7－107

圖7－108

圖7－109

圖7－110

第八段

53. 拍　掌

(1) 右膝挺力，身體向上領起，腰向右轉。右掌掌心向上，微屈肘，向正前方伸出。

(2) 上動不停，借腰向右的旋轉力，左掌伸肩探臂向前擊出，至極點處時，五指自然朝下方抓摟；右手掃擊左小臂後護於左胸大肌一側。重心落於左腿。目視左掌（圖 7－110）。

【要　求】

(1) 轉腰拍掌要形成一體，發力要乾脆俐落。

(2) 左掌拍出，伸肩探臂要儘量向前，重心落於左腿，但身體不可前傾，以免失去重心。

(3) 隨雙掌拍擊掃過的身體部位，發出的聲響可達六次。

54. 上步穿掌

(1) 重心後移，右腿屈膝坐胯，左腳略回撤小半步，腳跟在原地略抬起，成左虛步。

(2) 腰向左旋轉至極處。借腰的擰轉力，右掌虎口向上，以穿掌式向前齊胸高度直臂穿出；同時，左掌沿右小臂上側，回摟到小腹前。目視掌指前方。

(3) 上動略停，腰向右旋轉，左腳向前跨步，成左弓步。左掌以穿掌式，直臂向前穿出；右掌掌心朝下，沿左小臂上側回摟到小腹前。目視左掌（圖 7－111、圖 7－112）。

【要　求】

(1) 穿掌要憑藉腰的擰轉慣力將掌送出，掌指和腕要挺力，表現出一種穿透力量，意識要延伸到掌指前方。

圖7－111

圖7－112

圖7－113

(2) 右穿掌要與擰腰坐胯、左掌摟刨同時完成，左穿掌要與左腳跨步落地同時到位。

(3) 穿掌時要含胸拔背，挺項領頂，肩背鬆順，胸隨腰轉略有側轉，但不可成為全側胸。

55. 當場遞手

(1) 右腳向前邁一大步，成右弓步，同時，腰微向左轉。右掌由身後直臂向前掄轉一周，以掌沿擊打左大腿裡側；左掌在右腳邁步的同時，先收回到小腹左側，在右掌掄劈時，以掌掃擊右小臂後，護於右腮部。上身略前傾，目視前方。

(2) 上動略停，腰微向右轉，將身形調正，小腹向上翻捲，左腿向前頂力，右腿向後頂力。雙腿頂力相合的瞬間，右掌向前上方立掌衝出，左掌掃擊右小臂下刨至小腹前。目視右掌（圖 7－113 ～圖 7－115）。

【要　求】

(1) 右掌掄轉下劈砸與右腳邁出落地同時完成。

(2) 小腹向上翻捲，是利用會陰穴向前上方的翻捲，促使小腹有所運動，不可成為恬胸挺肚。

(3) 雙腿的頂力是將雙腿的力，自脊背運達右掌，以使力量完整；右膝在頂力時，膝部不可超過腳尖；左腿頂力時不要挺直，膝部要微屈，要利用小腹的翻捲，使雙腿

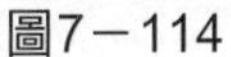
圖7－114

圖7－115

的力量送達上身。

(4) 左掌下刨要緊密配合右衝掌；雙掌動作必須協調運作，同時到位。

56. 三環掌

(1) 右腳向後撤回，屈膝提起至胸前；左腿微屈站直，腰向左轉。隨之右掌直臂向下經左肩外側手背向前掄轉至頭頂上方，左掌由下向後直臂掄轉。

(2) 上動不停，腰向右擰轉至極點，縮腰收腹，上身微側前傾。隨腰的轉動，右臂繼續向身後掄轉至與肩平後，屈肘將右掌掌心朝外，護於右耳側；左臂自後向前向右畫圓，摟過右膝，掌心朝下停於身前，按於距右膝約20公分的前部位置（圖7－116）。

【要　求】

(1) 雙臂畫圓掄轉，要隨腰的左右旋轉而自然運動，既要連貫舒暢，又要勢猛力足，充分體現肩如車輪，腰似

圖7－116

圖7－117

蛇行的通臂拳風格。

(2) 定式時縮腰收腹，要體現三折九扣的要求；左掌前按要有向前下方推出的意識。

57. 提膝拍掌（一）

右腳落地後膝部挺力，左腿隨即在身前屈膝提起，右腳跟上抬，身體向上領起，重心前移，腰向左轉。長身轉腰的同時，右掌由右耳側向正前方向拍擊；左掌迎掃擊右小臂後護於右胸大肌處。目視拍掌（圖 7－117）。

【要　求】

與前述拍掌要求相同。

58. 提膝拍掌（二）

(1) 上動不停，左掌自右胸部向身後摟刨，隨即上提至與肩平時，屈肘，將左掌掌心向前護於左耳側。

(2) 上動不停，左腳向前邁出一大步落地；同時，右腿屈膝上提至胸前。同時，左掌向前方，以拍掌式擊出；

圖7－118

圖7－119

右掌掃擊左小臂後，護於左胸大肌處（圖 7－118）。

【要　求】

本式除提膝踏步要迅捷靈活的要求外，其餘同拍掌式要求同。

59. 閃步撩陰掌

右腳向左側邁一大步。同時，右掌自右胯側以撩陰掌向前撩擊，左掌迎掃擊右小臂後護於襠前。左腳向左側橫跨步，將身形調正（圖 7－119）。

【要　求】

右腳落地要與右撩陰掌同時到位；左掌掃擊右小臂要發出聲響；右掌撩陰擊發的同時，左腳也向左側橫移到位，身形同時調正。

60. 穿掌左右擒斫

(1) 身體調正，左膝挺力，右腳回撤半步，以腳掌點地，身形向上長起。右掌向內翻轉使掌心朝下，左掌同時外翻轉使掌心朝上；隨右腳後撤步的同時，向右轉腰，右掌沿左小臂上側回刨至小腹前，左掌以穿掌式向前穿出。目視左掌。

(2) 上動略停，右腳進半步成右弓步，隨上右步。右掌掌心向前，掌指斜向前下，向右膝前方掖掌；左掌以掌心朝下，沿右小臂上側，回摟到小腹部。

(3) 重心前移，左腿屈膝提起到身前。左掌變拳提到左胯部。繼而左腳向右前側約 45 度方向上步，隨即以左擒斫式向前擊出（與第 26 式左擒斫動作相同）。

(4) 重心後移至右腿，左腳回收半步後，向左斜上方約 45 度方向邁出，成左弓步。隨左腳回收，左拳變掌，向左平行回摟畫圓；右掌在身前直臂逆時針，畫一平圓至右側時，掌心朝下摟回到小腹；左掌掌心朝前，掌指斜向前下方，向左膝前方掖掌。

(5) 重心前移，右腿屈膝提至身前。右掌變拳提至右胯部，隨即以右擒斫式向前擊出（與第 27 式右擒斫動作相同）（圖 7－120～圖 7－124）。

圖7－120

【要　求】

(1) 左右掖掌要肘部微彎曲，不可完全將臂伸直，要體現曲蓄有餘的內含勁兒。

(2) 左右擒斫前上步的

圖7－121

圖7－122

圖7－123

圖7－124

方向要把握準確，要與拳路的直線方向各成約 45 度角。

(3) 左右弓步形成時，重心不要過低，前腿屈膝彎曲角度以 100 度～ 110 度為佳，不可低於 90 度。

(4) 其餘要求參考第 27、28 式的要求。

61. 鷂子穿林

(1) 重心後移，將身體調正，右腿回撤半步，腳掌著地成虛步，左腿屈膝坐實。雙膝內扣，掩襠護腎，隨右腳回撤，右拳變掌，掌心朝下，在左掌變穿掌式向前穿出的同時，沿左小臂上側回摟到小腹前。

(2) 上動略停，右腳向前邁出成右半弓步。同時，右掌隨上步，以穿掌式向前穿出；左掌沿右小臂上側回摟到小腹前，由於身形略上升，故右穿掌擊出後的點位要略高於左穿掌。

(3) 上動不停，全身向上長起，左腳向前上一自然步距，雙膝挺直，左腿實，右腿虛。隨左腳上步，左掌向前上方穿掌，掌高與頭平齊；右掌沿上穿掌的左小臂上側，向下摟刨於小腹處。

(4) 上動不停，以左腳跟為軸，向右後轉體 180 度。轉體後，左臂直臂舉過頭頂，掌心朝前，右掌向後甩掌。右腳在轉體後向右略移一小步，腳掌著地，成右虛步。

(5) 轉體後身形略下沉。同時，左掌在身前下刨至小腹前；右掌變掐拳，由小腹處上提到胸前，與口齊平。身形略長起。與此同時，右掐拳向前擊出（圖 7－125 ～圖 7－127）。

圖7－125

【要　求】

(1) 三次穿掌要逐次上升高度；身形要由低向高處升起；第三次穿掌將身形完全拉開。

圖7－126

圖7－127

(2) 向右後轉體 180 度，要輕靈迅捷自然，利用身形上升的螺旋力，將身體轉過來。

(3) 轉體後身形先略下沉，而後以膝的彈力將身形略長起，將右引手擊發出去。

62. 連環引手（雙引手）

(1) 身形保持不動，右手由掐拳變掌，手指朝前刨回小腹處；左手由小腹處上提到口部，手背向前伸臂抖腕，向前擊出到極點處變掐拳，拳高與鼻尖平齊。

(2) 左手掐拳後變掌，向小腹處回摟；右手上提到口部，手背向前，伸臂抖腕，向前擊出至極點處變掏拳，拳高與鼻尖平齊。

(3) 重複上述 1 ～ 2 動作（圖 7－128）。

【要　求】

(1) 左右手向前擊出兩次。

(2) 引手出擊，要利用腰的旋力、雙膝的彈力、肩的

圖7－128

前探力和腕的抖彈力將拳抖擊出去。

63. 如封似閉

(1) 身型不動，腰向左旋轉。右掐拳變掌，臂微屈，隨腰左旋向左向下摟至小腹處；左拳由下向左畫動，掌心向後，至與肩平時，左臂外翻，使掌心向前。繼而腰向右旋，左掌隨腰右旋向右畫動，右掌自小腹處向右畫動，掌心向後至與肩平時，右臂向外翻轉使掌心朝前。腰再向左轉，左掌摟刨至小腹處，右掌掌心向左恢復到胸前位置。

(2) 重複上述動作三次，至左掌到小腹處時，右掌由胸前回落到小腹前，雙掌掌指均向前，掌心朝下，按於小腹前部。目視前方（圖 7－129、圖 7－130）。

【要　求】

(1) 雙掌在身前弧形畫動，要利用腰的旋力，雙腿的擰鑽力。

(2) 左右掌在擺動中的翻轉，要自然順暢；要在運行

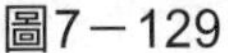
圖7－129

圖7－130

中螺旋式翻轉，避免機械式翻動。

64. 收　勢

(1) 左腳挺膝站直。雙掌在原處向內平轉，十指相對，掌心朝下，兩肘略外撐。右腳後撤一大步，成左弓步。

(2) 右腳撤步後，以腳掌為軸捻地，向右轉體約 135 度，成右弓步。雙臂向兩側平舉，掌心朝前。重心落於右腿。

(3) 左腳向右腳併步，並畫過右腳內側，向身後退一大步成右弓步；右腳以前腳掌為軸，向左轉體 90 度。雙掌舉過頭頂。

(4) 重心後移，左腿微屈站直，右腳向左腳併步靠攏。雙掌由上徐徐向下，按至腹前時，身體挺直，頭向左擺。在身體站直時，頭擺正，目視正前方。雙手自然垂落

圖7－132

於身體兩側，挺胸收腹，緩緩呼出一口氣（圖 7－131、圖 7－132）。

【要　求】

收勢雖是整套拳術動作的結束，但精神上仍不能散亂，意識上不可懈怠。動作要舒展大方，雙掌要隨身體長起緩緩下按，如按住物體將身體拔起一樣。收勢結束，身體自然挺直，依然要做到含胸拔背，收腹斂臀，拔頂抗項，內固精神，外顯氣勢，以使整個套路前後呼應，具有完美的整體性。

第八章

五行通臂刀

五行通臂刀又稱「八步十三刀」，是通臂門「三絕」之一，屬於短兵器範疇，是在拳術基礎上的器械應用，故在操練當中依然遵循五行通臂拳的各項要求。

武術運動中刀的演練，一向以威猛有力，雷厲風行而著稱。五行通臂刀除具備此特點以外，還有剛柔相濟、變化妙捷、少花式多實用的特長。由於注重實際，不尚虛誇，故自古流傳下來的典型招法有十三個，在各單式精熟之後，可以自由組合，匯成套路。

五行通臂刀的八步計有：蹉步、墊步、闖步、跳躍步、併步、搶步、閃展步、踢蹬步等。十三刀則伴隨步法步型的變化，有提劈、提撩劈、猛虎爬山、日繞山尖、春井撕、磨轉臍不轉、猴閃、鷹翻、迎門閉扇、反正劫、虎撲、左攔右掃、十字披紅等。刀法有：劈刺提撩掃攔磕掛抹拉截砍剁崩點格削挑等。它透過身形步法的緊密配合，體現出勇猛迅捷，疾進剛裂，曲中求直，攻防兼備，變化無常，柔中寓剛的特點。

五行通臂刀十三單式因其具有極強的實用性，長期以來只在本門內以師帶徒口傳心授。今據師傳整理成冊，以使此刀術能為世人所瞭解，也供武術同行借鑒。

一、五行通臂刀各式名稱及歌訣

五行通臂刀計有十三個單式操練法，其各式名稱如下：

1. 提劈刀
2. 提撩劈
3. 春井撕蘼
4. 日繞山尖
5. 猴　閃
6. 鷹　翻
7. 十字披紅
8. 猛虎爬山
9. 磨轉臍不轉
10. 迎門閉扇
11. 正反劫
12. 虎　撲
13. 左攔右掃

古人在總結以上刀式的過程中，將其實用意義編成歌訣，對理解刀法的應用具有一定的指導作用。

歌　訣

日繞山間劈面錐，浮雲起落快如飛；
亞賽猛虎爬山式，難脫肋下點鋼錐；

烘領按法令人驚，軲轆斜向去摘星；
將刀一橫驚人膽，難逃刀尖刺前胸；
撩刀進步緊相隨，金雞上嶺朝上攻；
喜鵲串枝分左右，中平刀法奔前衝；
十字披紅法無邊，圈刀一法顯奇能。

二、刀法名稱解釋

五行通臂刀用法計有十八式：

1. 劈：刀刃向下，以刀身前部向下用力為「劈」。

2. 刺：刀尖向正前方直線貫穿為「刺」。

3. 提：刀身向上，以刀盤用力向上為「提」。

4. 撩：握刀手向外翻腕，使刀刃朝前，刀由下向前向上運行為「撩」。

5. 攔：刀刃朝左，由右向左運行為「攔」。

6. 掃：刀刃朝右，由左向右運行為「掃」。

7. 磕：以刀身下部刀背向外的短促力外推為「磕」。

8. 掛：用刀背向左外側或右外側，攔截對方器械為「掛」。

9. 抹：以刀刃某點，接觸對方某一部位後，持續前推為「抹」。

10. 拉：以刀刃某點，接觸對方某一部位後，持續向懷裡抽為「拉」。

11. 截：以刀刃根部，主動迎擊對方器械為「截」。

12. 砍：以刀身中部，向左右斜下方用力為「砍」。

13. 剁：以刀身整體，向下用力為「剁」。

14. 崩：刀背向上，用力上擋為「崩」。

15. 點：以刀尖截擊對方為「點」。

16. 格：以刀橫截面向左或右，擋開對方器械為「格」。

17. 削：以刀前刃弧形運刀為「削」。

18. 挑：以刀尖前部疾速上揚為「挑」。

三、五行通臂刀步型步法

五行通臂刀的每一個單式，都與一定的步型步法緊密配合；步型步法的正確與否，直接關係到姿態的優劣和實用的效果。因此，練習五行通臂刀，首先要進行步型步法練習，其次再運用周身各處的配合，使刀術演練既姿態優美，合於法度；又用招準確，流暢自然。

五行通臂刀的步型步法，包含了中國傳統武術中的各種步型，如弓步、併步、虛步、獨立步等。除此以外，前人根據其運動特點，又歸納出有別於其他刀術的八種步型步法，計有：提撩步、搶步、蹉步、闖步、旋步、閃步、蹲步、撤步等，配合十三種典型刀式，組成五行通臂刀的主要運動方式。概括總結其特點，簡稱「八步十三刀」。具體的步型步法要求有如下方面：

1. 提撩步

左腳向前邁出一步，微屈膝半蹲，身形下沉，縮腰提胯；右腿微屈，腳尖上翹，向左斜上方提撩腿，腿踢出後高度不超過腰部。

2. 搶　步

雙腿微屈半蹲，左腳提起略離地面向前伸出，右腳以前腳掌用力蹬地，身體保持高度，左腳向前跨出，右腳落于左腳內側，而後左腳掌用力蹬起，右腳向前搶步，隨之雙腳輪番向前蹬地跨躍。

3. 闖　步

上身微向前傾，隨之右腳蹬地躍起，左腳向前跨躍，落地的同時右腳跟進，雙腿屈膝下蹲；身體向前躍進的同時右腳跟進。雙手由左向右由後向前掄起，身體下蹲後縮腰含胸，雙手下按於雙腳前。

4. 蹉　步

左腳離地略起，右腳向前彈起，左腳隨右腳彈起的瞬間，微屈膝震腳踏地站實，右腳隨即腳尖微上翹，以腳跟蹉地前彈踢出去，高度約距地面 30 公分，隨後右腳踏地震腳，左腳蹉步；如此反覆練習。

5. 旋　步

雙腿微屈膝，右腳向前邁一步，以腳掌為軸向右後轉體 180°，左腿隨轉體後在左側落步，雙腿屈膝半蹲成小騎馬步。

6. 閃　步

向左外側或右外側的橫跳步即為閃步。

7. 蹲　步

雙腿屈膝全蹲，左腳支撐身體重量的六成，右腳以前腳掌著地，支援身體重量的四成；右蹲步為右六左四。

8. 撤　步

右腳以腳跟為軸向左擰腰；左腳向後撤步，並使身體向左後轉體 90 度，稱為左撤步；右撤與上動相反。

四、五行通臂刀單式操練

1. 提劈刀式

預備式

身體正直，拔頂抗頸，含胸拔背。右手握刀刀尖朝下，左臂自然垂下於身體左側。雙腳內側距離約 20 公分，雙腿自然站立。目視前方。

(1) 出左腳，向身體前邁出自然步距。同時，左手由身體左側齊肩平，向身體前畫弧至胸前，掌指朝前，掌心朝下。

(2) 左腳邁出後落地踏實，膝微屈，鬆胯挺腰。借左腳邁出的前衝力，左手向身前下按。右腿提膝摘胯，腳尖自然上翹，膝微屈向身前踢撩腿。隨腿的前踢，右手刀背朝身後，刀柄朝前方，向前向上提撩刀，至頭頂上方，右小臂內旋，使刀刃朝前；左掌隨即追上上舉的右手。

(3) 身體長腰挺起，隨即右腿下降，以前掌著地，雙腿屈膝下蹲，身形下沉。利用全身下沉的整力，右手刀向身前右膝外側下劈，力點位於刀身前部，左掌附於右腕處。

(4) 刀劈下後，身體向上挺起，全身站直，此時左腳在後，右腳在前；繼而邁左步上步。重複以上動作（圖 8－1～圖 8－3）。

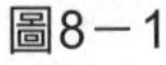
圖8－1

圖8－2

【要　求】

(1) 左腳上步要略有前衝力量。左手下按與右腿前踢，和右手刀向上提撩要協調一致。左手向下與右手向上運行，要形成上下的對拉力量後，左掌再追上右手。提撩腿不高於腰部。

圖8－3

(2) 向下劈刀要與身形下沉同時完成，形成整勁。

(3) 下劈刀後再起身時要有上頂和前衝的力量，為下一重複動作積蓄力量。

2. 提撩劈刀式

預備式：同前。

(1) 左腳向身體前邁出自然步距。左手隨左腳邁出同時，左手由身體左側齊肩平，向身體前畫弧至胸前，掌指朝前，掌心朝下。

(2) 左腳邁步向後落地踏實，膝微屈，鬆胯挺腰。借左腳邁出的前衝力，右手握刀向外翻腕，刀刃朝前，刀背朝後，由下向前向上提撩至頭頂上方，左手手掌附於右小臂內側。與右手向上撩刀的同時，右腳尖自然上翹，腿微屈向身前提撩腿。

(3) 刀運行至頭頂前上方部位，右腿已踢出的時候，左手附於右小臂內側，此時刀刃朝後，右手臂不動，右手向裡合腕，使刀自身前頭頂上方，向左肩外側運行，右手腕繼續向外逆時針翻轉，使刀在左肩外側直面旋轉一周後，回到原位置。

(4) 上動不停，右手腕順時針翻轉，使刀身在頭頂上方也旋轉 180°，使刀刃朝前。

(5) 身形下沉，右腳前腳掌在身前落地，隨右腳落地身形下沉，雙腿屈膝半蹲，左實右虛。右手握刀直臂向前下方劈刀，左手仍附於右小臂內側。

圖8－4

(6) 雙腿站直，全身領起，繼而邁左腳，重複上一動作（圖 8－4～圖 8－6）。

【要　求】

(1) 右手提撩刀後的翻腕，要使刀借腕的內合翻

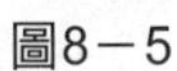
圖8－5

圖8－6

轉，在左肩外側迅速掄轉一圈。

(2) 提撩後刀的旋轉，要自然順暢，與下劈刀一氣呵成，中間不能有間歇和停頓。

3. 春井撕蔴

預備式：同前。

(1) 右手握刀，自身體右側提刀到頭頂上方，後向外翻腕，刀尖朝左，刀柄向右，刀刃朝上；左手配合右手動作，至頭頂上方時附於右腕手背一側。

(2) 上動不停，雙臂自頭頂處分左右向身側後方畫弧，雙手下落至胯部。同時，身體微前傾，左腳向正前方邁一自然步，落地踏實。右手順時針翻腕，繼續向身前以刀刃朝前向上提撩；左手配合右手運動，在胸前部位附於右手腕部；雙手繼續向上運行至頭頂上方，雙臂伸直，刀刃朝後；在雙臂伸直的瞬間，右手順時針翻腕，使刀刃朝前。隨雙臂再次上舉的運行過程中，右腿微屈膝，腳尖自然上翹，伴隨刀的上行向身前撩踢。此時，雙肩向內合勁，身體上部微前傾，縮腰提右胯，使右腿自然向前踢出。

(3) 上動不停，左腿屈膝下蹲，隨即身形下沉，右腳以前腳掌在身前右側落地。雙手隨身形下沉，向身體正前方向下劈刀。此時左腿為實，右腿為虛。

(4) 上動略停，左腿挺立，右腿提膝到胸前，向上長身。隨身形長起，左手向前左外側推按，右手刀向身體右後側撩掃，至與肩平位置順時針翻腕，右手繼續上舉至頭頂上方，刀刃朝前，此時身形全部展開。

(5) 上動不停，左腳向前上一步，在落地的同時，右手刀自右上向左下掄劈落到左腿外側，左手隨右手刀下落的同時，屈臂，手掌護於右肩窩處。

(6) 上動不停，右手刀逆時針翻腕，向右外側下方掃刀；繼之，右手再順時針翻腕，由身後向上格掛，當刀舉至頭頂上方時，身體左轉 180°。隨轉體右腿屈膝在身前提起。

(7) 完成轉體後，向右側位置落步踏實，雙腿均屈膝成騎馬步。左手附於右手腕處，雙臂用力向身前正中部前方用剁刀下劈。

(8) 上動略停，全身領起，右腳向身後方撤一大步。右手向外翻腕使刀刃朝上，隨右腳後撤，刀在額前部位向右橫拉刀，左手仍附於右腕部位。

(9) 刀拉至極限位置後，繼續在身體右側畫弧，刀刃朝左，向左擰腰，右手刀由右下向左斜上方撩出，左手附於右腕側配合右手刀的運行。

(10) 刀撩至左斜上方極限位置後，在左肩外側畫弧，平腰向右拉刀至身體右側。隨刀的下落身體右轉90°，恢復到預備式姿勢。雙臂自然下垂於身體兩側。而後重複以上動作，週而復始（圖8－7～圖8－11）。

圖8－7

【要　求】

(1) 所有動作要銜接緊湊，勁的運行要順暢自然。

(2) 順逆時針的翻腕要迅疾靈巧，不可有停頓。

(3) 右腿前踢要提膝摘胯，與刀的上行同時到位，但踢腿高不過腰，不可用拙力向上踢出。

(4) 向左斜上的撩刀要借腰的左擰轉力向左斜上拋出，不可僅用右臂的力量出刀。

圖8－8

圖8－9

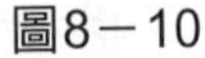
圖8－10

圖8－11

(5) 要注重本式中撩、掃、劈、提、磕、格等刀式勁路的變化，要展示出各種刀式的不同用法。

(6) 左手要自然配合右手刀的運行，協調緊湊，不可散亂或盲無目的的定位。

4. 日繞山尖

預備式：同前。

(1) 左腳向前邁出一自然步，腳尖外擺 90°，腿微屈，以腳尖為軸向左後轉體 180°，隨轉體右腳在身前上步。右手刀刀刃朝前，向下向左斜上方攔擋，左手隨右腳邁出同時向左外側摟出，爾後自然與右手左斜上的攔擋配合，並附於右手腕處。

(2) 刀運行至頭頂上方後，在頭頂上方平面掄掃一周，在掃至正前方位置後，刀背向上挑起，右臂隨即與左臂共同上舉使刀尖朝後，刀刃朝上。此時身形領起，右腿屈膝在身前提起。

圖8－12

(3) 上動不停，身形下沉，左腿屈膝半蹲，右腳腳掌落地。隨身形下沉，右手刀向身前右側劈下，左手隨右手刀下劈的同時，自然按落于左膝外側。目視刀身中部位置。

(4) 身體向上長起，邁左腳，向左轉體 180°，重複上述動作（圖 8－12 ～圖 8－14）。

【要　求】

(1) 向左後轉體，要與上右步和向左斜上方的攔掃同時進行。

(2) 攔掃後刀在頭頂上方掄轉一周的動作，要流暢自然無間斷；刀的盤旋，要以腰帶臂，以臂催腕，用右手腕

圖8－13

圖8－14

的靈活翻轉，帶動刀的運行。

(3) 刀在頭頂上方掄掃一周至結尾處，要使刀刃朝左，然後翻腕使刀刃朝前，再向上挑起。

(4) 刀下劈與右腳腳掌落地要同時到位，形成合力。

5. 猴閃刀式

預備式：同前。

(1) 左腳向前上步，右腳向左腳內側併步。右手刀向正前方平刺，刀刃朝下，左手附於右腕處。

(2) 以雙腳掌為軸，身體向左轉 90° 屈膝下蹲，左腳為實右腳為虛，隨身體下蹲，上身前傾。右手刀經左肩外側，經身前反手向轉體後的右側方向撩刀，刀刃斜朝上，刀尖向右側方向，左手手掌附於右胸大肌一側。

(3) 全身向上長起，右腳向右側跨一大步成右弓步。隨長身右手刀刀背由下向左上掛刀，經頭頂上方，而後繼續向右下方向劈刀；左手隨右手下劈在左側展開。

(4) 上動不停，右手刀下劈後向右側上方掛刀後舉過頭頂。身體向右轉 90°，左腳隨轉體向左側橫跨步，身形下沉，雙腿下蹲成小騎馬步。右手刀向正面前方劈刀，左手附於右腕上側。

(5) 右手刀劈下後，以腰為軸向左轉，左腳向前方一小步，成左弓步。右手刀隨弓步形成向下劈刀後的方向直刺，左臂展開。

(6) 身體正直，左腳收回至預備式（圖 8－15、圖 8－16）。以上動作重複練習。

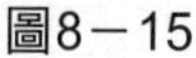
圖8－15

圖8－16

【要　求】

(1) 反手撩刀要快而疾；右弓步下劈刀要迅猛有力。

(2) 右下劈刀後的向右轉體要隨刀而動，流暢自然。

(3) 左弓步後的平刺刀要有抖彈力，身形要全部展開，體現通臂力量。

6. 鷹　翻

預備式：同前。

(1) 左腳向身前略抬起，右腳向上彈跳，在空中向左轉體 180°。右手刀隨右腳縱起，由右胯外側向左肩外側，隨轉體斜向左上方削刀，刀刃朝左。

(2) 身體在空中向左後轉體 180° 後，左腳落地踏實，隨即右腳落地，雙腿下蹲成小騎馬步。同時，右手握刀向外翻腕，使刀刃朝右，由左上向右下斜劈刀。

(3) 左手在身體起跳時與右手配合合力於胸前，在刀向右外側斜劈時，隨右手刀運至身體右側前方，左手停留

圖8－17

於身體左側，兩臂形成向外的二撐力；右手刀停於右腿外側前方時，刀尖距地面約20公分（圖8－17～圖8－19）。

【要　求】

(1) 右手刀向左斜上方削撩刀時要隨轉體共同完成。

(2) 左腳落地的瞬間，右手刀即翻腕使刀刃朝右；在右腳落地的同時，右手刀即向右下外側劈刀；幾個動作要同時到位，不可有先後。

(3) 轉體和下劈刀都要以腰帶臂運刀。

7. 十字披紅

預備式：同前。

(1) 左腳向前邁一小步。同時，左手向左前側方推按；右手向後掄刀，直臂舉至右肩外側上方。左腳落地踏實的

圖8－18

圖8－19

同時，右手刀沿右上左下線路，向左前下方劈刀；同時，左臂屈肘，將掌護於右胸大肌部位，掌心朝右。目視刀下落處。

(2) 上動不停，借刀下劈的慣性力，迅速翻腕使刀背朝後，在左肩外側由下向上畫弧掛刀；當刀運行至頭頂上方時，右腳向前邁一小步，右手刀自左向右下斜向劈下，至右腿外側，左手自然按落於左腿外側。

(3) 上動略停，右手向外翻腕，使刀刃朝前，自身右側下向前提撩刀；左手配合右手在刀運行至頭頂上方時，護於右手腕處，此時刀刃朝上，繼續借身體的上衝力，向內合腕，使刀身在左肩外側逆時針畫一直圓後，將刀舉過頭頂，向正前方砍下。右腿隨身形長起屈膝提起，隨刀的下砍身形下沉，左腿半蹲，右腿以前腳掌著地。目視刀身（圖 8－20 、圖 8－21）。

【要　求】

(1) 左右斜向劈刀要力貫全過程，不能左劈一下，再

圖8－20

圖8－21

緩勁向右劈，必須要連貫自如；左右劈刀要力猛勁順，有力劈華山之勢。

(2) 後接的提撩劈與提撩劈單式要求相同，但必須與前一交叉劈刀的動作緊密銜接。

(3) 身形起伏變化要隨刀的上揚領起，隨刀的下劈而下沉；起要有力拔千鈞之態，沉要有泰山壓頂之勢。

8. 猛虎爬山

預備式：同前。

(1) 身形略下沉，右腳向前邁出一大步，成右弓步。隨右腳上步的同時，左手向前探掌，掌指朝前，掌心朝下。

(2) 右弓步形成的同時，左手向身前小腹處回摟；腰向左轉，右手刀以刀刃朝上向前抹送刀，左手回摟與右手前送刀要形成一個整力。

(3) 上動略停，右手內翻腕使刀刃朝下。右腳回撤屈膝提至身前，左腿屈膝站穩成寒雞獨立步。在右腳回撤的同時，右手刀向回拉刀，刀尖與右膝平齊；隨右手回拉刀的同時，左手向前直掌推出。

(4) 右腳落地成右弓步。同時，右手刀向前直刺，左手自然附於右手腕處。

(5) 右腳落地後即向前躍步，左腳在身前落步踏地站實；右腳躍步後向前落步，再成右弓步。在右腳蹬地躍起時，右手刀與左手在身體兩側向後向前掄轉一周，右手刀向正前下方劈剁，左手在掄轉一周後附於右手腕處。

(6) 右腳繼續起跳，重複（5）的全部動作，此後繼續

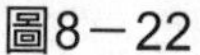
圖8－22

圖8－23

重複上述全部動作（圖8－22、圖8－23）。

【要　求】

(1) 兩次跳躍要連續運行，中間的短促跳躍要輕靈，刀的運轉要連貫。

(2) 向前的撲刀和直刺，要挺轉舒臂，短促有力，順暢自然。

(3) 寒雞獨立步形成時要有前衝的蓄力，為下兩個跳躍步積蓄力量。

(4) 回拉刀要縮腰鬆胯，身形下沉，胸向內含，頭向上頂，目視前進的方向。

9. 磨轉臍不轉

預備式：同前。

(1) 左腳向左斜前方邁一步，屈膝半蹲落地站穩；右腿微屈膝，縮腰摘胯，向左腳落步的方向撩踢腿，高與腰齊。隨右撩腿，右手以刀刃朝上，向上撩刀，刀略高於右腿；左手直掌，附於右胸大肌一側。

(2) 右腳向撩踢後的方向落步，左腳原地不動，腰向右擰轉。隨右腳落地踏實和腰的右轉，右手向內翻腕，刀刃向右，右直臂向右斜下後方向削掃刀。

(3) 上動不停，雙腳姿勢不變。右手向外翻腕使刀刃朝左，腰向左擰轉，隨腰左轉，右手刀向左斜上方撩刀，當刀撩至左肩外側上方，高於頭頂位置時，身形向上領起。右腳以腳掌為軸向，右轉體 90°。

(4) 隨轉體左腳向前邁步，並將身體調正，兩腳相距約 50 公分，雙腿下蹲成小騎馬步。轉體後右手握刀，左手附於右腕部位，由上向身前正中下方剁刀，至距地面約 30 公分處。

(5) 隨即身向左轉成左弓步，腰向上挺。右手刀向剁刀後的正前方向刺出，左掌附於右小臂處（圖 8－24）。

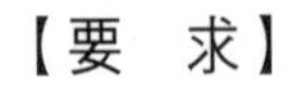

【要　求】

(1) 向左斜上方撩腿，要以腰的縮力，將右腿撩帶起來。

(2) 右腳落地要與向右後下方的劈削刀保持一致。

(3) 第二次向左上方撩刀，要以刀的帶動將身形領起，並隨即轉體，以腰的右轉將身形調正，並將刀舉過頭頂。

圖8－24

(4) 刀的下剁要利用身形下沉的整力，不能單純地用臂力下剁刀。

(5) 下剁刀後的直刺，要利用雙膝的彈力將刀刺出，體現出貫穿力量。

10. 迎門閉扇

預備式：同前。

(1) 雙臂向兩側平展，右手刀尖朝上，刀刃朝外。

(2) 左腳抬起離地約 10 公分，右腳向前躍步，左腳落地震腳，右腳隨即向上踐步。右手刀平肩高度向左格刀，刀尖朝上，刀刃朝左；同時，左手與右臂在胸前合力，雙臂以小臂左內右外交叉合於胸前，兩手心均朝裡。

(3) 右腳踐步後落地踏實。雙臂由胸前向外推撐開，手心朝外，右手刀仍然使刀尖朝上，向右外側格開。

(4) 當右手刀格開到右側以後，身形先上領起，隨身形領起，右手刀舉過頭頂，左手上舉附於右手腕處。

(5) 雙腿原地不動，屈膝下蹲，右腳在前，左腳在後，身形下沉。隨即雙手合力向身前劈刀。

(6) 身體站直，連續重複上述動作（圖 8－25）。

圖8－25

【要　求】

(1) 左右格刀與踐步緊密配合，形成合力。

(2) 身形下沉要以左腿

支撐力為主，雙腿力量分配左腿為六，右腿為四。

(3)下劈刀要猛而有力，落點在刀刃距離地面約20公分。

11. 正反劫

預備式：同前。

(1) 右腳向正前方邁一步，成半右弓步。右手向外翻腕，使刀刃朝前，右臂隨右腳上步的同時，向左肩前上側磕攔刀，此時刀尖朝右，刀刃朝上，刀柄向左，將刀橫攔於頭頂前側上方，腰微向左轉，左手自然附於右手腕處。

(2) 上動略停，右腳繼續向前蹉一小步，同時，腰向右轉。隨之右手臂逆時針旋臂，刀在頭頂上方旋掃至左肩外側時，右手臂略向下沉，使刀的高度與自身脖頸平齊，右臂向右接續拉刀；左手隨右手刀向右運行，在身體左側自然展開；此時右手刀高與肩平，刀刃朝前，刀尖朝左。

(3) 右手向上翻腕使刀刃朝上，向上方磕刀。隨即左腳向前邁出一大步，成左弓步。右手向上磕刀至頭頂上方後，以腰帶動右手臂，使刀在頭頂上方逆時針旋轉一周後將刀向正前方，齊自身脖頸高度，刀刃朝左，刀尖朝前，向前平削刀；左手配合右手運動，自然附於右手腕處（圖 8－26）。

圖8－26

【要　求】

(1) 第一次順時針旋刀和第二次逆時針旋刀，都要以腰的旋轉帶動右手臂旋臂運刀，不能只用劈力，而忽略了腰的旋轉。

(2) 刀在頭頂上方旋轉時，要做到前低後高，成一個斜面的運刀路線。刀運行到正前方位置時，高度與自身脖頸齊平；在正後方向時，高度略高於頭頂。

12. 虎　撲

預備式：同前。

(1) 右腳向正前方向自然邁出一步，左腿在身前屈膝提起。隨即右手刀以刀背向上，直臂向前磕刀，當右手刀舉至頭前方向時，以臂帶腕逆時針翻轉，使刀背朝下，向裡旋轉右腕一周，使右手刀以刀背為先，在左肩外側也旋轉一周；此時右手臂仍在身體正前方向，刀背亦朝正前方向。

(2) 上動不停，右手腕外旋，以刀背為先，使刀在右肩外側旋轉一周後刀刃朝正前方。上述動作，右臂一直在頭頂上方，左手自然附於右腕裡側部位。

(3) 左腳向前，以右腳的蹬力跳步；左腳落地踏實的同時，右腳向左腳併步，雙腿屈膝略下蹲。右手刀隨即在身前向下劈刀。

(4) 上動略停，右手以刀根部向下按刀。重心落於右腿。左臂上抬，手高與頭齊。左腿屈膝向身前提起。

(5) 左腳提起後即原地踏地震腳，隨左腳震腳踏地的同時，身形領起。右手刀向前上方磕刀。右腿屈膝提起，左腿站直。左手附於右腕處。

(6) 身形保持不變，右手刀重複 (1) ～ (2) 的挽花動作

圖8－27

後，使刀刃朝前直臂舉過頭頂，左手仍附於右腕處。

(7) 上動不停，左腳蹬地躍起，右腳向前躍一大步後，左腳跟進併步於右腳旁，雙腿屈膝下蹲。右手刀與左手共同用力，向正前下方劈刀。

(8) 隨上動略停，繼續重複 (4) ～ (6) 的動作以後，反覆重複上述動作（圖 8－27）。

【要　求】

(1) 向前躍步要迅疾輕靈，併步落地要穩重紮實；下劈刀要隨身形下沉而用力，體現出力劈華山的氣勢和力度。

(2) 左腳踏地震腳要脆而實，右腿提膝要猛而衝；向上磕刀要與左腳震腳和右腿提膝成一個整勁，不可有先後之分，身形不可散亂。

(3) 右手刀的挽花動作要順暢自然有力度，要以腰的動作帶動臂的運行，再以臂的運行帶動手腕的旋轉，使力量自下而上運行，進而將力通過脊背送達刀身，使刀與身體的力量形成整體合力。

13. 左攔右掃

預備式：同前。

(1) 雙臂向身體兩側撐開，手高與腰齊，右手刀刀刃

圖8－28

朝外，在身體右側撐開。

(2) 右腳蹬地向前躍步，左腳向前邁出，震腳踏實，右腳隨身體的前衝力向前蹉步。右手向外翻腕使刀刃朝左，隨右腳蹉步的同時，平腰高度向左攔刀；左手屈臂在內，與右臂在胸前交叉合力。

(3) 右腳落地震腳踏實，挺腰長身。在右腳落地的瞬間，右手內翻腕使刀刃朝右，向右側平腰高度平掃，左手自胸前向左撐開。

(4) 重複上述動作，反覆練習（圖 8－28）。

【要　求】

(1) 左腳震腳與右腳蹉步同時完成，形成一個整勁。

(2) 左攔和右掃要猛而有力；由左攔變右掃的翻腕動作快速迅捷。

(3) 右掃刀的落點要與右腳震腳踏實同時完成，左掃刀要與左腳震腳和右腳蹉步同時到位。

五、五行通臂刀樁功練習法

為了增強實戰性，五行通臂刀一般都需進行樁功練習，其一，體會實戰技法的基本要素，為以後實戰獲取一定的經驗；其二，增加指的握力、腕和臂的靈活性及周身力量配合；其三，加強腕、指、臂的抗禦能力。

五行通臂刀樁功練習，從刀術的技擊意義上講，所有的單式操練都可以進行樁的練習；從基本功角度上要求，則有提劈刀、提撩劈刀、撤步直刺刀、正反劈刀、烏龍絞尾、鷹翻等基本操練法。

五行通臂刀的樁，為直徑約 30 公分，高約 1.5 ～ 1.8 公尺左右的木樁，外纏裹一層較軟物質，如稻草繩、橡膠、海綿等，豎在一個較為寬敞的地方。習練者面對該樁進行單式操練。

預備式

(1) 雙腳併步站立。右手握刀，自然垂於右側，左手自然垂於左側，正面距木樁約 1.5 公尺左右。

(2) 右腳上前一小步。右手臂伸直，使刀身中部貼於木樁上。此距離即為後式操練的距離。

(3) 右腳撤回併步於左腳內側。右手刀抽回垂落於右身側。

1. 提劈刀

(1) 右腿向前屈膝提起。同時，右手刀自身右側，以刀背向上貼樁右外側，由下向上崩刀，崩起後刀運行超過樁身後，右手屈臂將刀停於右肩上方，左手由身前下按。

(2) 右腳落地，雙腿屈膝半蹲，重心落於左腿，右腳前腳掌著地，身形下沉。同時，右手刀向樁左側貼樁下劈，左手隨刀下劈，手掌附於右手腕處。

(3) 身體站直，右腳撤回，恢復到預備式，而後繼續前述動作，反覆練習。

【要　求】

(1) 刀的上提與下劈必須貼樁身運行；下劈刀可以劈刀樁頭上。

(2) 刀的運行要配合身形的起伏，不可單純以臂力運刀。

(3) 下劈刀要雙腿半蹲，左實右虛要分明。

2. 提撩劈刀

預備式：同前。

(1) 右腳向前上一步。隨上步右手向外翻腕，刀刃朝前，向樁右側外沿貼樁向上撩刀，刀超過樁頂以後，右手直臂向上撩，刀背朝前。

(2) 上動不停，左手附於右大臂內側，右手向內翻腕，使刀身在左肩外側旋轉一周，當刀運行至左肩外側下方時，刀刃朝上，由下向上貼樁向上撩削刀。

(3) 刀身交於樁頂以後，身形長起，右手向外翻腕，使刀刃朝前，隨即身形下沉貼樁左外側，向下劈刀（也可直接劈到樁頂上）。

(4) 右腳撤回恢復到預備式，再開始重複上述動作。

【要　求】

與提劈刀式同。

3. 撤步直刺刀

預備式：同前。

(1) 左腳向右側身後倒插步。同時，右手由右向左使刀在身後做纏頭裹腦動作，刀至身前後，向樁下側砍刀（刀要落在樁上）。

(2) 刀砍樁後繼續向右後拉刀，左手向樁方向前推。右腳向右撤步站穩。

(3) 腰向左擰轉，隨轉腰右手刀以刀尖齊腰高度向樁紮刀。

(4) 上動略停，左腳向右腳後插步，重複上述動作。

【要　求】

(1) 此式是以樁為軸心，撤步和插步要圍繞樁進行旋轉。

(2) 紮刀要以腰運力，身形要有起伏變化，左手配合右手的動作自然運動。

(3) 纏頭裹腦後的下砍刀要向樁下部運作，一掃即拉，不能被樁攔住。

4. 正反劈刀

預備式：同前。

(1) 右腳向前邁出一步，雙腳成丁字步站穩。右手直臂將刀伸出，高與肩平，刀前部位貼於樁身一側。

(2) 右手握刀，以腕力使刀沿樁向下運行，刀運至下部後，右手向內旋腕，使刀在左肩外側由下向上向前，以直圓方式旋轉一周後，再次貼於樁身一側，向下劈刀。

(3) 上動不停，刀運至下方後，右手向外旋腕，使刀再由肩外側，由下向後向前旋轉一周後，刀身再次貼於樁身上，並沿樁向下劈刀。

(4) 反覆按 (2) ～ (3) 的動作進行練習。

【要　求】

(1) 右手刀的左右旋腕要與腰的左右擰轉密切配合，

以腰運腕，以腕催刀，不可單純以腕的動作帶動刀的運行。

(2) 刀身貼樁要逐漸增加強度，不能將劈刀演變成削刀。

(3) 腕的內外旋轉要靈活順暢，中間不要出現停滯。

5. 烏龍絞尾

預備式：同前。

(1) 右腳向前邁出一小步，雙腳成丁字步站穩。右手握刀向正前方伸出，刀身高度與腰齊。

(2) 不接觸樁，以腰的擰轉力帶動右手腕，使刀在身前先順時針 360° 旋轉，而後再逆時針 360° 旋轉。

(3) 按 (2) 的要求，使刀尖接觸樁做旋轉練習，以提高手腕力量。

【要　求】

(1) 起初的旋腕絞刀，旋轉的幅度可以小些，以後逐漸將幅度增大。

(2) 旋刀的同時周身要放鬆，以腰帶臂，以臂帶腕，以腕運刀。不可單純用腕力旋刀。

(3) 刀觸樁時要一掃而過，不可使刀受到樁的阻滯而停止。

6. 鷹　翻

預備式：同前。

(1) 左腳向左斜前方邁出一步，腰向左擰轉。隨擰轉，右手握刀以刀前部向樁撩掃。右腳向左斜前方距地面 10 公分撩踢。

(2) 上動略停，右腳向右側落步，隨落步腰向右擰轉。右手向內翻腕，使刀刃朝右，由左向右斜下方砍樁，左手自然配合右手的動作而運動。

(3) 身體站直，左腳向左斜前方上步，重複上述動作。此式要以樁為軸心，圍繞樁進行旋轉練習。

【要　求】

(1) 刀由右向左撩掃，要使刀觸樁後向左拉刀，以使刀順利地撩掃過樁身。由左向右斜下方的砍刀要實而穩，將力量全部放到樁身上。

(2) 腰的左右擰轉要有力度，由腰的帶動將刀運行起來，不能只用臂力運刀。

六、五行通臂刀實用方法舉要

武術運動當中，所有器械的運用都是自身軀體放長和力量的延伸，借助於器具的長度，發揮自身的優勢，從而戰勝對手。因此，無論何種器具都具有所習拳術的特點，與拳術的基本功有密不可分的聯繫，基本功的紮實與否，無時無處不體現在器械運用之中，沒有厚重的基本功功力，器械也不會發揮出最大的威力。

五行通臂刀進行單式操練，注重的是妙捷實用的效果，但以拳術樁功基礎為其根本，並又有自己的特點，須仔細揣摩，細心體會，反覆練習，才會達到得心應手、運用自如的程度。

五行通臂刀，雖稱「八步十三刀」，但事實上不僅僅有十三種刀式，只是將典型的、具有代表性的刀式，來概括了五行通臂刀。希望廣大愛好者，透過此練習舉一反三，進而使技藝臻於爐火純青。

1. 提 劈

對方用器械向我正面攻擊，我在對方器械將近我身時，右手刀以刀背向上直接磕擊對方器械，使之向我右外側落空；同時，我提右腿向其小腿處蹬踢，並搶步進身，將刀順勢向對方迎面劈下。

【要 點】

上磕刀要力猛勁促，一經接觸即進身，直線向下劈刀；刀劈下後重心放於左腿，右腳虛步併於左腳一側，以備下一招法的運用。

2. 提撩劈

當對方用器械向我上部刺來，我右手刀刀刃由下向上向對方腕或肘部撩擊。如對方撤收器械，我則向其右肩斜向上削刀，意砍對方的肩與頭部。對方如側身躲閃，並再次向上長身的時候，我刀正好迎住對方的長身，借此由上向下劈刀，勢威力猛，使對方受到重創。

【要 點】

上撩刀無論奏效與否，其他刀法要緊隨其後，不可停刀收勢，以防為對方造成可乘之機。

3. 日繞山間

其一，敵方用器械向我橫向刺來，我迎其來勢，橫向向其腕部截擊，或將其來刀向外攔擊，使其落空；隨即向其右肩掃刀，借對方躲避之機向下劈刀。

其二，敵方向我方上部擊打，在將至未至之時，我以刀向其身體下部掃刀。敵方為防下部受傷，必收招變式，我則趁機向其左肩上部繼續掃刀。敵方須下沉身形以避開來勢，意欲借此向我擊刺，在其躲避身形未穩之時，我已將刀向下劈，使其不及變勢即敗北。

【要 點】

用刀要敏銳地掌握對方意圖，待對方出招後，已無變化餘地之時，以我的刀法擊敗對方。因此，在用招動勢之時，要膽大心細，靜如山岳，動如猛虎；轉刀用式如秋風掃落葉，勁力貫穿始終，勁路不斷，刀法不飄。

4. 舂井撕蔴

敵方器械向我刺來，我上左步，左手助力，右手以刀背向上崩刀，繼而圈刀上撩下劈。對方被我所逼迫而身形後撤，我追其身形上左步，右手刀隨長身提起，由右向對方的左下肢削刀。因我是由右上向左下削刀，對方不得不繼續向我左側躲閃，我則進身轉體，正面向其劈刀，對方被逼只有向後撤身，並向我上部刺，我則撤右步向右轉腰，以刀上攔右掛，使其攻勢失敗，隨即向左擰腰，由下向左斜上方直線撩掃對方襠部。

【要 點】

左右攔掃刀，要針對敵方的下肢部位，同時要追著對方躲閃的方向搶步運刀；最後的攔掛要給對方造成錯覺，有敗中取勝之意；向左擰腰的上撩掃刀，要直奔要害，有猝不及防的激勁兒。

5. 磨轉臍不轉

敵方以器械向我右側方刺來，我刀向上撩擊將其崩起，並提膝摘胯，以防對方刺中自己的下肢。敵方進擊受阻，刺點落空，而我刀已向彼右方運行；敵方則會向我之右側閃避，以防被我繼續進攻，我則利用其閃避之機，向右側落步，橫向齊腰高度向對方攔掃刀；掃刀之後，不待對方換招變勢，緊跟上左步向下劈刀。磨轉臍不轉的意思是以自身為軸心，刀隨身形和步法之變化，圍繞其轉動，使敵方在一個圈中被我所刺。

【要　點】

身形變化要以步帶身，快捷疾速，身體不要有大的起伏變化。下劈刀後，也可挺身以刀擊刺。

6. 猴　閃

敵方向我右側刺來，我則向對方右側方向上步，雙腿下蹲，左虛右實，右手反臂向對方右手臂反撩刀。對方為避免受傷，抽手後撤，我則借機迅速挺身將身形領起，斜上右步，隨右步落地，右手刀自下向左再向右下朝敵頭頂上方劈刀。

【要　點】

閃步下蹲與反臂撩刀要形成一個整勁；挺身劈刀要隨身體直起後，迅速將刀朝敵方頭頂劈去。

7. 十字披紅

此用法是以我主動進攻為主，無論對方用招與否，我以猝不及防之式向其進擊。

如對方向我正面刺來，我左掃右攔使其來勢落空，而後用提撩劈刀式繼續攻擊對方。如對方尚未用招進擊我方，則我刀式連續進擊，會令敵方在未及出勢即已完全失去反抗能力。

【要　點】

左掃右攔刀要連削帶掛，使自己正面有密不透風之勢。

8. 正反劫

敵方器械向我頭部刺來，我以刀向上橫架，隨即翻腕，用刀身將其器械壓住，並沿其手臂向對方頸部掃刀。如對方向後閃避開，並再次向我上部進攻，我則以刀刃向上磕刀，隨即再闖左步向前，並以刀由右向左繼續向對方腋窩部掃刀。

【要　點】

橫架後翻腕壓刀與向右橫掃要連貫一致；由右向左的掃刀，要沿對方器械下側向對方腋窩處掃刀。

9. 迎門閉扇

敵方向我左側進攻，在未觸及我身之時，我左腳向前踮步震腳，向其身前躍進，右腳向前蹉步，踢擊對方下肢部，右手刀向外磕擊其來刃，隨右腳落地的同時，右手翻腕，以刀刃向敵方頭部橫掃。

【要　點】

右手向外磕刀與右腳踢蹬動作一致，進身要快，向右橫掃要力威勢猛。

10. 鷹　翻

敵從我背後向我下肢刺來，我右腳起跳，在空中向後轉體 180°，借旋轉力量將右手刀由下向上，隨轉體向敵器械或手臂處掃刀，格擊開敵之兵刃，左腳在轉體後落地踏實，右腳向身前落步；此時由於大轉體，已正對敵方，而其兵刃已被我格開，我落右腳於對方身前，在右腳落地瞬間，右手向外翻腕，由上向下削擊敵之下身部位。

【要　點】

轉體要快，躍步要高，刀隨身轉形成整力，由其下肢斜向上格擊敵之兵刃。右腳落步，要向敵方襠部方向踏入，並借身形下落的力量，向敵腰部以下削刀。

此式是借用身體的旋轉而發揮作用，因此要保持身體的平衡；右腳的前插落步要隨刀即進，步到刀到，不能有先後之分。

11. 虎　撲

虎撲刀式是追擊型的刀法。

當與敵方尚有一定距離的時候，猛然躍步前撲，隨身形下蹲的全身力量，以刀之前部由上向下直線劈擊敵方，一擊奏效；如未擊中，敵方向我攻擊，我則挺腰長身，以刀背之力向上崩刀，磕開敵之器械，並提右腿屈膝於身前，以備向敵之下肢踢蹬；在磕敵器械後，右手刀用左右削刀式，圍繞敵之頭和肩部正反削刀。

如敵向後撤身，我則右腿起跳，上步繼續向敵正面由上向下劈擊。

【要　點】

第一次躍步要以身領刀，儘量向敵身前挺進；上崩刀目標應是敵臂腋窩處；左右削刀要靈活巧妙，圍繞敵之頭部連續削砍，造成其唯有後撤方可保全頭部的局勢；敵方一旦被迫後撤，我則第二次跳躍劈刀，取其一擊即中之意。

12. 迎門閉扇

迎門閉扇是近身以上對上的用法。如同手持摺扇之人，臨門進屋之時，將摺扇閉合；進屋後再行打開。

敵方用器械向我上部擊來，我迅速進身，右腳稍抬起，向敵方小腿骨蹬踹，右手刀由右向左，以刀根部力量磕開其來刃，之後翻腕平刀，刀刃向左，右腳落地踏實，借右擰腰和右臂向外的橫掃之合力，向敵方頸部砍去。

【要　點】

上步進身要快；踹腿與外磕刀要同時進行；右腳落地與向外橫掃需同步。

13. 左攔右掃

敵方器械向我左方刺來，我在對方兵刃將到未到之時，左腳向前一小步踏地震腳，右腳蹉步上前，踢蹬對方下肢部；與此同時，右手刀向左猛然攔擊其兵刃，使之落空，隨即右手翻腕，刀刃向右，齊對方腰之高度，長身、挺胸、拔腰，全身力量貫注於雙臂，左手向外開，右手刀向右橫掃敵方小腹部位。

【要　點】

左腳踏地震腳、右腳蹉步上踢與右手刀的左攔要一氣呵成，形成一個整勁。向右橫掃，雙臂要有向外撐的力量。刀的高度要與腰平，不可過低。前蹉步要力威勢猛。左攔右掃刀，要以對方的臂腕為主攻目標，左攔時腰略向內收，以增加下踢和上攔的勁力；右掃要長身挺腰，以提高外撐和橫掃的力度。

第九章

五行通臂槍

五行通臂槍是五行通臂拳術中的三絕之一，屬長器械運動。

五行通臂槍講究內勁充盈，樸實無華，簡捷明快，沉柔穩準，力猛實用。在通臂拳術的發展過程中，前輩先師吸納各種槍術的精華，歸納總結出以五槍八滾為主要方法的五行通臂槍術，由五槍八滾衍生出槍術套路和實用招式。五槍即捻槍、闖槍、中平槍、搖槍、崩槍。八滾即上滾、下滾、左滾、右滾、前滾、後滾、裡滾、外滾。

該槍術集習練用一體，但因是在拳術基礎上的器械操練，故槍術也必須將五行通臂拳術的基本要求，貫徹於槍械練習之中，方可提高技藝。

一、捻　槍

1. 握槍姿勢

(1) 雙腳併步站立，目視前方，右手握槍，將槍直立於右肩窩處，左手自然下垂于左胯側。

(2) 左手平胸高度握住槍桿，將槍垂直上提，右手下滑握住槍把根部位置，並順勢向上推槍至雙手握槍，左手在前，右手在後，右手虎口距左手拳眼約 2 寸距離，此時槍垂直在頭上自己身體中線上方部位。

(3) 雙手持槍，直臂將槍與臂緩緩降至身前，槍尖點地。

(4) 右腳後撤一步，成左弓步。隨後撤，右手向後抽槍，左手前滑把，握至自己感覺合適的位置，雙手平端槍，槍桿貼於腰際，右手把位合於腰部，此時槍尖朝前，平於腰際，槍的兩個刃口，朝向左右，身正槍平。目視槍尖（圖 9－1）。

2. 基本動作

(1) 小腹略向前挺，並有上翻之意，隨之雙手同時向左側翻轉，此時槍桿在腰際部位，向左側翻轉，左手背轉至朝向地面，右手背朝上，槍尖翻轉 180 度，並在前方畫一個直徑約 30 公分的 180 度弧。身體隨上動，重心略後移於右腿上。

圖9－1

(2) 上動不停，收小腹，隨之槍桿向內翻轉，槍桿隨轉成原握槍姿勢，此時槍桿完成兩次翻轉。

(3) 上動不停，左手滑把，右手前推槍桿，將槍齊胸高度平刺出去，左手在前，右手在後，兩手相距約 10 公分。重心前移至左腿，成左弓步。

(4) 上動略停，右手抽槍把，左手滑把迅速向後抽槍，使握槍恢復到原姿勢，因抽槍由平胸回至腰際，使槍有一個上崩挑的動作，並使槍頭有上下的震顫。

然後依照上述 (1)～(4) 的動作重複練習。

【要　點】

(1) 捻槍時要將外滾、內滾、向前攔紮、向後抽槍崩挑的動作一氣呵成；整體動作要準確有力，柔順鬆沉；不可使拙力僵力。

(2) 下盤動作要配合上身動作順暢運行，周身形成一個整勁兒；雙腿承重的力量變化要圓潤自然。

(3) 眼神要隨著槍尖運行，全神貫注於槍尖。

(4) 槍尖前紮要猛而疾，有力透石碑之意；抽槍崩挑要有挑山之勢。

【要　求】

(1) 周身放鬆，心靜身正，氣沉丹田，精神領起，神情自然；不可懈怠，也不可有怒目而向之態。

(2) 前把手要鬆活，以利於槍桿的前刺與後抽；後把位要穩而有力。前把手如同瞄準具，要把握好方向，出槍不能有上下左右的晃動；後把手要如同引擎前推，後撤穩快有力。

(3) 內滾外滾要有撥壓攔拿的意識。前刺要使槍出如一條直線向前貫穿。

(4) 後撤槍上崩挑要把握好左手把位的位置，不可過大，也不可過小，以能使槍尖自由抖動、自然有力為準。

二、闖　槍

1. 握槍姿勢同前。

2. 基本動作

(1) 左腳收回半步，收腰坐胯，右腿微蹲，左腳前掌著地。隨撤步槍向回收，雙手將槍桿向逆時針方向擰轉，至右把位到小腹處時，左肘向內合，左小臂貼住槍桿。

(2) 左腳向正前方向滑步成左弓步。隨著上身前行，雙手把位不變，同時順時針向內擰轉槍桿 180 度並向前突刺，左腳力點落實的同時，槍尖也達到前行的極致點位。槍在前行過程中，要隨擰隨前行，成螺旋形前進，槍尖所走的前行路線是一條略向上的平直線。

(3) 槍尖達於極致位置後，動作略停，左腳即後撤半步回到動作 (1) 的狀態，繼而進行反覆的練習（圖 9－2）。

圖9－2

【要　點】

(1) 前突刺槍要猛而有力，有闖關奪隘之勢；後撤抽槍要疾速，左肘回撤至左肋略內側，頂住肋部以幫助回撤定位。

(2) 前突刺與後抽撤，槍桿隨擰轉隨前行或後撤時，要沿一條直線上擰轉，並使槍桿成螺旋形的前後運動。

(3) 左弓步的左腳落點與槍尖到位完整合一；抽撤槍與左腳回撤保持一個整勁。

【要　求】

(1) 該槍式前滾後滾動作體現最充分。前刺是突拿壓紮，後撤是抽帶畫拉，整體動作中，要體會這幾方面的實用意義。

(2) 槍的運行要成一個旋動的直線，槍尖運行不可左右搖擺。

(3) 步法運行以滑動為主，不能抬腳邁步；腳落地要穩健紮實，支撐有力而又靈活，前進後撤要自如，不能有勉強之意。

三、中平槍

1. 握槍姿勢

(1)～(3) 動作均與前同。

(4) 右腳後撤一步，身體重心後移至右腿，雙腿屈膝，右腿在後，左腿在前，成左虛步（全腳掌著地），此時重心右腿占七，左腿占三。

同時，右手向右前下方齊腰際橫向鋪槍，手背向上；左手向左上齊肩平位置滑動後，握住槍桿，手背朝下，雙手成陰陽把斜握槍式，槍桿距離腹部約 20 公分，槍桿左高右低斜於身前部位。目視前方。

2. 基本動作

(1) 左腳向右前方上步，隨轉體，右腿向上頂膝，將身體向上挺起，以腳尖為軸，身體向右後轉體約 135 度，重心落於左腿。隨轉體左手直臂向胸部正前方推送槍桿，隨推槍隨向後滑把，雙臂擰轉使槍順時針翻轉，並由左上向右平胸高度掃劈；掃劈後向內蓋把（蓋把後左手背向上）；右手握槍後把，向內翻轉，屈肘至胸前部位。

(2) 上動略停，右腳向身後距左腳半步距離位置撤步，震腳落地。同時，右手向內翻腕，向下推槍把；左手滑把回抽槍，恢復至握槍姿勢。此後重複上述動作，反覆練習（圖 9－3、圖 9－4）。

【要　點】

(1) 轉體移步，提擺槍，槍桿的旋動要一致，不能有先後。

(2) 槍橫平擺至約 135 度位置後，向左回擺時至原位置時，要與右腳後撤震腳同時到位（俗稱一個點）。

(3) 身體旋動上挺，不可有飄浮感；身體恢復原姿勢時，不可有僵拙感；要體現出整體力度的厚重感。

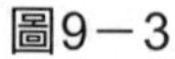

圖9－3

圖9－4

【要 求】

(1) 要充分體現出上滾下滾的勁力，槍桿的滾動要隨身體轉動自然運行。

(2) 一次轉體的前橫平擺和回撤抽掛既要分清節奏，又不能發生明顯的間斷，要有一氣呵成的感覺。

(3) 轉體靈動，節奏明快，震腳有力，橫擺回掛都要體現力度，內力要充盈。

(4) 槍點橫擺到位要有下壓的意識，高度儘量與自己的胸部高度齊平，回掛要有外崩磕擊的意識。

(5) 動作熟練之後，轉體橫平擺槍時，左手把可以滑到右手把位前約 10 公分處，雙臂均略伸直到胸前位置，以使槍的運行圓周直徑範圍擴大。

四、崩 槍

1. 握槍姿勢

(1) ～ (3) 動作均與前同。

2. 基本動作

(1) 右腳後撤一步屈膝坐實，左腳在前，腳掌著地，屈膝成左虛步。隨右腳後撤的同時，右手向後猛力回抽槍桿至右胯側，左手直臂不動，滑把前伸成為支點，隨著右手回撤槍桿，槍尖由地面向上崩挑，由於右手回撤力和左手支點力的雙重作用，槍尖在身體正前方向有一上下運行的自然抖動（此種震抖次數越多越好）。

(2) 上動略停，待槍尖抖動靜止後，身型姿勢不變，身體重心前移，左膝頂力。左手臂保持原姿勢，右手將槍桿前推，槍尖向正前方地面下紮。

(3) 上動略停，重心後移，重做動作 (1)，並依動作 (1) ～ (2) 的要求，重複練習（圖 9－5、圖 9－6）。

【要　點】

(1) 回撤抽槍要運用腰力，和右手回抽槍密切配合，使槍的上崩挑擊動作沉穩有力。

(2) 左臂支點要把握準確，以自身條件（臂展身高等自然條件）尋找到使槍桿抖動的支點；把位過前或過後均達不到使槍尖自然抖動的效果。

(3) 前紮和抽槍崩挑都要力達槍尖，身型力度要整，不能散亂。

【要　求】

(1) 向前送槍下紮要有下壓的意識，回撤抽槍要有向上崩挑磕擊的意識。

(2) 雙臂肩胛鬆沉有力；槍尖抖動時，全身要頂住力，身體整力通過槍尖的抖動體現出來。

圖9－5

圖9－6

五、搖　槍

1. 握槍姿勢

(1)～(4) 動作與捻槍動作同。

2. 基本動作

搖槍動作分為兩種：即定位搖槍和旋轉步搖槍。

定步搖槍：

(1) 右手握把在右胯部貼住，以左手為運動的主手。

(2) 重心前移至左腿，隨重心前移腰向右轉，繼而向左擰轉。隨著腰的旋動，槍尖由下向右向上向左向下畫圓，使槍尖在身前畫一大圓。

(3) 槍尖旋動一圈回到下方後，重心回撤，右腿屈膝頂力，右手隨右胯下墜而下壓把位，使槍尖向上猛然挑擊，然後重複上述動作（圖9－7、圖9－8）。

圖9－7

圖9－8

旋轉步搖槍：

旋轉步搖槍與定步搖槍的搖槍上崩挑動作相同，只是在重心前移時，左腳向右前方向邁半步，並搖槍，待搖槍一圈後，右腳向後方向撤步震腳，並隨之將槍尖向上崩挑磕擊。

【要 點】

(1) 搖槍畫圓的角度要適宜，不可過於敞，亦不可過於小；右手的把位中心要與腰的旋轉密切配合，不要使中心偏離。

(2) 搖槍運行要勻速而有力，不能有飄的感覺；尤其是最後的崩挑，一定要做到力疾勁猛，身型配合槍的運行要穩健。

(3) 旋轉步搖槍要將步法移動與身形、槍尖的運行緊密協調地配合起來，特別是震腳崩挑勁力，必須與槍尖的發力密切配合，形成一個整勁。

【要 求】

(1) 搖槍要充分體現出槍尖隨身形內滾外滾運動的協調一致。

(2) 槍在運行中要細心體會挑壓紮拉劃掛撥崩磕擊等動作的各個細節和展現方式。

(3) 身體各處配合槍的運行在放鬆發力過程中，要把握好節奏，體現身形內外的張弛有序。

(4) 習練時要全神貫注，眼神緊密配合槍尖運行，不能散亂。氣沉丹田這個要求應在所有單式演練中體現，讀者須十分注意。

第十章

五行通臂拳名詞術語解釋

五行通臂拳在歷史流傳過程中，歷代拳師為了便於教學和記憶，對拳術一些內容和特點的表達方式，做了簡單的概括和歸納，形成了部分簡語。充分理解這些簡語的內涵，對正確把握拳術風格，提高拳術水準，增強功力有很好的補益。現今，這些簡語幾乎已成為五行通臂拳的專用術語，廣為流傳。為了便於讀者理解，現根據記述，做部分內容的解釋。

1. 三絕掌

五行通臂拳中的三絕掌，是指迷魂掌、追魂掌、轉環陰陽掌三種掌法的統稱，是拳術招式運用中的三種基礎掌法。所謂三絕指的是因其力足勢猛，變幻多端，速度極快，爆發力強，用的巧妙，令人意想不到，防不勝防；而所擊打的部位又均為人體不耐擊打的薄弱環節，一經擊中，極易給對方造成重創，故此稱為三絕。

(1) 迷魂掌

迷魂掌即通常所稱的拍掌，無論是定步拍掌、閃展拍掌、衝拍掌等均包含其中。此掌所攻擊的目標，集中在頭部正面的口、鼻、目，側面的耳部和太陽穴；後部的後腦、腦乾等部位。

(2) 追魂掌

追魂掌即通常所稱的穿掌（也包括中拳）。此拳所攻擊的主要目標，是對方的左右華蓋穴、胸腹和兩肋部。利用指尖的前穿貫透力，擊打對方。尤其是中拳所形成的擊打力，是一般人難以抗禦的。

(3) 轉環陰陽掌

轉環陰陽掌即通臂拳常稱的撩陰掌。此拳虛實互補、狠毒刁滑、尖鑽損快。所擊打的目標主要針對敵方的襠部，是欲下取上、欲上取下，連環應用，極易奏效的實用招法之一。

2. 四暗腿

四暗腿是指五行通臂拳的四種腿法，因其沒有高抬腿的動作，腿法中有步，步法中含腿，實用但不外顯，故稱為暗腿。又因其主要包含蹺腿、撩腿、點腿、撞腿四種方式，故稱為四暗腿。一般人講「通臂無腿」，是說五行通臂拳沒有腿法的應用，這種說法是錯誤的，是對五行通臂拳術的一種誤解。

(1) 蹺 腿

【練 法】

身體正直，鬆腰坐胯，右腳尖上翹略外展，腿略屈膝向左前方蹬踹，腿踢出去後，即向回抽胯，利用胯的回抽縮力，將腿蹬出，高不過膝、低不過踝，收回換左腿向右前方蹬踹，左右相反，反覆練習。

【用　法】

如對方進步來襲擊我，我則見機進身，以右腳掌向其右小腿踢蹬，將其腿掀起，使其失去支撐力而傾倒。

左腿應用亦同。

(2) 撩　腿

【練　法】

左腿向前上一步，稍蹲身形略下沉；隨上左步的同時，右腿腳面繃直，略屈膝，胯向回抽，向上撩踢，右腳落地；左腳向前撩踢，腿高不過腰、低不過膝。

【用　法】

主要攻擊對方的襠部。

(3) 點　腿

【練　法】

左腳上前一步，身形略下沉；右腿屈膝提至身前，而後以腳尖之力，將小腿迅速向前彈踢，右腳落地，左腳向前彈踢。

【用　法】

主要攻擊對方膝下小腿的內外側及小腹的腿根部位。

(4) 撞　腿

【練　法】

左腳向前上一步，右腿屈膝提起，向左側上方用膝蓋頂擊，右腳落地，提左腿向右側上方用膝蓋頂擊。

【用　法】

主要攻擊對方襠部和兩腿內側及腰至膝蓋部位的外側。

3. 三折九扣

三折是指練習時身體要站成Z字形，即要折踝（腳腕部儘量下沉）、折膝、折腰胯。

但折是取其彎曲之意，不是將其折死，而是要保持身體的整體彈性，如同彈簧在側面看是折疊，而自上向下它是保持著彈性的。

九扣是指扣指、扣腕、扣肘、扣肩、扣胸、扣胯、扣膝、扣踝、扣腳趾。九扣是對身體單側而言，如果以全身論，則應為十七扣，因為除胸而外，其餘幾扣都是雙側的。

所謂扣，是指身體各關節處，要有微屈內收的意識動作，處處均不挺直，保持一種自然彎曲的狀態，而這種彎曲又要有內力的支撐，不是軟塌塌的。

4. 三盤八式

三盤八式是指臨陣對敵當中如遇強手，身臨險境時，穩固自身，保持進攻主動權的變換方式。

所謂三盤，是指人體的三個部位，上盤為頭部，中盤為胸腹部，下盤為腿部。

【八式】

(1) 上盤要準變撞腿式

我攻擊對方上盤，自身下盤有空虛之處，對方必取空而避實，此時我則提膝，以腿撞擊對方之腰際胯部，從而使自己不受傷害。

(2) 中盤要虛變跨馬式

中盤出手對方摟住，我要立即將虛腳坐實變騎馬式，以全身的整力應對對方的側力，則可保持身體的穩固。

(3) 下盤要穩變伏虎式

敵方以腿向我踢來，我速以寒雞獨立步將其化解，隨之進步接手，變伏虎式穩住自己的下盤，擊打敵方的上盤。

(4) 進步要靈變連步

對方身手靈活敏捷，進步不能接近對手時，我速以連步往前攻取，連步猶如離弦之箭，直線前穿，一貫到底。

(5) 撤步要輕變縮力

對手出手靈活多變，我在撤步不及的情況下，以全身收縮，內固蓄力，則可使其攻勢失敗。

(6) 閃步要活變形解

對方來勢兇猛，手法較快，在閃展不及的情況下，以形解之法以破之（形解在本書前頁已有詳解，此處不做贅述）。

(7) 下劈要截變捋帶

對方以上示下，向我正面劈砸，在閃避不及的情況下，我向上抬臂截住，並向兩側方捋帶，可將被動變為主動。

(8) 上挑要悶變橫掌

對方以下向上挑擊我之中路，我在變式不及的情況下，以雙手交叉向下悶擊，借對方上崩的餘力，迅速挺身，以橫掌（或裂門掌）砍擊對方頭頸、耳部等部位。此為敗中取勝之法。

5. 五護八段

(1) 五　護：

五行通臂拳強調每招每式都不是單一的用招。實際應用中，要做到圈中有圈，曲中有直，招中有招，手中有手，連環應用，蓄發不斷，對自己要上下左右中，處處護到；對敵則上下左右中，無處不攻取，是為五護。五護雖指五個方位，在拳論中是以技擊的進攻為防護的手段，而不是單純地消極防禦。

五行通臂拳後發先至，是講「先不可勝而後勝」，即發現敵人的意圖，做好防備，使對手不可勝於我，而我因勢而動，一舉而獲全勝。

(2) 八　段：

是臨陣對敵所採取的辦法，講的是八個字，即剛、柔、急、緩、動、靜、虛、實。

在平常練習中，要仔細體會這八個字的含義，在拳式中將其表現出來。在實際應用當中，以此八字為基礎，把握時機，捕捉取勝的瞬間機會，以求一擊而中，取得全勝的戰績。

6. 五頂八挺

(1) 五　頂：

是指自意識到外形的要求，即頭向上頂，手向外頂，膝向前頂，意頂氣，氣頂力。

(2) 八　挺：

挺頸神氣貫頂；挺腰力達四肢；挺膝力貫（腳趾）指頭；挺指、挺腕、挺膊、挺肘，周身合為一個整挺勁。

五頂八挺似乎和九扣相矛盾，實質上五頂八挺是力達極點的瞬間，它強調的是勁力達到極致時的狀態，是拳打出蓄力，放長擊遠的體現。

7. 七　舒

舒是舒展之意，即全身各處都要放鬆，身體舒展，沒有僵拙之感。七舒指的是：舒指要美巧；舒腕要綿軟；舒肘要無拙；舒肩令力大；舒胸令神清；舒腰令活潑；舒胯令閃展自如。

8. 七　變

也稱七巧變化，是指身體各部位用招方式上的作用和變化。

(1) 變　指

是講指、點、摟、刨、扒、刁、拿、扣等幾種應用方式，如沾身指，轉身點，回手摟、刨、扒，伸手刁、拿、鎖、扣等。

(2) 變　腕

用腕部進行轉、環、捕、壓、纏、擠、裹、捋等，在應用中見景生情，隨勢應用。

(3) 變　膊

用臂部進行沉滾挺裂，崩挑劈砸。在對手來襲的情況下，我用膊高挑低摟，下沉上崩，向下劈砸，向外擠滾等，隨處使用。

(4) 變　肘

用肘進、合、掩、墜、帶、捏、支、繃、搓等動作，保護自己，攻擊對方。

(5) 變　意

肩部的動作是近距離的擊打，用摧、擁、補、靠等辦法進行擊打。

(6) 變　身

利用身形的變化，靠近或遠離對方，實施攻擊或躲閃，其中包含利用四暗腿、肩摧胯打，大開大展、大劈大掛，或縮小、綿、軟等身形的變化。

(7) 變　步

是指躥、蹦、跳、躍、閃、展、騰、挪等等通臂步法的連續變化，隨機運用。在通臂步法中，有的是以身領步，有的是以步帶身，習者認真體會其中的奧妙。

(8) 八　意

是指心催意、意催氣、氣催身、肩催肘、肘催手、腰催胯、肘催膝、膝催足。把握了八意，可以提高學習者的自覺意識，從而達到會練、巧練，不斷提高拳意水準。

9. 九　屈

所謂九屈是講，屈指、屈腕、屈肘、屈肩、屈胸、屈腰、屈胯、屈膝、屈趾。九屈與九扣有相似之處，九扣是指靜力狀態下身體各部的形態。九屈則是在動力情況下需把握狀態，也是在九扣基礎上的發展。九屈的程度要大於九扣。讀者要結合拳術動作的練習，仔細體會屈的程度和意義。

10. 九　戒

九戒是老一輩拳師根據自身的經驗對生活規律、練習方法、對陣方式等方面提出的幾點要求。由於歷史條件所限，所提內容可能不夠全面，在此只做一般介紹。

(1) 戒　酒

練拳不可酗酒。喝酒過量性輕狂，心浮躁，思維遲鈍，行動呆滯，且易惹是生非，造成於人於己不利的後果。

(2) 戒　淫

貪樂日久，身必遭殃。

(3) 戒妄貪

初學不可貪多，多則易亂，學而不精，難得收效。

(4) 戒怒氣

怒則氣短，氣短身必剛，剛則易折，不利臨陣。在生活當中常常生氣，則易造成生理機能失衡，久之則百病叢生，身體不能強健。

(5) 戒拙力

拙力是自身的僵力，遇剛不能發，遇柔不能化，是拳術運動中的大忌；必須經長期的練習將其去除，使自己的身體如百煉之鋼，既有剛猛之力，亦存柔韌之功。

(6) 戒腆胸提腹

這兩者都是使氣上浮的動作。氣浮則下盤不穩，與氣沉丹田的要求相悖，因此必須時時注意；尤其是在大幅度運動時，更要注意糾正類似不符合規範要求的動作。

(7) 戒強逆

練功要循序漸進，不可逞一時之能，強迫做自身條件達不到的動作；揠苗助長，勢必不能取得好的結果。另一方面，臨陣對敵要講究策略和戰略戰術，不可莽撞，要做到逢強智取，遇弱活擒。

(8) 戒歪臉

所謂三尖不正莫臨敵。在練習中，五行通臂拳要求做到鼻尖、拳尖、足尖三尖對正，以使力點集中；在臨陣對敵中，使動力發揮最大的作用。歪臉則可使力量分散，打擊力度不大；另一方面也不易正確觀察對方的行動，不能很好地掌握進攻和退卻的主動權。

(9) 戒偏肩斜胯

偏肩斜胯，行動遲緩，勁力不通達，起落收放、進退展縮均會受到影響，練拳中使動作失準和丟掉優雅姿態；實踐中會為對方造成可乘之隙，使自己處於被動地位。

11. 十一要

手、眼、身、步、心、意、氣、力、胸、腹、胯要形成整體，動作合而為一，密切配合，協調一致，不能散亂。透過身體各部的協調動作，使拳術中要求的沾連黏隨化為一體。

12. 十二忌

(1) 猛而無緩　　(2) 烈必難存

(3) 實則易破　　(4) 躁主多傷

(5) 暴虐無償　　(6) 逆病百生

(7) 浮浪無威　　(8) 狂妄無收

(9) 驕則必敗　　(10) 慌則必亂

(11) 貪易受誆　　(12) 欺則難回

13. 十二字訣

十二字訣是指五行通臂拳中要求做到的具有代表性的

動作特徵：即伸、探、毒、順、頂、合、舒、挺、扣、屈、隨、摧。

(1) 伸：

伸手要緩，要待機而動，萬不可急，急則難以拳回，倘對方變招，我則束手無策。

(2) 探：

鬆肩探臂，以達放長擊遠的效果，探到極處，就是挨衣發力之方法。

(3) 毒：

出手即要穩、準、狠，取其一擊即中之意。如常言說的，手毒如猛虎撲羊，眼毒如餓鷹視兔，思毒如怒貓捕鼠。

(4) 順：

順是指起落收放、伸縮往來要通達順暢、靈活多變。動作要適應人體生理結構，進行自然運動，要由自己的順，達到對方的逆，從而使對手敗北。

(5) 頂：

是指五頂的方式，使力自足起形於脊，達於背，通達於手臂，力成於內而發於外，隨機而動，隨意而發。

(6) 合：

是指的十四合（參看十四合解釋），做到周身內外相合，全身合而為一，所有動作一氣貫通。

(7) 舒：

舒是指七舒（見第七條），可以使周身無拙力，氣爽神清，動作迅速，發手自然以達隨心所欲程度。

(8) 挺：

是指八挺，可使力達於所需之處，周身的整勁全賴於挺。

(9) 扣：

指腕扣似鋼鉤，肩肘扣伸縮往來勁不斷，胸腰扣利挺身，扣膝扣胯利防護，足趾內扣身型穩，周身之力在其中。

(10) 屈：

指腕肘屈護上盤，屈胸屈腰護中盤，屈胯屈膝護下盤，屈肩則防護左右。

(11) 隨：

隨動而動，見機則攻，見攻則化，以我順人背之勢，把握主動。

(12) 摧：

意念一生行動即至，以摧枯拉朽之勢，摧毀對方的防線，進行深層打擊。

14. 十四合

眼與心合，心與意合，意與氣合，氣與力合，力與手合，手與肘合，肩與背合，背與脊合，脊與腰合，腰與胯合，胯與膝合，膝與足合，內外相合，周身相合。

15. 三劫九取法

三劫九取法是指上、中、下三盤劫取得九種防禦手段。

上盤劫取：刁腕、托肘、支撐膀根。

中盤劫取：迎面掩手拍掌，空胸凹腹摔掌，閃展步裂門掌。

下盤劫取：擒捉式，推膝挺裂胯根。

16. 十種奇勁

沾連挨黏隨，吸化形解縮。

17. 十二種正勁

冷彈脆，輕速捷，綿軟巧，靈活妙。

18. 臨陣對敵歌

願君對敵莫慌張　持拳手穩身暗藏
察其神情觀動靜　或來急緩和柔剛
或向左右和誆詐　虛實進退仔細詳
拳對敵人中平正　五護八段內中藏
彼拳擊來應机變　隨後追之必不祥
閃展交接身如電　劈擂擢挑不尋常
反正左右迎面摦　按掩揎擎法術強
隨身一動千招變　兩手相連急快狂
抽撤帶環敵莫測　擊掃迅速遮太陽
一升一降龍沾水　搖頭擺尾似虎狼
燕子鑽云神妙速　搖身進步奪中央
大鵬展翅乾坤變　順水推舟催浪狂
敵若變動隨机變　須加謹慎莫張揚
迎門使上三環掌　白蛇吐信奔中央
手雖深入心防變　虛實動靜柔克剛
對手使剛柔能破　彼動我靜觀其詳
觀其神情或急緩　急則易破緩難防

剛者性貪貪必猛　猛則退步主多傷
急則難緩貪走敗　出其不意將敵傷
欺敵必敗輕敵險　引誘誆詐最難防
凡胜之時莫驕傲　一要敗陣宜端詳
迎敵戰鬥一定理　驕浮貪欺無下場
虛則難攻實易破　彼虛我實無躲藏
交接之時需段護　防手段護是良方
左右上下八段法　五護中拳保無傷
摔拍穿劈分四路　鑽拳一路奔中央

19. 通臂五掌

指摔掌、拍掌、穿掌、劈掌、鑽掌五種典型掌法。

20. 通臂五拳雙手並出法

(1) 沉滾柔晃，則為化力。

(2) 撐支補靠，則為縮力。

(3) 衝推搡送，則為挺力。

(4) 烘擁撲闖，則為烘力。

(5) 捧掩搓擎，則為柔力。

21. 十種勁力

崩、縮、化、摧、擎、柔、炸、挺、烘、彈。

22. 老祁派通臂拳身形身法

四大要點，八大要素。

四大要點：二撐，抖炸，螺旋，彈簧。

八大要素：準確，開展，連貫，協調，鬆沉，緊湊，優雅，自然。

(1) 準　確

準確是為基礎，如字之筆法。字無筆法，不能成其勢。拳勢不準，不能有其功。

(2) 開　展

開展是順應自然的先決條件。每一動作均使身體各部位運動伸展收縮達於極致，使形有限而意無窮，久練後達於我能而人不能，使拳術出於常理，勝於常理。

(3) 連　貫

連貫是動作順暢圓潤，蓄放得法，運行路線飽滿無缺陷，每一招式手眼身法步、精神氣力功無間隙處、無缺憾處，前後呼應，一氣呵成；依法得勢，勢而應法；如環之無端，水流無隙。

(4) 協　調

虛實內外，陰陽配合。周身一體，蓄放得道。上下左右，進退攻防，無處不合而為一。

(5) 鬆　沉

鬆沉是靈妙的前提條件。鬆可防僵洗拙，使身體輕盈，動作靈快，身心俱爽。沉是求其紮實穩定，氣足力促，防飄戒浮，以使功力厚實，內涵豐富。

(6) 緊　湊

指招式之間細節動作的轉化銜接要不留痕跡，有轉換而不加任何人為因素，不強努不懈怠，動作嚴謹不浮滑無間斷。

(7) 優　雅

行拳如紳士，招式如驚鴻。就練者而言，從面部表情到自身動作都要優美雅觀。就觀者而論，既有敬畏之意，又存賞心悅目之情。

(8) 自　然

就自身而言，要順應身體條件的自然規律，無勉強之意，無僵努之形。練習過程中，要使自己心無雜念，融於天地之中，自然環境之內，如滴水入滄海，使形出於自然，而歸於自然。

附 錄

勢 法 歌 訣

1. **站功伸肩**

伸肩奪臂勢法高，神出鬼沒用心操，
若能悟得其中理，凡夫愚拙變英豪。

2. **攏胸抱月**

沾連黏隨最為高，攏住敵人無處逃，
隨身一動千招變，剛柔相濟兩手交。

3. **燕子鑽雲**

燕子鑽雲妙又靈，斜身繞步稱英雄，
翻身摘胯欺身進，抖擻掏摔將敵迎。

4. **撩陰腿**

葉底藏花勢法新，操臂縮胸手上運，
搖身膀趄輕速妙，摘胯提膝去撩陰。

5. **跨虎登山**

跨虎登山勢法凶，出手上步身要平，
擂削抖搌隨腿去，斜身摘胯將敵蹬。

6. 擒 斫

推山勢法猛迎敵，氣膽相合前腿提，
衝擁闖撞雙挑腕，摧擦送探臂急轉。

7. 劈山炮

劈山炮法難抵抗，前後左右上下揚，
閃展交接身如旋，補掌穿心最難防。

8. 挑山勢

先師秘授挑山掌，擢挑擠按補得強，
穿搓挺裂人難曉，兩手相連把敵傷。

9. 藏花勢掌

葉底藏花玩法精，斜身繞步朝上攻，
暗掌發出冷急脆，纏繞進手不留情。

10. 劈山轉環掌

搧劈掉捌猛對敵，轉換拍掌補得及，
隨身一動如閃電，陰陽二手上下欺。

11. 撩陰掌

陰陽二手上下分，縮小靈活進敵身
挽挑掏撈奸毒狠，抽撤帶環去撩陰。

12. 當場遞手

當場遞手讓三分，接撩揎掠護住身，
搌鑽捽拍冷急脆，難逃中拳刺前心。

13. 擢挑劈山

劈擂擢挑上下分，欺身進步奔敵人，
閃展交接身如電，摟掄掠帶妙如神。

14. 白猿獻果

白猿舉手笑吟吟，催手探背手腳跟，
雙掌齊出獻果勢，手腳齊發取敵人。

15. 狸貓捕鼠

狸貓捕鼠巧躍急，探背鬆肩步提膝，
靈活縮小雙探手，摑撲探接將身欺。

16. 金雞抖翎

金雞抖翎雙掌出，合肩捧手進敵人，
縮腰探背急速快，難逃襠下取人魂。

17. 孤雁出群

鴻雁出群勢法孤，欺身進步單手出，
引誘虛緩誆敵將，奪背鬆肩法術速。

18. 摔 掌

勸君對敵氣沉沉，斜身摘胯翻掌雲，
抖摟掏摔迎面炸，準叫敵人迷卻魂。

19. 拍掌勢

迎面拍掌氣下沉，提膝進步妙如神，
拍補撐按速急冷，奪背鬆肩取敵人。

20. 掠帶穿心炮

掠帶穿心勢要平，身長足短步法靈，
冷急脆快人難脫，暗發中拳刺敵胸。

21. 劈山轉環拍掌

劈摟摔拍上下揚，隨機應變補得強，
閃展交接身如電，勒轉穿帶不尋常。

22. 穿　掌

先師傳我連環掌，穿擢擠按將敵蹚，
崩摧搓裂神速妙，剛柔相濟把敵傷。

23. 裂門掌

外展柔緩心存剛，穿崩挺裂法門狂，
鬆肩奪背揮腮掌，進步欺身敵難防。

24. 劈摟擢挑

劈摟擢挑上下連，左右連行便攻肩，
上步進身輕靈妙，雙手連環護中間。

25. 閉門炮

鬧倒之時不放鬆，翻正左右相裹攻，
上下連環急又快，緊跟閉門炮一聲。

26. 推窗望月

推窗望月性莫狂，欺身進步形如浪，
上展下按雙手進，令敵難逃此一場。

27. 十字飛球腿

十字撩腿勢法仙，提膝摘胯腿連環，
擢挑劈捅連珠炮，飛腿奇出敵膽寒。

28. 飛虎攔路

猛虎攔路形態剛，翻背掉搠補要強，
劈摟擠按敵難進，雙手相連將敵傷。

29. 三環迎面掌

勸君對敵莫慌忙，遮拳平穩身暗藏，
翻正左右迎面搠，摔拍探按奔中央。

30. 轉環撩陰掌

轉環撩陰勢法奇，一升一降前腿提，
迎面使上風擺葉，換上野馬奔潭溪。

31. 轉環劈山

轉環劈山勢法狂，出手柔和心存剛，
搖身進步風雷響，滾手連環上下防。

32. 白蛇吐信

白蛇吐信勢法毒，攻肩探背雙手速，
撐支補按輕靈妙，穿鑽捶刺將敵誅。

33. 挺 掌

挺掌出手貴乎速，鬆肩探背向裡舒，
前手好像龍探掌，後步攻擊如猛虎。

34. 崩 拳

崩拳持手氣下沉，身長足短妙如神，
攛崩擢挑急又烈，掀掛穿鑽刺敵心。

35. 反臂劈山

反臂攻敵世無雙，摔拍補撞奔胸膛，
撣掄掉掰迎風去，暗用中拳把敵傷。

36. 鑽 掌

鑽掌貴速勢法孤，探肩奪背單掌出，
欺身上步斜插胯，冷急脆快將敵除。

37. 抹眉橫

抹眉橫掌朝上紜，令敵無見迷卻魂，
鑽手欺身相連進，鑽掌柔摟敗敵人。

38. 六龍取水

敗中取勝將敵誆，先後收手緊緊藏，
靜候敵人身臨境，二指取目逞兇狂。

39. 金龍合口

金龍合口勢法狂，搖頭擺尾把口張，
進步欺身如踏浪，陰陽二手奔中央。

40. 仙人指路

仙人授我指路掌，無影無形無柔剛，
渾然一體太極相，令敵無處測陰陽。

41. 展手劈山

展手劈山緊迎敵，速出兩手朝上欺，
抖擲擂掉雙合手，探背舒肩前腿提。

42. 當場遞手

當場遞手勢法鮮，探背攻肩氣當先，
抽撤帶環敵莫測，劈拍補撞奔胸前。

43. 追魂掌

捽拍掃炸亂紛紛，一抖三花驚人魂，
掏鑽搜刺返肋下，陰陽二掌上下分。

44. 四平炮

斜身繞步逞英雄，誆詐虛實引誘靈，
後手插入敵人肋，轉環補撞炮四平。

45. 纏腰橫

纏腰出手勢法能，斜身進步有奇能，
一升一落龍戲水，兩肋相合將敵攻。

46. 拴馬樁

拴馬勢法去迎敵，兩手相合步緊欺，

提崩探蹈雙分手，準令敵人神氣迷。

47. 撤八門

八門迎敵勢法仙，閃展交接兩腿連，

抽撤帶環猿猴步，隨轉挪移護得嚴。

48. 硬劈山

劈山勢法手上耘，翻正上下奔敵人，

氣膽相合欺身進，好似閃電晃乾坤。

49. 大鵬展翅

大鵬展翅氣自揚，閃展交接得人強，

霹雷一震乾坤變，準讓敵人敗下場。

50. 猿猴入洞

猿猴入洞身輕靈，探背縮腰攏住胸，

兩手相合急又快，摔拍穿鑽狠又猛。

51. 順水推舟

順水推舟行如浪，雙手相持把身藏，

推摧搡送雙掌進，找準敵人肋下傷。

通臂拳小連環套路名稱

1. 起　勢　2. 輕風登勢
3. 雙捋帶　4. 雙合掌
5. 雙提手　6. 雙捧掌
7. 搖身膀欹　8. 挺　掌
9. 撩陰腿　10. 跨虎登山
11. 右圈礫　12. 白猿獻果
13. 轉身圈手　14. 直立推山
15. 連環穿掌　16. 白蛇吐信
17. 大　搧　18. 反背拍掌
19. 金龍合口　20. 白猿獻果
21. 靈貓捕鼠　22. 推窗望月
23. 裹身炮　24. 連環圈手
25. 直　搧　26. 穿　掌
27. 猿猴入洞　28. 猿猴出洞
29. 中 拳　30. 猛虎搖頭
31. 裹邊炮　32. 猴 閃（兩個）
33. 左圈礫　34. 飛虎攔路
35. 當場遞手　36. 四平炮
37. 抹眉橫　38. 霸王脫靴
39. 拴馬樁　40. 摟膝引手
41. 穿幫掌　42. 捋砸炮
43. 纏腰橫　44. 雙手並出
45. 如封似閉　46. 收　勢

通臂拳大連環套路名稱

1. 起　勢
2. 雙捋帶
3. 雙撣手
4. 雙合掌
5. 劈　斬
6. 拍　掌
7. 撩拍掌
8. 帶環拍掌
9. 鷹　翻
10. 轉閃劈斬
11. 連環圈手
12. 褁身炮
13. 上勢猿猴入洞
14. 反背引手
15. 大鵬展翅
16. 騰空合掌
17. 五花炮
18. 下勢猿猴入洞
19. 劈山反背
20. 雄鷹出群
21. 貓撲斬手
22. 搖身膀歒
23. 進步劈斬
24. 雄獅發威
25. 搖身膀歒
26. 虎　撲
27. 左圈斫
28. 反背帶環
29. 連環穿掌
30. 直　搧
31. 裂門掌
32. 穿幫掌
33. 倒連環
34. 連環圈手
35. 抹眉橫
36. 頗 腿
37. 扁　踹
38. 斜 劈
39. 引手拍掌
40. 劈山反背
41. 大　搧
42. 反背拍掌
43. 迎面掌
44. 撩陰拍掌

45. 反背四捶　46. 鷂子穿林
47. 雙手並出　48. 雙合掌
49. 如封似閉　50. 收　勢

五形通臂拳純陽劍套路名稱

1. 預備式　　2. 起　式
3. 指日東升　　4. 仙人指路
5. 落步斜叉　　6. 退步連環
7. 撲提劍　　8. 金雞獨立
9. 燕子三抄水　　10. 左右大撩袍
11. 玉女穿梭　　12. 雲　劍
13. 鷂子穿林　　14. 龍行虎步運劍
15. 王祥臥魚　　16. 順步單鞭
17. 天邊摘月　　18. 下式雲摩劍
19. 仙人摘果　　20. 左右大撩袍
21. 順步單鞭　　22. 轉身紮劍
23. 白鶴亮翅　　24. 怪蟒翻身
25. 妙手群斬　　26. 靈貓撲鼠
27. 雞行步運劍　　28. 犀牛望月
29. 古樹盤根　　30. 野馬跳澗
31. 快馬加鞭　　32. 鶴行步運劍
33. 轉身剁刺劍　　34. 翻江倒海
35. 夜叉探海　　36. 懷中抱月
37. 推窗望月　　38. 雲劍抱月
39. 旋風劍　　40. 上步栽劍
41. 順步劈劍　　42. 追風趕月
43. 黃龍轉身　　44. 舞花披劍

45. 上步刺劍
46. 返身砍劍
47. 提撩三劍
48. 返身躍步橫掃劍
49. 返身劈劍
50. 撩袍刺劍
51. 五花劍
52. 紮後攔前
53. 換手雲蒙劍
54. 歸原式
55. 收　勢

六路方天戟套路名稱

第一路

1. 開式頂膝　　2. 卸步搖撲
3. 背身反提　　4. 回身反截
5. 裡外挫擁　　6. 轉環掃面
7. 卸步勾劈　　8. 金雞點頭
9. 搖旗磨旗　　10. 燕子抄水
11. 倒步纏劈　　12. 退步崩提
13. 反提回原　　14. 回身頂膝

第二路

15. 上提下攏　　16. 進步慣紮
17. 卸步勾劈　　18. 退步反截
19. 背身反提　　20. 回身提攔
21. 青龍探爪　　22. 卸步勾劈
23. 反身回原　　24. 回身頂膝
25. 下提上攏　　26. 進步慣劈
27. 卸步佯劈　　28. 退步三撲
29. 頂膝歸原

第三路

30. 裡貼外靠　　31. 下提上鑽
32. 反身摟肩　　33. 翻身三鑽
34. 卸步勾劈　　35. 退步三疊
36. 勾劈頂膝

第四路

37. 卸步搖撲
38. 進步支戟
39. 卸步回原
40. 上步裡貼
41. 倒步斜鑽
42. 倒步橫掃
43. 懶龍翻身
44. 卸步勾劈
45. 青龍擺尾
46. 勾劈頂膝

第五路

47. 進步刺戟
48. 退步托戟
49. 進步慣劈
50. 裡外雲纏
51. 上步推戟
52. 斜步慣戟
53. 卸步勾劈
54. 退步叉疊
55. 勾劈頂膝

第六路

56. 卸步搖撲
57. 進步代還
58. 倒步橫摟
59. 連環三摟
60. 轉環掃面
61. 疊把騙耳
62. 提步高挑
63. 退步勾劈
64. 退步撩提
65. 勾劈頂膝

六路戟法變化法

第一路

出手搖撲最剛強　返身背提身後防
轉身播戟進又妙　黃龍黏杆走轉環
烏龍擺尾變頂膝　鳳凰點頭變搖旗
燕子抄水要猛急　向下抄往回急走
崩上打下防身後　撲搖一代進身欺

第二路

下截上攏是硬撲　進步攔提往上出
拉步代開隨順去　背身摟提反截劈
背身回走連三步　轉身立式變頂膝
下提上攏用步貫　要緊退步快拉撲
退步推開兩膀晃　搖撲一攔進步補

第三路

裡貼外靠上下防　下叨上鑽最難防
往回一拉返提劈　連步退回播截枝
進步轉環上步支　上步支取退步拉
急進步連環三式　退步拿攔上步紮
三路戟法是刁鑽　片頭摟腰變化先
下提上攏招法妙　懶龍翻身依自然

第四路

搖撲二法鏟為王　進步枝去人難防
退步拉法人人怕　鐵掃帚摟上掃下

烏龍擺尾是劈法　懶龍翻身倒步插
烏龍擺尾退步攔　一招一式仔細查
四路戟法搖撲搭　進步支戟最為佳
懶龍翻身大劈法　鐵掃帚摟上掃下

第五路

五路雲纏真通仙　進步提攔妙難言
退步轉環又轉環　往前進步如推山
山搖一動急忙探　進步搖撲招法鮮
倒步反折式法換　搖撲一式無遮攔
五路戟法亦雲纏　進步提攔上下翻
推山勢法未得閒　探戟紮法妙無邊

第六路

搖撲代法上下防　進步硬劈最難防
退步搖劈防救護　倒步貼住向上出
倒步裡擁向前進　擁進連三急挫拉
背身反提反截妙　上步慣出提又提
抱月招法是纏攔　退步撩提三撩提
以上招法都齊全　搖撲一代歸本源

十二路大槍譜

一、做 盤

1. 外 搬 2. 裡 扣 3. 外 搬
4. 裡 扣 5. 外 搬 6. 裡 扣
7. 外 搬 8. 扣 紮 9. 外圈紮

二、圈 槍

1. 外 搬 2. 裡 圈 3. 裡 圈
4. 裡 圈 5. 押 槍 6. 外 搬
7. 紮 出 8. 外圈紮

三、力闖轅門

1. 外 搬 2. 裡 扣 3. 下 攔
4. 上 劈 5. 下 攔 6. 上 劈
7. 下 攔 8. 上 劈 9. 紮 出
10. 外圈紮

四、轉環槍

1. 外 搬 2. 上步圈撲 3. 退步圈搬
4. 扣 紮 5. 外圈紮

五、墊　趕

1. 外　搬　　2. 撲　控　　3. 墊　趕
4. 上　代　　5. 跳步劈槍　　6. 紮　出
7. 外圈紮出

六、串　挑

1. 外　搬　　2. 撲　控　　3. 串　挑
4. 上　代　　5. 串　挑　　6. 紮　出
7. 外圈紮出

七、懷中抱月

1. 外　搬　　2. 上步撲槍　　3. 退步圈搬
4. 扣　紮　　5. 上步抱月　　6. 上步劈
7. 上右步押槍　　8. 裡圈紮出　　9. 上步外押
10. 裡圈紮出

八、金雞獨立

1. 外 搬　　2. 裡 扣　　3. 猛虎倒退
4. 上步外劈　　5. 裡扣紮出　　6. 金雞獨立
7. 單翼撲槍　　8. 外圈托槍　　9. 跳步劈槍
10. 上步壓槍　　11. 裡圈紮外圈紮

九、仙人指路

1. 外　搬　　2. 上步撲槍　　3. 退步圈紮

4. 扣　紮
5. 仙人指路
6. 上步外壓
7. 上左步劈
8. 紮出指路
9. 上右步押
10. 上步劈
11. 紮出指路
12. 上右步押
13. 裡圈紮

十、大劈大蓋

1. 外　搬
2. 上　劈
3. 上 代
4. 頂幹紮
5. 上步外搬
6. 單翼補槍
7. 外圈托槍
8. 跳步劈槍
9. 上步壓槍
10. 裡圈紮

十一、白馬點蹄

1. 外 搬
2. 上步撲
3. 退步圈紮
4. 縱步點蹄
5. 退步圈紮
6. 上步點蹄
7. 退步圈紮
8. 上步點蹄
9. 裡圈紮

十二、朝天一炷香

1. 外　搬
2. 裡扣紮出
3. 上左步朝天一炷香
4. 上右步押
5. 上墊步劈
6. 外　劈
7. 裡 拿
8. 外　撲
9. 圈 紮
10. 裡圈紮出

張喆小傳

張喆，字既明，通臂拳一代宗師。1893 年 5 月 25 日，出生於河北省香河縣馬神廟村（現天津武清區馬神廟村），與中國近代武術家，有「臂聖」之稱的東方大俠張策（字秀林）同宗。二人為堂兄弟。張策長於張喆 27 歲。兩家住地僅一牆之隔。

據張喆次子張寶珍介紹，張喆武功始於家傳，且本人甚好習武。張策成名後回到家鄉，常於夜深人靜時練功，張喆即於房頂窺之。初張策佯不知，久之覺其心定意堅，呼之前始傳通臂拳術。由於張喆武功有家傳，且本人悟性頗高，故功夫進步極快，加之張策傾心教授，張喆的通臂拳功夫已有青出於藍勝於藍之勢。雖張策長於張喆，且教授張喆拳藝，但因兩人輩分關係，且張喆武功有家傳，故不以師徒相稱，在家族與武林界均稱兄弟。

1934 年，張喆離開家鄉到天津開設武館，兼在北京協助張策教授通臂拳。張策晚年因病苛沉重，自知將不久於人世時，在北京召眾弟子於身邊宣佈：「我死後，張喆即為你們的師傅，要待之以師禮。日後請既明代我教之。」張策於 1934 年逝世，張喆與眾弟子將其靈柩護送歸故里，即在京津兩地教拳。

1939 年，由於天津成立的天津通臂社發展壯大，已在天津南市升平戲院（今黃河戲院）後武聖廟及和平區寧夏路大覺興善寺兩處授拳，人數眾多，故張喆辭去北京的兼職，專心於天津通臂拳事業的發展。

新中國成立以後，張喆響應黨和政府「發展體育運動，增強人民體質」的號召，致力於天津武術事業的發展，在教授弟子的同時，受邀到各大專院校傳授中華武術。曾先後擔任華北地區武術比賽裁判長，和 1953 年全國民間體育大會武術裁判等職務。

張喆在 1959 年逝世於天津，時年 66 歲。他在天津教授通臂拳先後達 25 年之久，培養了眾多的中華武術的優秀人才。這些人後來分佈到全國各地（包括臺灣），有一部分人還將其技藝傳播到海外。從天津走出去的通臂拳傳人為中國武術事業，作出了並仍在繼續作著積極的貢獻。

鄧鴻藻小傳

鄧鴻藻，中國著名通臂拳師，天津通臂拳第四代掌門人。1918 年 2 月 7 日生於天津。1936 年拜通臂一代宗師張喆為師，學習通臂拳。

此後直至張喆先生逝世，隨侍老師左右達 23 年，通臂功夫達爐火純青程度。

1953 年，鄧鴻藻隨師參加全國民間體育大賽，獲通臂拳術和劍術一等獎；同年進入天津市武術訓練隊，此後在全國歷屆武術大賽中，均獲佳績。因其在武術界的絕佳表現，被吸收為全國武術協會委員、國家一級裁判，並被天津體育局任命為第一屆天津武術協會副主席兼秘書長。1978 年退休後，組建天津南開區武術館，任第一任副館長兼總教練。

鄧鴻藻先生武術技藝精湛而全面，人品高潔，為人謙和，交往頗廣。與他交往甚密的除本門內人員外，還有天津摔跤界的張鴻玉等人。全國各地的著名武術家，也經常到天津看望他。

鄧鴻藻先生不僅武功為人稱道，在政治上和工作中對自己也頗為嚴格。他是中共黨員，在天津鋁品廠曾擔任過工會主席。

1953 年，他在天津鋁品廠所領導的小組，被評為天津市勞動模範集體。在他一生中教授的學員不計其數，遍佈中外，其中不乏中共黨員、國家幹部和企業領導。不少人在歷屆全國武術賽中獲得金獎。他畢其一生致力於傳播中華武術，傳授通背拳，尤其在任天津南開武術館副館長期間，更是不遺餘力地做行政管理和教育教學工作。20世紀80年代中期，南開武術館盛極一時，揚名中外。

1983年和1987年，天津市政府有關部門，委派他帶隊到日本神戶、大阪等城市進行武術教學交流活動，將通臂拳傳播到海外。隨其學習者達數千人，並培養出壽巴郎、山田修一、麓善之助等一批優秀人才。

鄧鴻藻先生1987年9月1日辭世，時年70歲。

後　記

出版一本五形通臂拳的書，以文字的形式，將該拳的基本內容記述下來，留傳下去，是天津五形通臂拳幾代拳師的心願。但由於諸多方面的原因，一直未能如願。

近年來，隨著國家大力提倡全民健身，武術運動蓬勃興起。我感覺有必要，也應該盡力完成前輩的夙願，同時為廣大武術同行及愛好者，提供一本可資借鑒的五形通臂拳方面的資料，故不顧冒昧，編撰整理了這本書。

編撰整理這本書，主要依據了我的老師鄧鴻藻先生講述和前輩遺留的部分文字記錄，參閱了所能搜集到的材料，融入了自己幾十年習武的體會，也借鑒了其他方面可供參考的資料，幾易其稿，雖力求將其內容全面完整地展現出來，終因水準所限不能企及，其中不妥之處還望同仁和廣大武術愛好者賜教。

該書形成過程中，得到鄧金明、鄧金生、李秀峰、楊建生、孫兆祥、趙禎宏、徐建平、張順來、郭瑞文、張新民、仁德平等同仁的大力支持和幫助，在此表示衷心的感謝。

彩色圖解太極武術

定價220元

定價220元

定價220元

定價220元

定價350元

定價350元

定價350元

定價350元

定價350元

定價350元

定價350元

定價350元

定價350元

定價220元

定價220元

定價220元

定價350元

定價220元

定價350元

定價350元

定價220元

定價220元

定價220元

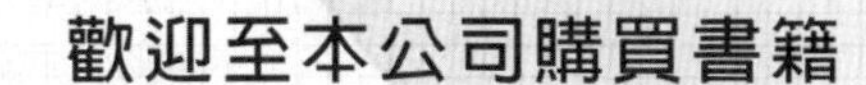

歡迎至本公司購買書籍

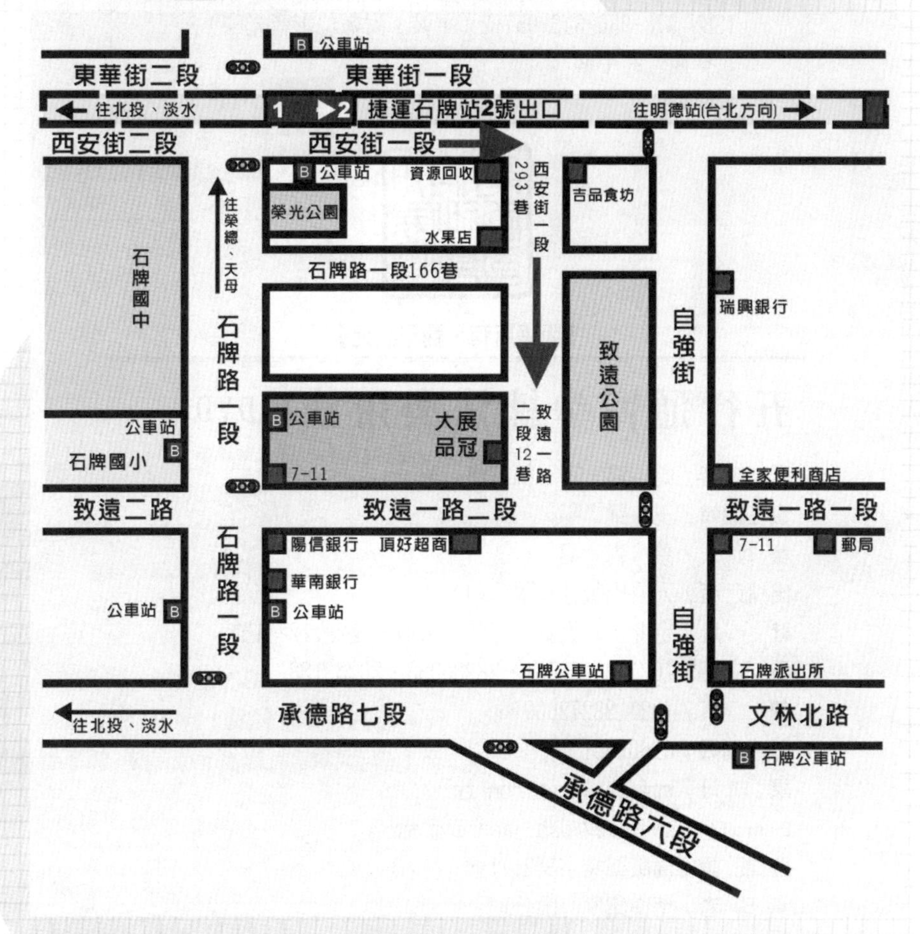

建議路線

1.搭乘捷運・公車

淡水線石牌站下車，由石牌捷運站２號出口出站(出站後靠右邊)，沿著捷運高架往台北方向走(往明德站方向)，其街名為西安街，約走100公尺(勿超過紅綠燈)，由西安街一段293巷進來(巷口有一公車站牌，站名為自強街口)，本公司位於致遠公園對面。搭公車者請於石牌站(石牌派出所)下車，走進自強街，遇致遠路口左轉，右手邊第一條巷子即為本社位置。

2.自行開車或騎車

由承德路接石牌路，看到陽信銀行右轉，此條即為致遠一路二段，在遇到自強街(紅綠燈)前的巷子(致遠公園)左轉，即可看到本公司招牌。

國家圖書館出版品預行編目資料

五行通臂拳練法與用法／鄭鴻藻　韓寶順　著
——初版——臺北市，大展，2015[民104.02]
面；21公分——（中華傳統武術；19）
ISBN 978-986-346-057-2（平裝；附數位影音光碟）
1.拳術　2.中國
528.97　　　　103025314

五行通臂拳練法與用法 附DVD

著　　者／鄭 鴻 藻 韓 寶 順
責任編輯／王 躍 平
發 行 人／蔡 森 明
出 版 者／大展出版社有限公司
社　　址／台北市北投區（石牌）致遠一路2段12巷1號
電　　話／(02) 28236031・28236033・28233123
傳　　真／(02) 28272069
郵政劃撥／01669551
網　　址／www.dah-jaan.com.tw
E-mail ／service@dah-jaan.com.tw
登 記 證／局版臺業字第2171號
承 印 者／傳興印刷有限公司
裝　　訂／承安裝訂有限公司
排 版 者／千兵企業有限公司
授 權 者／山西科學技術出版社
初版1刷／2015年（民104年）2月

定　價／480元

大展好書　好書大展

品嘗好書　冠群可期